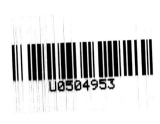

企业增值19策

提升亩均质效　助力新型工业化

吴文良◎著

VALUE ADDED

全国百佳图书出版单位
APCTIME 时代出版
时代出版传媒股份有限公司
安徽人民出版社

图书在版编目(CIP)数据

企业增值19策——提升亩均质效　助力新型工业化/吴文良著. --合肥:安徽人民出版社,2024.10-- ISBN 978-7-212-11770-2

Ⅰ. F416.4

中国国家版本馆CIP数据核字第2024F6P328号

企业增值19策——提升亩均质效　助力新型工业化

QIYE ZENGZHI 19 CE——TISHENG MUJUN ZHIXIAO　ZHULI XINXING GONGYEHUA

吴文良　著

责任编辑:李　芳　　　　**责任印制**:董　亮

封面设计:润一文化

出版发行:安徽人民出版社 http://www.ahpeople.com

地　　址:合肥市政务文化新区翡翠路1118号出版传媒广场八楼

邮　　编:230071

电　　话:0551-63533259

印　　制:安徽联众印刷有限公司

开本:710mm×1010mm　1/16　　**印张**:21.25　　**字数**:310千

版次:2024年10月第1版　　2024年10月第1次印刷

ISBN 978-7-212-11770-2　　**定价**:68.00元

前　言

在这个日新月异的时代，工业企业面临着前所未有的挑战与机遇。工业企业如何在“亩均论英雄”改革中提升亩均效益，有效推进新型工业化，实现产业的高端化、智能化与绿色化，为解决这些问题，《企业增值19策——提升亩均质效　助力新型工业化》一书应运而生，结合实际深入剖析企业增值的策略与方法。

首先，整合“亩均论英雄”改革的提升路径。“亩均论英雄”改革起源于浙江省，目前，已在苏浙沪皖等地全面开展。“亩均论英雄”改革，就是要通过亩均效益综合评价和资源要素差别化配置，以最小的资源环境代价获得最大的产出效益，推动工业转型升级，促进高质量发展。安徽省在借鉴浙江省“提高亩均效益十法”的基础上，总结提炼成“安徽省提高亩均效益十二法典型案例”。本书积极整合借鉴了这些工作成果，根据实际拓展为“十九法”，并深入走访了众多工业企业，亲眼见证了这些策略方法在不同企业中发挥作用，帮助它们提升亩均综合效益。

其次，符合发展新质生产力的基本内涵。“健全因地制宜发展新质生产力体制机制。推动技术革命性突破、生产要素创新性配置、产业深度转型升级，推动劳动者、劳动资料、劳动对象优化组合和更新跃升，催生新产业、新模式、新动能，发展以高技术、高效能、高质量为特征的生产力。”书中的数字赋能、设计赋值、机器换人、协同创新等具有创新性和实用性的方法，都是新质生产力理论在企业的具体运用，助力企业在新质生产力的发展中抢占先机。

再次，符合推进新型工业化的目标要求。新型工业化道路所追求的工业化，不是只讲工业增加值，而是要做到“科技含量高、经济效益好、资源消耗低、环境污染少、人力资源优势得到充分发挥”，并实现这几方面的兼顾和统一。对于工业企业来说，要主动适应和引领新一轮科技革命和产业变革，把高质量发展的要求贯穿新型工业化全过程，这也是找准产出效益最优点、激发市场主体活力、提升企业竞争力的有效路径。书中用95个高质量发展的企业案例，立足安徽，面向长三角和珠三角地区，为各种类型的工业企业走新型工业化道路、做大做强提供参考。本书的案例材料除特别标注外，均来源于企业网站。

最后，融合营商环境增值性的帮扶策略。对于政府部门来说，打造一流营商环境，政府做企业不分红的股东，如何推动“便利性”向“增值性”升级？如何把政府有为更多体现在推动市场有效上？书中作出增值服务的回应，也是为政府部门提供的一套系统的解决方案。本书精心挑选的策略方法，覆盖了从生产管理到市场开拓、从技术创新到品牌建设、从金融运作到国际合作等多个方面，每个策略都从6个维度进行阐释，对于政府部门为企业精准地提供帮扶服务具有较高的实用价值。

作为一名长期深入企业一线的实践者，在此，诚挚地邀请您翻开这本书，与我们一同探索和实践这19策，让我们携手推动工业企业的效益倍增，共创辉煌的未来。

CONTENTS

目 录

第 1 章　数字赋能法 ………………………………………… 001

“数字赋能法”，是通过运用大数据、云计算、人工智能等先进技术，优化生产流程、提高生产效率、降低运营成本，从而实现企业经济效益的提升。

典型案例

龙利得智能：生产制造与数字化的完美融合实践

固德威电源科技：数字化转型路上的探索先锋

德力西电气：数字赋能法引领下的效率革命

上海医药集团：数字赋能重塑医药行业生态

红豆家纺：数字赋能推动产业升级

第 2 章　设计赋值法 ………………………………………… 020

“设计赋值法”，是通过个性化、定制化、体验化等设计手段为工业企业赋予更高的价值，从而提高企业的整体效益。

典型案例

广东全宝科技：设计赋值打造定制化产品

安徽鸿贝智能：设计赋值的创新实践者

安徽志邦家居：以设计赋值为引擎　荣膺国家级工业设计中心

蚌埠依爱消防：设计赋值法塑造行业安全新标杆

上海三菱电梯：设计之力引领电梯行业新高度

第3章 机器换人法 …… 037

"机器换人法",是指通过采用自动化和智能化的设备来替代传统的人工生产方式,从而推动企业的转型升级和可持续发展。

典型案例

安徽美芝精密制造:"机器换人"助力效率飞跃
明光三友电力:转型升级路上的"机器换人法"实践典范
深圳新世纪拓佳光电:"机器换人"引领企业革新
浙江正泰集团:以"机器换人法"推动转型升级
无锡华光汽车部件:"机器换人"助力企业转型升级

第4章 空间换地法 …… 053

"空间换地法",是通过优化土地利用空间布局,提高土地利用效率,降低用地成本,从而实现工业企业的转型升级。

典型案例

明光恒新基:空间换地法实践典范 亩均效益飞跃式提升
歙县薇薇茶业:集约用地显成效 亩均英雄展风采
苏州工业园区:"标准地"改革助力土地集约化
惠州工业园区:"零土地"技改引领转型
杭州余杭经济技术开发区:空间换地法促亩均效益再攀高峰

第5章 品种迭代法 …… 066

"品种迭代法",是通过不断更新和优化产品品种,提高产品的附加值和市场竞争力,从而实现企业亩均效益的提升。

典型案例

深圳创盈芯:实施品种迭代 重塑市场竞争力
乐斯福(明光)有限公司:品种迭代法驱动效益最大化

池州首开新材料:以品种迭代法铸就高附加值市场典范
浙江海利普:迭代创新促进亩均效益激增
江苏中天科技:品种迭代法助推工业效益达到新高度

第 6 章　品质提升法 ………………………………… 083

“品质提升法”,是通过夯实质量标准工作基础,引导工业企业提升产品质量和标准化水平,实现产品附加值和品牌溢价率的持续增长。

典型案例

华为技术有限公司:以品质提升铸就国际竞争力
安徽九纲机电:品质之路　铸就企业辉煌
应流集团:品质至上　引领行业标准
合肥晶合集成:持续创新　品质卓越赢市场
江苏沙钢集团:品质提升　铸就钢铁巨擘

第 7 章　品牌增值法 ………………………………… 101

“品牌增值法”,是通过塑造品牌形象、提升品牌价值,以增加产品附加值和市场竞争力,从而实现企业经济效益的提升。

典型案例

奇瑞汽车:塑造品牌之魂　领航中国乘用车市场
明光浩淼安防:铸就“皖美品牌”高端制造典范
江苏恒力集团:品牌增值之道　铸就国际行业领导地位
浙江森马服饰:品牌力量驱动　时尚界的增值典范
上海电气:品牌增值引领　电气行业的创新先锋

第8章 兼并重组法……………………………………………… 115

“兼并重组法”,是企业发展壮大的重要途径之一,可以帮助企业实现规模化、集约化、高效化发展,提升整体经济效益。

典型案例

铜陵金泰化工:兼并重组助推产业升级新篇章
安徽金百合医疗:重组之路 共铸辉煌
广东万春堂医药:兼并重组 快速扩张
宁波普瑞均胜:汽车电子行业的兼并重组先锋
浙江纺织跨境并购:融合创新 织就未来

第9章 管理增效法……………………………………………… 132

“管理增效法”,是注重发挥管理要素的重要作用,通过优化企业内部管理,提高生产效率和管理效益,从而实现企业亩均效益的提升。

典型案例

娃哈哈集团:父女接力传承 管理增效续写辉煌
安徽明光酒业:管理增效助力企业转型升级
联宝科技:以“管理增效法”树立行业新标杆
中天钢铁集团:管理增效典范 钢铁行业的领航者
亨通集团:党建引领管理增效 创新驱动企业腾飞

第10章 金融创新法 ……………………………………………… 149

“金融创新法”,通过科技金融、绿色金融、普惠金融、养老金融、数字金融等手段,在风险管理、价格发现、资金融通等方面发挥作用,不断提高科技成果转化和产业化水平,为企业创造更大的价值。

典型案例

安徽"亩均英雄贷":金融创新助力企业破局

犀牛之星:金融创新为企业创造更大价值

华远高科电缆:领跑行业的金融创新先锋

滁州惠科光电:金融创新 驱动企业跨越式发展

华米信息科技:金融创新铸就企业强大基石

第 11 章 循环利用法 …… 167

"循环利用法",通过构建绿色低碳循环经济体系,实现资源的最大化利用和废弃物的最小化排放,循环利用资源和能源,降低生产成本,为工业企业创造更大的价值。

典型案例

金龙鱼粮油:循环经济推动者 引领行业绿色转型

安徽九洲工业:循环利用法的行业标杆 效益与环境共进

安徽金禾实业:资源高效循环 实现经济与环保双赢

深圳润颉生物科技有限公司:促进绿色生产力发展的典范

安徽界首高新区:构建绿色低碳循环经济体系

第 12 章 "腾笼换鸟"法 …… 186

"腾笼换鸟"法,注重有为政府与有效市场的结合,通过对低效土地和厂房进行置换,引进高产出项目和企业,实现土地资源的优化配置和高效利用,提高工业企业亩均效益。

典型案例

合肥经开区:资源重整引领产业蜕变

安徽当涂县:"八维模式"激活土地再生

安徽明光经开区:换羽高飞 重塑产业格局

佛山市某经济开发区:空间再造 赋能新产业
广东省某老工业基地:破旧立新 产业焕新生

第13章 节能降耗法 ………………………………… 197

“节能降耗法”,是指采取有效的节能降耗措施,优化能源消费结构,提高能源利用效率,降低单位产品能耗。

典型案例

广东中易达:节能降耗领域的领航者
明光瑞尔竞达:节能降耗助力 效益提升显著
同兴环保科技:科技引领节能 降耗增效双丰收
宁波钢铁:践行“节能降耗法” 行业典范展实力
铜陵泰富特种材料:数字化赋能 打造节能降耗典范

第14章 工业旅游法 ………………………………… 215

“工业旅游法”,是通过开发工业旅游资源,打造工业旅游品牌,吸引更多的游客前来参观、体验和学习,推动产业融合创新,提升体验经济价值,从而增加企业的收益和利润,提高工业企业的亩均效益。

典型案例

古井集团:融合工业旅游 打造白酒文化新标杆
安庆集贤时空文创园:工业遗产的华丽转身典范
明龙酒业:小酒厂借助工业旅游实现跨越式发展
山西某煤矿:工业旅游法引领老矿区焕发新生机
福建某食品加工厂:观光工厂谱写新篇章

第15章 战略合作法 ………………………………… 230

“战略合作法”,通过与行业内外的优势企业建立战略合作关系,实现资源共享、优势互补,提升企业的综合竞争力;加快产品和服务的市场拓展,提高市场占有率;通过合作创新,加速新产品的研发和技术的应用。

典型案例

明光酒业与古井贡酒:携手共铸酒业新辉煌
长虹美菱:战略合作铸就共赢典范
临涣焦化:国企强强联手 共创行业新标杆
中国宝武:战略协同 领航世界一流企业新征程
黄山昊宇机电与羚羊工业互联网平台:云端合作共创未来

第16章 协同创新法 ………………………… 247

“协同创新法”,是通过整合产学研资源,加强产学研合作,推动协同创新,促进科技成果的转化和应用。

典型案例

科大讯飞:智能语音技术的协同创新先锋
明光留香泵业:产学研协同下的创新标杆
合肥九韶智能科技:协同创新驱动的工业软件新锐
阳光能源控股:绿色能源协同创新的领航者
浙江吉利控股集团:汽车行业的协同创新典范

第17章 产业链延伸法 ………………………… 264

“产业链延伸法”,是推动工业企业向上下游延伸产业链,形成完整的产业链条,从而增加企业的收益和利润。

典型案例

安徽三棵树:涂料产业链深度延伸的成功实践
立讯精密滁州公司:产业链延伸策略 智能制造的先锋
铜陵有色:绿色产业链延伸 可持续发展的典范

光明食品:全产业链布局 引领食品行业新篇章

浙江荣盛:产业链全方位延伸 效益提升的新动力

第18章 整合培训资源法 …………………………… 283

“整合培训资源法”,是指企业负责人及核心团队参加国内外高端培训,既积极利用和整合企业家同学的人脉资源,又注重强化内部员工培训,提升员工综合素质及企业核心团队的能力。

典型案例

深圳华企纵横:运用顾问技术 助力企业倍速增长

明光利拓智能:整合培训资源 提升企业核心竞争力

深圳阳光视觉:整合资源 照亮企业发展之路

科迪公司:汇聚培训精华 内外联动提升竞争力

天能集团:组建天能营销商学院 培养行业精英

第19章 国际市场开拓法 …………………………… 302

“国际市场开拓法”,是通过增加出口创汇,提升国际竞争力和市场份额,以实现企业的可持续发展。

典型案例

上汽集团:国际市场开拓的车企引领者

敬烨防护:多功能安全鞋走向国际市场

安庆雅德帝伯活塞:成功拓展全球市场

江苏阳光纺织:织就国际市场新篇章

深圳嘉力电气:以领先的电源产品积极拓展国际市场

参考文献 …………………………… 320

后　记 …………………………… 323

第1章　数字赋能法

当今时代，数字化、智能化浪潮席卷全球，这是加快发展新质生产力的现实基础。数字化转型已成为工业企业提升竞争力、实现可持续发展的重要途径。为提高工业企业的亩均效益，实施“数字赋能法”的策略，就是通过运用大数据、云计算、人工智能等先进技术，优化生产流程、提高生产效率、降低运营成本，从而实现企业经济效益的提升。

一、理论依据

1. 工业4.0理论。工业4.0是德国提出的一个概念，强调通过信息物理系统实现生产过程的数字化、网络化和智能化。工业4.0的核心是实现生产过程的自动化、柔性化和定制化，以提高生产效率和产品质量。

2. 大数据理论。大数据理论认为，通过对海量数据的收集、分析和挖掘，可以发现数据背后的规律和趋势，为决策提供科学依据。在工业企业中，大数据可以用于生产过程的监控、优化和预测，提高生产效率和产品质量。

3. 云计算理论。云计算理论认为，通过将计算资源和服务集中在云端，可以实现资源的共享和按需分配，降低企业的运营成本，提高效率。在工业企业中,云计算可以用于生产过程的协同、管理和优化,提高生产流程的灵活性和响应速度。

4. 电子商务理论。商业模式创新是企业发展的重要驱动力,数字化赋能有助于实现线上线下融合和商业模式创新。

二、实施步骤

随着科技的飞速发展,数字化已经渗透到社会的各个角落,成为推动产业升级和企业转型的核心力量。为了在激烈的市场竞争中立于不败之地,企业必须紧跟时代步伐,积极拥抱数字化变革。下面,阐述数字赋能法的实施步骤,并探讨其拓展应用。

1. 生产过程数字化。生产过程是企业创造价值的核心环节,实现生产过程的数字化对于提升企业竞争力具有重要意义。通过引入自动化生产线、传感器、RFID(射频识别)等先进技术,可以实现对生产过程的精细化管理和控制。实时监控系统能够实时采集生产数据,进行实时分析和处理,帮助企业及时发现并解决生产过程中的问题,提高生产效率和产品质量。

2. 构建数据平台。数据是企业的重要资产,构建一个统一的数据平台是实现数字化赋能的关键步骤。该平台应能够整合生产、销售、库存等各环节的数据,消除信息孤岛,实现数据的共享和高效利用。通过运用大数据技术,可以对海量数据进行深度分析和挖掘,发现数据背后的价值和趋势,为企业决策提供有力支持。

3. 云计算应用。云计算作为一种新兴的计算模式,具有资源池化、弹性扩展、按需付费等优势,对于提升企业的计算能力和资源利用效率具有重要作用。通过引入云计算技术,企业可以实现计算资源和服务的集中管理和按需分配,降低 IT 成本,提高资源利用效率。同时,建立云端的协同管理系统,可以促进企业内部各部门之间的协同合作,提升整体运营效率。

4. 人工智能应用。人工智能是当前科技领域的热点之一,其在生产过程中的应用可以帮助企业实现自动化、智能化和优化。通过引入人工智能技术,可以建立智能化的生产调度系统,实现对生产任务的自动分配和调度,提高生产效率。同时,运用机器学习和深度学习技术,可以对生产过程中的数据进行智能分析和预测,帮助企业及时发现潜在问题,优化生产流程。

5. 人员培训与组织变革。数字化赋能不仅仅是技术的引进和应用,更需要人员的参与和支持。因此,对员工进行数字化技术的培训和教育是实施数字赋能法的重要环节。通过培训和教育,可以提高员工的数字化素养和技能水平,使他们更好地适应数字化变革的需要。同时,企业也需要进行组织变革和管理创新,建立适应数字化转型的组织结构和文化氛围,激发员工的创新精神和创造力。

6. 安全保障与风险控制。在数字化赋能的过程中,安全保障和风险控制是不可忽视的重要环节。企业需要建立完善的网络安全保障体系,确保数据和系统的安全性。同时,对数字化转型过程中可能出现的风险进行预测和控制,制定应急预案和措施,确保数字化转型的顺利进行。

在实施数字赋能法的过程中,企业还需要注意做好技术引进、商业模式创新、数据驱动决策等方面的工作。通过引入先进的数字化技术,可以提升企业的信息化水平;利用数字化技术实现线上线下融合,可以打造新型商业模式和业态;运用数据分析工具挖掘企业运营数据价值,可以为决策提供科学依据。

总之,数字赋能法是企业在数字化时代提升自身竞争力的重要途径。通过实施上述步骤和拓展应用策略,企业可以充分利用数字化技术的优势提升生产效率、优化运营流程、创新商业模式,从而在激烈的市场竞争中立于不败之地。

三、风险控制

随着数字技术的飞速发展和广泛应用,数字赋能已成为推动经济社会发展的重要力量。然而,在数字赋能法的实施过程中,我们不可避免地面临各种风险。

1. 技术风险。

在数字赋能法的实施中,技术风险是一个不可忽视的因素。由于技术不成熟或系统不稳定,可能导致项目延期、成本增加甚至失败。例如,在引入人工智能、大数据等先进技术时,如果技术选择不当或实施路径不明确,将直接影响数字赋能的效果。

为有效控制技术风险,我们应首先对所需技术进行深入研究和分析,全面了解其优缺点及适用场景。在此基础上,选择成熟可靠的技术方案和实施路径,确保技术的稳定性和可行性。同时,建立健全的技术支持和维护体系,及时解决技术问题,保障数字赋能法的顺利实施。

2. 数据风险。

数字赋能法涉及大量数据的收集、存储和使用,数据风险尤为突出。一旦数据泄露或被滥用,不仅可能导致企业经济损失,还可能侵犯个人隐私和信息安全。例如,某公司在数字赋能过程中,因数据安全保护措施不到位,导致客户数据泄露,最终面临巨额罚款和声誉损失。

针对数据风险,我们应建立完善的数据安全保障体系。首先,对数据进行分类分级管理,明确各类数据的保护级别和处理规则。其次,采用先进的加密技术对数据进行加密处理,确保数据在传输和存储过程中的安全性。此外,定期对数据进行备份和恢复演练,防止数据丢失或损坏。同时,加强对员工的数据安全培训和教育,提高全员的数据安全意识。

3. 组织变革风险。

数字赋能法的实施往往需要进行组织变革和管理创新，这可能引发员工抵触和合作障碍等风险。例如，某企业在推行数字化转型过程中，由于忽视员工意见和诉求，导致员工士气低落、工作效率下降。

为降低组织变革风险，我们应首先进行有效的沟通和培训，向员工充分解释数字赋能法的意义和目标，让他们明白变革的必要性和紧迫性。同时，我们应建立员工参与和激励机制，鼓励员工积极参与数字赋能过程，提出宝贵意见和建议。对于表现优秀的员工给予适当的奖励和晋升机会，形成良好的企业文化和氛围。此外还应关注员工心理变化，及时提供心理辅导，支持、帮助员工顺利度过变革期。

4. 法律风险。

数字赋能法涉及知识产权和法律法规等问题，存在一定的法律风险。例如某公司在开发一款数字化产品时因侵犯他人专利权被诉诸法律，最终面临巨额赔偿和市场份额损失。

为防范法律风险我们应首先对相关法律法规进行深入了解和分析以确保企业的行为合法合规。在数字赋能过程中涉及知识产权的部分应充分尊重他人的知识产权，避免侵权行为的发生。同时建立健全的法律风险防范机制，包括合同审查、法律咨询等方面，确保企业在数字赋能过程中的合法权益得到有效保障。对于可能出现的法律纠纷应提前制定应对策略降低企业的损失和风险。

总之，数字赋能法作为推动经济社会发展的重要手段，在实施过程中面临多种风险。通过深入分析技术风险、数据风险、组织变革风险、法律风险等四个方面，我们可以制定相应的控制策略降低风险对企业的影响。在实施数字赋能法时，企业应充分考虑各种风险因素，做好风险评估和预警，建立完善的风险防范和控制体系，确保数字赋能法的顺利实施为企业带来长期稳定的收益和发展机遇。

四、实施效果评估

实施数字赋能法,应定期对相关指标进行评估和分析,确保该方法的实施效果。

1. 生产效率提升情况。通过对比实施前后的生产效率数据,看数字赋能法是否对生产效率的提升有显著效果。以某公司智能生产线为例,在引入数字化设备之前,生产线的平均产出为每天 290 件产品;而在实施数字赋能法后,生产线的平均产出提升至每天 420 件,生产效率提高了 44.8%。这不仅极大地提高了产能,还有效地缩短了生产周期,为企业带来了更多的市场机会。

2. 运营成本降低情况。数字赋能法的另一个显著效果是降低运营成本。通过引入先进的数字化管理系统,企业实现对各项运营活动的实时监控和精细管理。例如,某公司在实施数字赋能法之前,企业的年度运营成本为 2038 万元,而在实施数字赋能法后,通过优化资源配置和提高运营效率,年度运营成本降低至 1570 万元。这使得企业在保持高品质产品和服务的同时,实现了更为经济的运营。

3. 产品质量和交货期改善情况。数字赋能法对产品质量和交货期的改善同样不容忽视。通过引入先进的质量检测系统和数字化供应链管理,企业可以实现对产品质量和交货期的有效控制。例如某公司在质量方面,产品的不合格率由实施前的 3%降低至实施后的 1.2%,显著提升了产品的整体质量水平。在交货期方面,企业的平均交货周期由实施前的 5 天缩短至实施后的 3 天,大大提高了客户的满意度和企业的市场竞争力。

4. 组织变革情况。数字赋能法不仅关注生产和运营层面的改进,还积极推动组织变革和文化氛围建设。通过引入先进的数字化协作平台和培训系统,促进企业实现更为高效和灵活的组织运作。在组织变革方面,数字赋能法能推动企业内部各部门之间的协同合作,打破传统的部门壁垒,形成更为高效和灵活的组织结构。同时，数字化管理系统还为企业提供全面而准确的数据支持，为决策层提供更为科学和精准的决策依据。

5. 文化氛围建设情况。在文化氛围建设方面，数字赋能法倡导开放、创新和学习的企业文化。通过定期的员工培训和交流活动，企业鼓励员工积极拥抱数字化变革，不断学习和提升自己的数字化技能。这种文化氛围的建设不仅能提高员工的数字化素养，还能为企业培养一批具备创新意识和学习能力的人才队伍。

综上所述，数字赋能法在生产效率提升、运营成本降低、产品质量和交货期改善以及组织变革和文化氛围建设等方面均将取得显著成效，不仅能为企业带来直接的经济效益和市场竞争力提升，还可以为企业的长远发展奠定坚实的基础。

五、典型案例

典型案例1 ▶▶

龙利得智能：生产制造与数字化的完美融合实践

龙利得智能科技股份有限公司(以下简称龙利得)率先建成印刷包装行业智能制造工厂，探索出印刷包装行业的智能化之路。2018年2月底，安徽一条“无人生产线”正式投产，每小时可产出纸盒近2万个，只需4名员工负责操作，单臂机器人、码垛机器人、AGV(自动导引运输车)等自动化装备，使产能提升超30%。而原先需要4条传统流水线、200多名工人。

(一)投入3亿多元建设智能工厂

两年前，龙利得董事长徐龙平决定按照工业4.0标准建智慧工厂。这几年，他日益感受到人力、土地成本的压力。虽然建智慧工厂的投入成本很高，但投产后能节省大量人力，厂房面积也会比传统工厂小很多，还能大幅提高产能和成品率。

龙利得相关技术负责人说，工业4.0概念重在打造智能设备互联、工业大数据、智能应用3个上下互通、整体互联的体系。智慧工厂由运营物流智能、操作流程智能、产品转换智能、仓储智能、客户端信息系统的商业智能5个部分组成。

相比传统印刷包装公司一天产出几万个纸盒，如今，龙利得组装的全新生产线，每小时可分别产出纸盒3万多个、纸箱1.8万个左右，满载生产时，日产百万件印刷包装产品，并且成品率大幅提高。

印刷包装行业的一大痛点，是下单后等待交货是盲区，样品寄送周期较长。为此，龙利得开发了ERP(企业资源计划)云平台，可以向客户展示CAD(计算机辅助设计)软件制作的三维效果样品，得到认可后立即生产。客户能通过云平台实时了解货单生产进程及点位，得到精细化服务。

谈到"上下互通、整体互联"这一目标，该技术负责人说，龙利得把ERP系统与生产设备上的生产管理系统、PLC(可编程逻辑控制器)系统连接在一起，使企业的管理信息第一时间传输到每台机器的芯片系统，控制生产环节；机器的芯片系统也能将生产数据传输到企业管理系统，让企业管理优化。"随着生产管理系统和PLC积累的数据越来越多，生产设备会越来越聪明，只要做一次，第二次就游刃有余，自行按照一套标准生产某种类型的产品。"

"公司虽然投入超3亿元建设智能工厂，但这样一来，同比节省人力800人次以上，每年节省资金超千万元，节省占地面积超1万平方米。"徐龙平介绍，改造后公司亩均产出很高。

(二)大客户主动找上门来

龙利得刚起步时，只是一家小型微利纸箱厂，经过18年的发展，公司不断成长，开始向资本市场进军。徐龙平觉得，"包装印刷行业虽然是个传统行业，技术创新仍是企业生存、发展的原动力"。

“无人工厂”的所有软件系统都由龙利得自主研发，已获得多项专利授权。硬件方面，龙利得向德国、意大利、日本以及国内企业购买了自动化流水线、码垛机器人、智能物流系统、印刷机等设备。

龙利得智慧工厂正式投产后，受到世界500强企业客户青睐。目前公司已有国内外众多的知名用户前来接洽招标，变企业找客户为客户找上门来。“龙利得不仅是包装厂，更是一家科技型企业，他们把一个夕阳产业做成了一个朝阳产业。”业内专家认为，龙利得之所以能够走出自己的路，就是因为它抓住了科技创新这条主线。

（改编自《龙利得建设印刷包装行业智能制造工厂：自主创新赢得发展先机》，原载于2018年6月30日《人民日报》，有删减）

本书作者补充：

龙利得位于安徽省明光市，是我国传统行业转型升级为高新技术包装印刷企业的典范。公司于2020年9月10日在深交所创业板成功上市。

一是实现数据贯通与共享。龙利得智能信息化系统实现全覆盖，其中ERP系统贯穿采购、检验、库管、生产等各部门，所有信息系统实现无缝融合。云上平台，实现数据共享。建立数据仓库、数据挖掘与数据系统等大数据平台，进行全局统筹调度、预警监控、智慧决策等。

二是构建全流程信息化通道。围绕建设智能工厂，构建以EPR为基础的信息化通道，实现业务流程、产品设计与开发、采购与生产的融合管理。

三是研发智能生产管理系统。每年投入销售总额的3.8%以上用于新品研发，注重核心技术和自主知识产权的开发。龙利得通过自主研发出水性环保涂层和高清印刷技术，能将普通的瓦楞纸盒变成印有高清图案字样的食品纸盒，得到欧美市场的认可。

典型案例2▶▶

固德威电源科技：数字化转型路上的探索先锋

随着全球能源结构的快速转型以及数字化技术的飞速发展，固德威电源科技(广德)有限公司(以下简称“固德威”)在太阳能光伏逆变器及智慧能源管理系统领域展现出强大的实力。固德威自2017年成立以来，通过不断的技术创新和市场拓展，已跻身全球光伏逆变器十强品牌之列，并于2020年在上海证券交易所科创板成功上市，成为该领域的先行者。作为行业领军企业，固德威通过实施数字赋能法，不仅提升了生产效率，降低了运营成本，还实现了产品和服务的全球化布局，为全球能源变革贡献了“中国智造”的力量。

(一)固德威的数字化转型背景

在全球能源结构转型的大背景下，太阳能光伏产业迎来了前所未有的发展机遇。固德威作为该领域的领军企业，深知数字化转型对于提升企业竞争力的重要性。因此，公司决定通过实施数字赋能法，将数字化技术融入生产、管理和服务中，以实现企业的可持续发展。

(二)数字化基础设施的构建

在数字化转型的初期，固德威就明确了建设数字化基础设施的重要性。公司投巨资建立了全新的现代化标准厂房，引入了先进的自动化生产线和智能化管理系统。这些基础设施的建设为固德威的数字化转型提供了有力保障。

1. 自动化生产线的引入。为了提高生产效率，固德威引入了自动化生产线。这些生产线采用了先进的机器人技术和传感器技术，实现了生产过程的自动化和智能化。通过自动化生产线的引入，固德威不仅提高了生产效率，还降低了生产成本，提高了产品质量。

2. 智能化管理系统的应用。固德威还引入了智能化管理系统，实现了生产数据的集中管理和分析。通过云计算平台的搭建，固德威可以实时收集和分析生产过程中的各类数据，包括设备状态、产品质量、生产进度等。这些数据为后续的智能决策和资源优化提供了有力支撑。

(三)大数据与人工智能的应用

在数字化转型过程中,大数据和人工智能技术的应用对于提升生产效率和产品质量具有重要意义。固德威深知这一点,因此在生产过程中积极应用大数据和人工智能技术。

1. 生产流程的优化。通过收集和分析生产过程中的各类数据,固德威运用机器学习算法对生产流程进行优化。这些优化包括生产计划的制定、生产资源的调配、生产过程的监控等。通过优化生产流程,固德威实现了生产效率的显著提升,降低了生产成本。

2. 产品质量的提升。固德威还利用人工智能技术对产品进行智能检测。通过智能检测技术的应用,固德威可以及时发现产品中的质量问题,并进行相应的处理。这不仅提高了产品质量,还降低了产品返修率和售后服务成本。

(四)数字化产品与服务的创新

公司研发的光伏逆变器产品具备智能监控和远程管理功能,用户可以通过智能手机或电脑实时监控逆变器的工作状态,并进行远程故障诊断和维护。此外,固德威还提供了一体化的智慧能源管理解决方案,帮助客户实现能源的高效利用。

1. 智能监控和远程管理功能的实现。固德威的光伏逆变器产品具备智能监控和远程管理功能。用户可以通过智能手机或电脑实时监控逆变器的工作状态,包括电流、电压、功率等参数。同时,用户还可以进行远程故障诊断和维护,及时发现并解决逆变器运行中的问题。这些功能的实现为用户提供了更加便捷、高效的服务体验。

2. 智慧能源管理解决方案的提供。除光伏逆变器产品外,固德威还提供了一体化的智慧能源管理解决方案。该方案包括能源监测、能源分析、能源优化等多个环节,帮助客户实现能源的高效利用。通过智慧能源管理解决方案的应用，客户可以实时了解能源的消耗情况，并进行相应的优化和调整，降低能源消耗成本，提高能源利用效率。

（五）数字赋能法的实施成效

自实施数字赋能法以来，固德威取得了显著的成效。

首先，生产效率得到了显著提升。统计资料显示，固德威的生产效率提高了30%，生产周期缩短了20%。这不仅降低了生产成本，还提高了市场响应速度。

其次，运营成本得到了有效降低。通过智能化管理系统的应用，固德威实现了对生产资源的精准调配和优化，减少了能源消耗和原材料浪费。此外，智能检测技术的应用也降低了产品返修率和售后服务成本。

最后，固德威的产品和服务实现了全球化布局。公司的光伏逆变器产品已经销往全球100多个国家和地区，并在多个市场占据领先地位。2019年，固德威的户用储能逆变器出货量排名全球第一，充分展示了其产品的国际竞争力。

展望未来，固德威将继续深化数字化转型，不断创新，为全球能源变革贡献“中国智造”的力量。公司将继续加大对数字化技术的研发和应用力度，推动生产过程的智能化和自动化水平不断提升。同时，固德威还将积极拓展国际市场，加强与全球客户的合作与交流，推动产品和服务的全球化布局不断优化。通过数字化转型和全球化布局的双重驱动，固德威有信心在未来的竞争中保持领先地位，为全球能源变革做出更大的贡献。

典型案例3 ▶▶

德力西电气：数字赋能法引领下的效率革命

德力西电气有限公司，作为中国低压电气行业的领先企业，积极响应国家智能制造的号召，凭借前瞻性的战略眼光和强大的技术实力，成功实施了数字赋能法，通过大数据、云计算、人工智能等先进技术的深度融合与应用，优化了生产流程,提高了生产效率,降低了运营成本,实现了企业经济效益的显著提升。德力西电气成功入选工业和信息化部2023年度智能制造优秀场景名单。

(一)数字赋能法的实施背景与策略

随着市场需求日益多样化和个性化,传统的生产模式已难以满足快速变化的市场需求。德力西电气有限公司审时度势,决定通过实施数字赋能法,以数字化转型为手段,提升企业核心竞争力。具体策略包括:

1. 构建数字化生产线。通过引入先进的自动化设备和智能制造技术,实现生产线的全面数字化升级,提高生产效率和产品质量。覆盖配电电气、工业控制自动化、家居电气三大领域,致力于以高性价比、高效率和高质量的产品与服务,为全球新兴市场客户创造舒适、美观、安全、智能的居家用电环境和专业、安全、可靠、高效的工业自动化用电环境,创立中国低压电气行业企业发展新模式。

2. 打造数字化供应链。公司拥有700多家一级代理商、60000多家线下门店、多个线上销售平台和合作伙伴、5个研发中心、3个国家级实验室、三大自动化工业生产基地、五星级客户支持服务团队、17个国内物流中心以及数十个运输合作伙伴、1个国际物流中心和在发展中国家的四大业务合作伙伴。德力西电气有限公司借助数字技术,实现供应链的可视化、智能化管理,优化库存和物流运作,降低运营成本。

3. 智能在线检测平台。针对于生产过程中,工序复杂、零部件尺寸小、组装精密度高等特点,通过激光检测、机器视觉检测等多种检测技术,对产品零部件来料及半成品进行多维度自动检测,并结合大数据、人工智能等工具,将质量指标量化后进行趋势预测和自动报警,解决了人工检测效率低、影响生产节奏及检测数据管理效率低下等问题。

4. 开发数字化产品与服务。运用云计算、物联网等技术,开发具有远程监控、数据分析等功能的数字化产品与服务,通过一物一码及产品碳足迹等,实现产品的全生命周期追踪及可视化管理,提升客户体验。实现质量精准追溯,基于工业互联网平台应用条码/二维码技术,实时、高效、准确、可靠地实现生产过程管理和质量管理。同时与MES(制造集成系统)集成,采集并关联产品原料、设计、生产、使用等全流程质量数据,实现全生命周期质量精准追溯。

(二)数字赋能法的实施过程与成果

德力西电气有限公司投入巨资,对生产线进行了全面的数字化改造。通过引入机器人、自动化设备等先进技术,实现了从焊接、装配、检测到包装的全工序自动化生产。这不仅大大提高了生产效率,降低了人力成本,而且有效减少了人为因素对产品质量的影响。据统计,数字化生产线的实施使生产效率提升了30%,产品质量合格率达到了99.9%。

德力西电气有限公司通过引入先进的供应链管理软件,实现了供应链的可视化、智能化管理。借助数字技术,公司能够实时掌握库存、物流等信息,对供应链进行精准调控,有效避免了库存积压和物流延误等问题。同时,公司还通过一物一码及产品碳足迹等技术手段,实现了产品的全生命周期追踪及可视化管理,为客户提供了更加透明、可靠的产品信息。数字化供应链的实施使公司运营成本降低了20%,客户满意度提升了10%。

德力西电气有限公司紧跟市场需求,运用云计算、物联网等技术手段,开发了一系列具有远程监控、数据分析等功能的数字化产品与服务。例如,公司推出的数字配电云系统,能够实时监测用电设备的运行状态和能耗数据,为客户提供科学的用电管理方案。此外,公司的物联网终端配电产品还能够与云平台无缝对接,实现用电方式的智能化管理,为消费者带来云端化的智慧生活体验。数字化产品与服务的开发使公司新产品销售收入占比提升至40%,市场竞争力显著增强。

(三)数字赋能法的未来展望与挑战

展望未来,德力西电气有限公司将继续深化数字赋能法的实施,推动企业向更高层次的数字化转型。具体计划包括:加大投入研发具有自主知识产权的数字化技术和产品;拓展数字化服务领域,提供更加个性化、智能化的解决方案;推动产业链上下游的数字化协同,构建产业生态圈。然而,数字化转型并非一帆风顺。在实施过程中,德力西电气有限公司也面临着一些挑战,如数据安全风险增加、技术更新迭代速度快导致的技术压力等。为应对这些挑战,公司将采取一系列措施:加强数据安全防护和隐私保护,建立持续学习机制和技术创新体系,积极与合作伙伴共同推动行业标准的制定和完善等。

德力西电气有限公司通过实施数字赋能法,成功实现了数字化转型和升级,为企业发展注入了新的活力。展望未来,公司将继续秉持创新、开放、合作的理念,深化数字化转型战略的实施,为推动中国低压电气行业的持续发展和进步贡献力量。

典型案例4▶▶

上海医药集团:数字赋能重塑医药行业生态

上海医药集团股份有限公司,不仅是沪港两地上市的大型医药产业集团,更是中国乃至全球医药行业的佼佼者。其核心价值观——“创新、诚信、合作、包容、责任”已经深入人心,成为引领企业发展的强大动力。近年来,随着数字技术的飞速发展,上海医药集团敏锐地捕捉到数字化转型的巨大潜力,果断实施数字赋能法,以期在新的市场环境中持续领先。上海医药集团位列《财富》世界500强排行榜与全球制药企业50强,综合实力位列中国医药企业前三,并入选上证180指数、沪深300指数成分股及摩根士丹利中国指数(MSCI)。

数字化转型,对于任何一家传统企业来说,都是一场深刻而全面的变革。它不仅仅是技术层面的升级,更是企业战略、组织架构、业务流程乃至企业文化的全方位重塑。上海医药集团对此有着清晰的认识和规划。他们知道,要想在这场变革中取得成功,就必须充分运用大数据、云计算、人工智能等先进技术,彻底改造传统医药产业的每一个环节。

在生产环节,上海医药集团利用大数据技术,对生产线上的每一个环节进行精准分析和优化。通过对历史数据的挖掘和分析,他们能够准确预测出每一道工序的耗时、成本以及可能出现的问题,从而提前进行干预和调整。这种“数据驱动”的生产模式,不仅大大提高了生产效率,还显著降低了运营成本。

在营销环节,上海医药集团则充分发挥了云计算和人工智能技术的优势。通过云计算平台,他们能够实现与全球各地的分销商、零售商和消费者的实时连接和信息共享,从而快速响应市场需求变化。而人工智能技术的应用,则帮助他们更精准地锁定目标客户群体,制定个性化的营销策略和方案。

除了生产和营销环节外,上海医药集团还在医药商业领域进行了一系列创新尝试。他们积极拓展商业新模式,为全球新药提供涵盖上市前临床支持、进出口服务、全国分销创新增值服务在内的全生命周期解决方案。这种全新的业务模式,不仅为新药研发提供了强有力的支持,也为患者提供了更加便捷、高效的药事服务。

值得一提的是,上海医药集团在数字化转型过程中,孵化出了“互联网+”平台上药云健康与镁信健康这样的创新企业。上药云健康立足于打造中国领先创新药商业化院外解决方案,通过线上线下相结合的方式,为患者提供全方位的药事服务。而镁信健康则专注于创新医疗支付领域,致力于解决患者“看病贵”的难题。这些创新企业的出现,不仅为上海医药集团带来了新的业务增长点和利润来源,也为整个医药行业的发展注入了新的活力。

数字化转型的成果是显著的。根据公司年报数据显示,2022年上海医药集团实现营业收入2319.81亿元,同比增长7.49%;归属于上市公司股东的净利润56.17亿元,同比增长10.28%。研发投入28.00亿元,同比增长11.87%,其中研发费用21.12亿元,同比增长6.29%。这些成果与数字化转型密不可分。它不仅提高了生产效率、降低了运营成本,还帮助企业拓展了新的业务领域、增强了市场竞争力。

当然,数字化转型并非一帆风顺。在实施过程中,上海医药集团也遇到了一些挑战和困难。比如,如何确保数据的安全性和隐私性?如何平衡技术创新与业务发展的关系?如何提高员工的积极性和参与度?这些问题都需要企业在实践中不断探索和解决。

展望未来,上海医药集团将继续深化数字化转型,推动数字赋能法在更多领域的应用和实践。他们相信,只有不断创新、不断进取,才能在激烈的市场竞争中立于不败之地。同时,他们也希望通过自己的实践经验,为其他工业企业提供有益的借鉴,共同推动中国乃至全球医药行业的健康发展。

总的来说,上海医药集团股份有限公司的数字化转型是一次全面而深刻的变革。它不仅改变了企业的运营模式和业务流程,更改变了企业的思维方式和文化基因。通过数字赋能法的实施,上海医药集团成功实现了从传统医药企业向数字化医药企业的华丽转身,为行业的未来发展树立了新的标杆。

典型案例5 ▶▶

红豆家纺:数字赋能推动产业升级

在当今日新月异的数字时代,红豆家纺有限公司以其敏锐的洞察力和前瞻性战略,成功实施数字赋能法,通过大数据、云计算、人工智能等先进技术的运用,优化生产流程、提高生产效率、降低运营成本,显著提升了企业经济效益和市场竞争力。这一创新实践不仅使红豆家纺在行业内树立了标杆,更为广大传统企业积极拥抱数字化转型提供了可借鉴的范例。

(一)数字化战略驱动全面升级

红豆家纺是红豆集团的重要子公司,红豆男装5G全连接工厂项目已入选国家级示范项目,成为业界瞩目的焦点。该项目借助5G+工业互联网技术,成功实现了从“自动化生产”向“智能制造”“优势制造”的转型升级。走进红豆男装5G全连接工厂,AGV小车(自动导向车)自如穿梭,衣服在吊挂线上有序流转,操作台能根据工人操作情况自动停机并进行视频培训……这些场景无不展示着数字化、网络化、智能化深度融合的现代化生产方式。

(二)智能制造提升生产效率与柔性生产能力

传统纺织服装生产线往往存在着信息不透明、资源浪费等问题,而红豆男装通过覆盖生产全过程的5G网络,实时获取人、机、料等数据,实现工业资源的全连接。据相关负责人介绍,这种智能制造模式使得生产效率提高了32%以上。更值得一提的是,为满足消费者日益增长的个性化定制需求,红豆男装建立了全国首个面向个性化定制的5G服装行业柔性工厂。该工厂以数据为驱动,提升各环节协作能力,实现了从量体、设计、定制、排程、生产到出厂的"7天快返",满足了多品种、小批量以及订单快速交付的需求。这种以销定产、无库存的个性化定制新模式,大大增强了品牌的市场竞争力。

(三)创新激发产品市场竞争力

数字化赋能不仅提升了红豆家纺的生产效率,更在产品创新和市场表现上展现出强大动力。以红豆男装打造的舒适爆品"红豆0感舒适衬衫"为例,该产品从原料、设计和科技维度进行差异化创新,包揽六项权威大奖,累计销量超过85万件,在全网中高端衬衫销量中名列前茅。这一亮眼的市场表现和迅猛的增长势头正是红豆家纺数字化发展的重要成果之一。

(四)全面转型构建核心竞争力

从制造到"智造",红豆家纺的数字化转型是一场涉及销售、产品设计、生产、供应链、物流和客户服务等全链条的深刻变革。公司利用大数据技术打通各环节,构建出具有"产品个性化、设计协同化、供应敏捷化、制造柔性化、决策智能化"五化特征的工厂。此外,在智慧门店建设方面,红豆家纺也进行了诸多创新尝试。例如,推出的BANJO定制AI智能量体仓,通过AI智能量体和远程试衣技术为消费者提供高效私人定制服务。

（五）工业互联网平台助力行业共赢

红豆家纺的数字化转型不仅局限于企业内部，更通过工业互联网平台向行业生态延伸。公司推出的“智慧红豆”纺织服装工业互联网平台为开发者提供了工业应用创新合作的生态共赢环境。该平台吸引上下游纺织服装供应链企业 600 家入驻，平台接入设备 20 万台（套），纺织服装行业工业 App1000 个，实现交易额 100 亿元，显著提升了中国服装产业的软实力和整体竞争力。

红豆家纺有限公司通过实施数字赋能法，在生产效率、产品创新、市场竞争力等方面取得了显著成效。这一典型案例不仅展示了数字化转型对传统产业升级的巨大推动作用，也为其他企业提供了可借鉴的经验和路径。展望未来，随着数字技术的不断发展和深入应用，我们有理由相信，红豆家纺将继续保持创新活力，在数字化转型的道路上创造更加辉煌的成就，为中国制造业的高质量发展贡献更大力量。

六、总结与展望

数字赋能法通过借助先进数字化技术，推动企业商业模式创新和运营效率提升。实施过程中，企业应关注行业数字化发展趋势，及时引进新技术和新模式，提升企业竞争力。同时，要加强企业内部数据整合和共享，打破数据壁垒，提高数据利用效率。

展望未来，企业应继续深化数字赋能法的实施和应用，推动企业实现更为全面和深入的数字化转型。

第 2 章　设计赋值法

传统的工业企业效益提升方法主要关注生产流程的优化和管理效率的提升，而忽视了设计在工业企业效益提升中的重要作用。“设计赋值法”，通过个性化、定制化、体验化等设计手段为工业企业赋予更高的价值，从而提高企业的整体效益。

一、理论依据

1. 工业设计原理。工业设计原理认为，设计是企业创新的重要手段，通过科学的设计方法和手段，可以提高企业的产品竞争力和市场占有率。实施设计赋值法需要运用工业设计原理，构建科学的设计体系，规范企业设计行为。

2. 价值工程理论。价值工程理论认为，产品的价值取决于其功能与成本的比值。通过优化产品的设计，可以在保持或改进产品功能的同时降低成本，从而提高产品的价值。实施设计赋值法需要结合价值工程理论，对产品进行功能分析和成本分析，找出提高产品价值的途径。

3. 可持续发展理论。可持续发展理论认为，企业的发展应与社会、环境和经济的协调发展相结合。实施设计赋值法需要考虑企业的可持续发展需求，通过设计手段提高企业的环境效益和社会效益。

4. 产品创新理论。工业设计有助于提升产品竞争力和品牌形象,进而提高企业效益。

二、实施步骤

在现代商业环境中,产品设计已不再是单纯的创意表现,而是涉及市场研究、用户需求、技术创新、品牌策略等多方面的综合体现。

(一)设计实施步骤

1. 设计需求分析。设计的起点是对需求的深入理解。这包括对企业的产品、市场、品牌等进行全面分析,明确设计需求。产品定位、目标市场、品牌形象等方面的分析是这一阶段的重点。通过这些分析,设计团队可以明确产品的设计方向和目标,为后续的设计工作提供指导。

2. 设计方案制定。在明确设计需求后,设计团队将制定详细的设计方案。这包括产品功能设计、外观设计、结构设计等方面的内容。设计方案应综合考虑用户需求、市场趋势、技术可行性等因素,确保设计方案的科学性和实用性。

3. 设计方案评审。设计方案完成后,应组织专业评审团队对设计方案进行评审和优化。评审团队可以由行业专家、市场人员、技术人员等组成,以确保评审的全面性和客观性。评审内容应包括技术可行性评审、经济可行性评审等方面,确保设计方案在实际应用中的可行性。

4. 设计实施。经过评审的设计方案将进入实施阶段。这一阶段的主要工作是将设计方案转化为实际产品,包括模具制作、样机试制、批量生产等。在实施过程中,应注重与制造团队的紧密合作,确保设计方案的顺利实施和产品质量的有效控制。

5. 设计效果评估。产品上市后,应对其进行设计效果评估。评估内容包括市场反馈、销售情况、经济效益等方面。通过评估,可以了解产品的市场表现和用户满意度，为后续的设计改进提供依据。

6. 设计持续改进。根据设计效果评估结果，应对设计方案进行持续改进和优化。这包括经验总结、问题反馈、方案调整等方面的工作。通过持续改进，可以不断提高产品的设计水平和价值，满足市场和用户的不断变化的需求。

（二）设计赋值法操作方法

设计赋值法是一种强调以市场需求为导向，通过创新设计和技术研发提升产品价值的方法。以下是设计赋值法的具体操作方法：

1. 市场调研。市场调研是设计赋值法的基础。通过深入了解市场需求和消费者偏好，可以为产品设计提供准确的市场导向。市场调研应关注消费者需求、市场趋势、竞争对手等方面的信息，为产品设计提供全面的数据支持。

2. 创新设计。创新设计是提升产品价值的关键环节。运用工业设计理念和方法，对产品进行外观、功能、结构等方面的创新设计，可以打造独特的产品形象和用户体验。创新设计应注重实用性与审美性的结合，以及技术与艺术的融合。

3. 技术研发。技术研发是提升产品技术含量和附加值的重要途径。通过加强关键技术研发，可以在产品设计中融入更多的技术创新和智能化元素，提升产品的竞争力和附加值。同时，技术研发也有助于形成企业的技术壁垒和核心竞争力。

4. 品牌塑造。品牌塑造是设计赋值法的重要目标之一。通过设计赋值，可以提升产品品牌形象和市场竞争力。品牌塑造应注重品牌故事的讲述、品牌形象的塑造和品牌传播的策略制定等方面的工作，以打造独特且具有吸引力的品牌形象。

从设计需求分析到持续改进是一个系统性的过程，涉及多个环节和方面的协同工作。而设计赋值法则为产品设计提供了明确的方向和方法论指导，有助于企业在激烈的市场竞争中脱颖而出。实施中需要注意以下几点：

1. 设计团队建设。组建专业的设计团队,包括工业设计师、结构工程师、电气工程师等专业人才,确保设计方案的科学性和可行性。

2. 设计流程规范。建立规范的设计流程和管理制度,确保设计工作的规范化和系统化。包括设计任务书制定、设计方案评审、设计变更管理等方面的制度建设和执行。

3. 创新激励机制。建立创新激励机制,鼓励设计师积极创新和提出新的设计理念和方法,不断推动企业的产品创新和升级换代。包括专利申请奖励、创新成果奖励等方面的激励措施。

4. 设计成本控制。在设计过程中充分考虑成本控制因素,确保设计方案的经济性和可行性。包括材料选择、制造工艺选择、生产效率优化等方面的成本控制措施。

5. 市场导向原则。坚持市场导向原则,以市场需求为导向进行产品设计和开发,确保产品符合市场需求和消费者期望。包括市场调研、用户反馈收集和分析等方面的工作。

6. 持续改进文化。构建持续改进的企业文化,鼓励员工提出改进意见和建议,让企业处于不断优化的状态。包括创新氛围营造、知识共享平台搭建等方面的工作。

三、风险控制

设计赋值法作为一种策略性工具,在企业发展过程中发挥着关键作用。然而,任何方法的实施都伴随着风险。

(一)设计赋值法及其风险

设计赋值法是通过设计和规划,优化资源配置,提高土地利用效率,从而提升亩均效益的一种方法。然而,在实施过程中,可能会遇到以下风险:

1. 设计不合理。设计方案可能不符合实际情况,导致资源浪费或效益不佳。

2. 需求变动。市场需求的变动可能影响设计方案的实施和效益。

3. 自然灾害。不可预测的自然灾害、疫情可能对工业生产造成重大影响。

4. 技术问题。新技术的应用可能带来不确定性，如技术失败或成本超出预算。

（二）风险控制策略

针对上述风险，以下是一些有效的风险控制策略：

1. 科学设计。在设计阶段，应充分调研，了解气候、市场等实际情况，确保设计方案的科学性和实用性。

2. 灵活调整。在实施过程中，应根据市场变化和实际情况灵活调整设计方案，避免僵化执行。

3. 灾害防范。建立健全的灾害预警和应对机制，减轻疫情、自然灾害对工业生产的影响。

4. 技术保障。在引入新技术时，应充分评估其成熟度和经济性，确保技术的可靠性和适用性。

（三）风险防范步骤

1. 风险识别：全面识别设计赋值法实施过程中可能面临的风险因素。

2. 评估定级：对识别出的风险进行评估和定级，确定各风险的影响程度和发生概率。

3. 制定策略：针对不同类型的风险，制定相应的预防和应对措施。

4. 监控与调整：在实施过程中持续监控风险状况，根据实际情况灵活调整风险控制策略。

5. 持续改进：定期总结风险控制经验，不断完善和改进风险控制体系。

设计赋值法在提升工业企业亩均效益方面具有显著作用，但实施过程中存在的风险不容忽视。通过科学的风险控制策略和实施步骤，可以有效降低风险，确保设计赋值法的顺利实施，从而实现持续、稳定、高效的发展。同时，应不断总结经验,持续改进和完善风险控制方法,以适应不断变化的市场环境。

四、实施效果评估

设计赋值法通过赋予设计作品具体的数值,使得对设计的评价更加客观、科学。

(一)实施效果的优点

1. 客观性:设计赋值法通过量化的方式对设计作品进行评估,有效减少了主观因素对评价结果的影响,提高了评价的客观性。

2. 精确性:该方法能够将设计的多个方面细化为具体的指标,并赋予相应的权重,从而实现对设计作品的全面、精确评价。

3. 可操作性:设计赋值法提供了一套清晰、明确的评价流程,使得评价过程更加规范、易于操作。

4. 可比较性:由于评价结果以数值形式呈现,便于对不同设计作品进行比较和排序,有利于优秀设计作品的选拔和推广。

(二)存在的局限性

1. 指标设置的合理性:设计赋值法的实施效果很大程度上取决于评价指标的设置。不合理的指标设置可能导致评价结果偏离设计作品的实际价值。

2. 权重分配的科学性:权重分配是设计赋值法的核心环节之一。权重的设置需要充分考虑设计作品的实际需求和目标,否则可能导致评价结果的失真。

3. 数据处理的复杂性:设计赋值法涉及大量的数据处理和分析工作,对数据处理技术和方法要求较高,可能增加评价的难度和成本。

4. 创新性的制约:过于依赖量化的评价指标可能忽视设计作品中的创新性和艺术性,从而制约设计的自由度和多样性。

(三)改进方向

1. 完善评价指标:根据设计领域的发展和实际需求,不断完善和更新评价指标，确保评价结果的准确性和时效性。

2. 提高权重分配的科学性：引入专家评审、用户调研等多种手段，提高权重分配的科学性和合理性。同时，建立权重动态调整机制，以适应设计领域的发展和变化。

3. 强化数据处理能力：借助先进的数据处理技术和方法，提高数据处理的效率和准确性。同时，加强对数据处理人员的培训和管理，确保数据处理的质量。

4. 关注创新性和艺术性：在评价过程中，充分关注设计作品的创新性和艺术性，通过设置相应的评价指标和权重，鼓励设计师发挥创造力和想象力。

5. 推动多元化评价：在坚持量化评价的基础上，引入定性评价方法，形成多元化评价体系。通过定性评价与定量评价的有机结合，更全面地揭示设计作品的价值和特点。

综上所述，设计赋值法在实施过程中既有显著的优点，也存在一定的局限性。为了确保该方法的实施效果，我们需要不断完善评价指标、提高权重分配的科学性、强化数据处理能力、关注创新性和艺术性以及推动多元化评价。只有这样，设计赋值法才能更好地为设计领域的发展提供有力支持。

五、典型案例

典型案例 1 ▶▶

广东全宝科技：设计赋值打造定制化产品

广东全宝科技股份有限公司位于广东省珠海市，是一家专业从事铝基覆铜板、铁基覆铜板、铜基覆铜板等特种覆铜板研发和生产的高科技企业。公司通过构建信息化、自动化平台，不断提升生产效率，并采用国际先进的检测设备，对产品可靠性进行监测，保证产品品质的一致性与稳定性。随着工业设计理念的引入,公司致力于为客户提供定制化产品的生产及服务,满足客户的特殊规格、特殊性能订单的要求。公司认为,设计在工业企业效益提升中具有重要作用,设计赋值法的提出与实施,将为工业企业赋予更高的价值,从而提升企业的整体效益。

(一)设计赋值法的应用

广东全宝科技股份有限公司在金属基覆铜板行业中一直处于领导地位,产品具有国际竞争力。公司引入了设计赋值法,以满足客户需求为目标,倾力打造以客户需求为中心的设计体系,为客户提供量身定制的产品解决方案。在产品设计过程中公司注重多个方面的结合:

首先,追求卓越的产品性能。公司将产品质量视为业务的基石,从原料采购到生产过程,都有严格的质量控制体系。公司研发团队采用最先进的科技和材料,以提供最佳的性能和功能。

其次,关注产品的外观设计。公司董事长徐建华深谙产品设计的重要性,深知富有吸引力的产品外观不仅能吸引消费者的眼球,还能提升品牌形象。公司设计师团队致力于将产品的外观与功能完美结合,创造出既美观又实用的产品。

最后,注重产品的使用体验。公司深入了解客户的使用习惯和需求,将用户体验融入产品设计之中,致力于提供易于使用、舒适便捷的产品,让客户在使用过程中感到满意和舒适。

除了追求卓越的性能、外观和使用体验,公司还积极应对客户的特殊规格和性能需求。公司拥有专业的研发团队和强大的生产能力,能够根据客户的需求进行定制化开发,以满足客户的特殊需求。

同时,广东全宝科技股份有限公司不断开发新产品,成为众多国内外著名企业的供货商。公司持续投入研发资源,引进先进的技术和设备,为客户提供更多创新产品。

总的来说,广东全宝科技股份有限公司以客户需求为导向,通过卓越的产品性能、美观的外观设计、良好的用户体验以及专业的定制化服务,为客户提供最优质的产品解决方案。

(二)设计赋值法的实施效果

通过设计赋值法的实施,广东全宝科技股份有限公司取得了显著的效果。公司亩均效益大幅提升,企业整体效益显著增长。

在设计赋值法的推动下,公司金属基覆铜板销售额逐年增长,销售收入和净利润也呈现上升趋势。市场占有率也有了明显的提升,公司已成为国内外高端PCB(印制电路板)的优质材料供应商。同时,公司全面推行ISO9001:2000质量管理体系,产品通过UL认证(E250937),并满足RoHS指令要求。产品系列也得到了进一步的丰富和完善,广泛应用于LED照明、汽车、电脑、通信设备、电源、音响、电力、医疗设备等领域,在高导热、高耐压、高耐热、无卤素等高阶产品领域的研发生产能力也得到了提升。经过数年的发展,全宝TOTKING在业内树立了较高的知名度,产品主要出口欧美、日本。

公司参与了《中国印制电路行业协会标准——印制电路用金属基覆铜箔层压板》国家标准的制定。公司产品定制化优势明显,通过运用信息化、自动化平台,对工艺设备进行升级改造,使得企业生产效率大幅提升,充分保障订单交付时间。

总之,广东全宝科技股份有限公司通过实施设计赋值法,成功提升了企业的整体效益。这一典型案例表明,工业企业应注重设计在效益提升中的重要作用,通过设计手段赋予企业更高的价值,从而提升企业的整体效益。同时,企业应不断开拓创新,开发新产品,引入工业设计理念,提供定制化产品设计服务,以满足客户特殊需求,提升企业竞争力。

典型案例2▶▶

安徽鸿贝智能：设计赋值的创新实践者

在工业企业的效益提升道路上,安徽鸿贝智能科技有限公司以设计赋值法的创新实践,为企业的发展注入了新的活力,书写了工业企业效益提升的新篇章。

安徽鸿贝智能科技有限公司,作为一家在汽车儿童安全座椅领域具有领先地位的企业,始终坚持创新、质量和客户至上的经营理念。他们深知,在这个竞争激烈的市场中,只有不断创新,才能为企业带来持续的发展动力。而设计赋值法,正是他们在创新道路上的一次重要尝试。

设计赋值法的核心理念是通过创新设计,为企业产品赋予更高的价值。这种价值不仅体现在产品的功能上,更体现在产品的外观、用户体验以及品牌形象等多个方面。在鸿贝智能科技的实践中,设计赋值法被赋予了更加丰富的内涵。

首先,他们通过深度理解用户需求,为产品设计提供宝贵的灵感。在鸿贝智能科技看来,用户需求是产品设计的出发点和落脚点。只有真正了解用户的需求和期望,才能设计出符合市场需求的产品。因此,他们的设计团队始终保持着与用户的紧密联系,通过深入的市场调研和用户访谈,获取第一手的用户需求信息。这些信息为产品设计提供了有力的支持,确保了产品的市场适应性。

其次,鸿贝智能科技注重创新设计,不断推陈出新。他们深知,创新是设计赋值法的核心所在。只有不断创新,才能打破市场的固有格局,为企业带来新的发展机遇。因此,他们的设计团队始终保持着敏锐的市场触觉和创新意识,不断探索新的设计方向和技术手段。例如,他们开发的儿童安全座椅具有独特的动能吸收功能,能够显著降低儿童在车祸中受伤的风险。这种创新设计不仅提高了产品的安全性,更提升了产品的市场竞争力。

此外,鸿贝智能科技还注重高品质实现。他们深知,好的设计需要好的实现来支撑。因此,他们投入大量的资源和精力在产品的生产和品质管理上。他们拥有先进的生产线和检测仪器,严格遵循国际标准和法规进行生产。其产品通过欧洲 ECE 安全认证,各项数据均达到全球顶尖标准,确保产品的合规性和可靠性。这种对品质的执着追求,使得鸿贝智能科技的产品在市场上赢得了良好的口碑和用户认可。

最后,鸿贝智能科技还注重品牌塑造与市场拓展。他们深知,设计赋值法不仅仅是一种产品设计方法,更是一种品牌塑造和市场拓展策略。因此,他们在提升产品价值的同时,也注重提升企业的品牌形象和市场影响力。比如,他们与美国迪士尼公司达成战略合作关系,借助迪士尼的品牌影响力提升自身品牌知名度。同时,他们还积极拓展国际市场,将产品远销欧美、亚洲等 50 多个国家和地区,实现了市场的全球化布局。

在鸿贝智能科技的实践中,设计赋值法不仅提升了产品的附加值和市场竞争力,更为企业带来了显著的经济效益和社会效益。他们的销售额和利润逐年攀升,市场份额不断扩大。同时,他们的产品也获得了多项国内外荣誉和认证,成为行业内的佼佼者。这些成绩的取得充分证明了设计赋值法在工业企业效益提升中的价值。

总的来说,安徽鸿贝智能科技有限公司通过运用设计赋值法,成功地将创新设计转化为企业效益提升的强大动力。他们的实践经验对于其他工业企业来说具有积极的借鉴意义。在未来的发展中,我们有理由相信,设计赋值法将在更多的工业企业中得到广泛应用,为推动工业发展、提升企业竞争力发挥更加重要的作用。

典型案例3 ▶▶

安徽志邦家居：以设计赋值为引擎　荣膺国家级工业设计中心

在全球化和信息化的时代,设计的作用日益凸显。特别是对于家居行业,设计不仅是产品外观和实用性的体现,更是品牌理念、用户体验和企业文化的综合表现。志邦家居股份有限公司(以下简称“志邦家居”)就是这样一家典型的企业,通过实施设计赋值法,成功地将设计转化为企业的核心竞争力,实现了从传统制造向创新驱动的转型升级。2023年志邦家居股份有限公司被工业和信息化部授予第六批国家级工业设计中心称号,被安徽省“亩均论英雄”办公室、省经信厅评为全省制造业企业亩均效益领跑者。

在志邦家居,设计赋值法主要通过以下几个方面来实现:

1. 用户导向的设计理念。志邦家居始终坚持“更懂生活”的品牌理念,从用户的需求和体验出发,采取个性化、定制化方法,设计出符合现代家庭生活方式和审美趋势的家居产品。通过深入的市场调研和用户洞察,志邦家居能够精准把握消费者的需求和痛点,从而在产品设计中融入更多的创新元素和人性化设计。

2. 整合全球设计资源。为了保持设计的领先性和创新性,志邦家居积极整合全球设计资源,与国内外优秀的设计公司、高校和研究机构建立紧密的合作关系,共同进行前沿设计研究和项目开发。同时,志邦家居还定期组织设计师参加国际设计大赛和交流活动,拓宽视野,激发创意思维。

3. 强化设计团队建设。志邦家居非常重视设计团队的建设和培养。通过引进优秀的设计师和建立完善的设计师培养体系,志邦家居的设计团队已经成为行业内的一支劲旅。设计师们在学习和成长的过程中,不断为企业带来新的设计理念和创意成果。

4. 设计与科技的深度融合。随着科技的发展,新材料、新工艺、新技术不断涌现。志邦家居紧跟科技发展的步伐，将最新的科技成果应用于产品设计中。例如，通过引入智能化制造设备和技术，提高生产效率和产品质量；利用大数据和人工智能技术，精准分析用户需求和市场趋势，为产品设计提供有力支持。

通过实施设计赋值法，志邦家居取得了显著的成效和影响：

一是产品竞争力提升。凭借卓越的设计实力和创新能力，志邦家居的产品在市场上表现出色。多款产品荣获国内外权威设计大奖，如中国优秀工业设计奖、美国缪斯设计金奖等，产品的独特性和创新性深受消费者喜爱，市场占有率逐年提升。

二是品牌形象提升。作为整家定制领域的专业家居品牌，志邦家居通过独特的设计语言和品牌理念，成功塑造了高端、时尚、专业的品牌形象。与众多明星和知名机构的合作进一步提升了品牌的知名度和影响力。如今，志邦家居已经成为家居行业的领军企业之一。

三是推动行业创新发展。志邦家居的创新实践不仅提升了自身的竞争力，也对整个家居行业产生了积极影响。通过引领行业设计潮流和推动技术创新，志邦家居为行业的可持续发展注入了新的活力。越来越多的企业开始重视设计的力量，将创新作为驱动发展的核心动力。

四是社会效益显著。作为一家有社会责任感的企业，志邦家居在追求经济效益的同时，也积极履行社会责任。通过推广环保设计理念和使用环保材料，志邦家居为社会的绿色发展做出了贡献。此外，企业还积极参与公益事业和慈善活动，以实际行动回馈社会。

志邦家居股份有限公司通过实施设计赋值法，成功地将设计转化为企业的核心竞争力，实现从传统制造向创新驱动的转型升级。这一实践不仅提升了企业的经济效益和市场竞争力，还对整个家居行业产生了深远的影响。展望未来，随着科技的不断进步和消费者需求的不断变化，志邦家居将继续坚持创新驱动的发展战略，不断探索和实践新的设计理念和技术手段，为全球家庭创造更加美好的生活空间。

典型案例4 ▶▶

蚌埠依爱消防：设计赋值法塑造行业安全新标杆

蚌埠依爱消防电子有限责任公司(以下简称“依爱公司”)作为中国先进的一站式消防解决方案供应商,已经走过了20多年的辉煌历程。在这个过程中,公司始终坚持以创新为动力,以设计为核心,成功运用设计赋值法提升了企业的整体效益和市场竞争力。

面对日益激烈的市场竞争和不断升级的消防安全需求,依爱公司认识到,仅依靠生产流程的优化和管理效率的提升已无法满足市场发展的要求。因此,公司决定引入设计赋值法,通过设计手段为企业赋予更高的价值,开创全新的增长点。

(一)设计理念

设计赋值法是以用户需求为出发点,从设计理念出发,不断优化提升产品品质。它涵盖了产品外观设计、功能设计、用户体验设计等多个方面。在消防行业,产品的稳定性和可靠性尤为重要。依爱公司坚持把用户需求放在首位,以人性化、智能化、高效能的设计理念,打造出符合市场需求的高品质消防产品。

(二)设计实践

1. 外观设计:依爱公司的消防产品外观设计简洁大方,线条流畅,符合现代审美观念。同时,考虑到消防产品的特殊性质,设计师特意选用耐高温、耐腐蚀的材料,确保产品在极端环境下仍能保持良好的外观和性能。

2. 功能设计:在功能设计上,依爱公司注重实用性和创新性。例如,公司研发的智能消防报警系统,采用先进的物联网技术,实现远程监控、快速定位火源、自动报警等功能。这种创新性的功能设计大大提高了产品的附加值和市场竞争力。

3. 用户体验设计:依爱公司非常重视用户体验设计。在产品设计中,不仅注重操作的便捷性和舒适性,还通过优化界面设计、提供个性化定制服务等方式,让用户在使用过程中感受到贴心和温暖。这种以用户为中心的设计理念赢得了广大用户的认可和信赖。

(三)成果展示

通过运用设计赋值法,依爱公司取得了显著成果。

经济效益:依爱公司的经济效益显著提升,公司财报显示,近年来公司的营业收入和净利润均实现了稳步增长。其中,新产品的销售额占比逐年提升,成为公司重要的经济增长点。

市场竞争力:凭借出色的设计理念和产品品质,依爱公司在市场上赢得了良好的口碑和市场份额。公司的消防产品已成功进入国内外多个重点项目和场所,如北京大兴国际机场、青岛奥运场馆等数万个国家重点消防工程,充分体现了产品的市场认可度和竞争力。

创新能力:依爱公司的创新能力得到了显著提升。公司自主开发的十二大系列消防产品先后获得160多项国家专利及安徽省科学技术二等奖、安徽省科学技术三等奖等40多项国家和省部级奖项,整体技术达到国内外先进水平。这些创新成果不仅提升了公司的技术水平,也为公司可持续发展注入了强劲动力。

通过运用设计赋值法,蚌埠依爱消防电子有限责任公司成功实现了从传统工业企业向创新型高科技企业的转型升级。公司的经济效益、市场竞争力、创新能力均得到显著提升,为企业的长远发展奠定了坚实基础。展望未来,依爱公司将继续坚持以创新为动力、以设计为核心的发展战略,不断推动设计赋值法的深入应用和发展,为消防安全事业做出更大的贡献!

典型案例5▶▶

上海三菱电梯：设计之力引领电梯行业新高度

上海三菱电梯有限公司以其独特的设计赋值法在电梯行业树立了典范。通过不断创新设计,公司为工业企业赋予更高的价值,提高企业的整体效益。公司在产品设计、技术研发和用户体验方面取得了显著成就,为客户提供高品质、高性能的电梯产品和解决方案。

首先,上海三菱电梯有限公司在产品设计方面展现了卓越的创新能力。公司推出了“ZCBE03-T810”触摸屏操纵箱,凭借惊艳的工业造型及人性化的交互体验,获得专业评委高度认可,一举拿下德国红点设计奖、德国iF设计奖、中国创新设计红星奖等多项设计大奖。这款产品不仅外观设计精美,而且在用户体验方面做到了贴心周到。其大屏设计、多种UI风格选择、全物理钢化玻璃一体化面板等特点,体现了公司对于产品外观和用户体验的重视。此外,专为儿童、轮椅使用者和宠物设计的贴心关怀模式,彰显了公司对用户需求的深刻理解和关注。产品秉承“以人为本”的设计理念,深入洞察典型场景中的用户痛点,精心设计解决方案,提升用户体验,因而获得了市场的认可,也打动了专业评委的心。

其次,上海三菱电梯有限公司在技术研发方面取得了显著成就。公司不断引进日本三菱电机的先进技术,推出了采用多项节能和环保技术的创新产品,如无机房电梯、小机房电梯、高速电梯等。尤其是自主研发的10米/秒高速电梯,已完成测试评价、产品认证,并在上海中心等项目中得到成功应用,展现了公司在高速电梯领域的技术实力和创新能力。

此外,上海三菱电梯有限公司在用户体验方面也表现出色。例如,上海三菱为上海中心项目设计并提供了全部116台垂直电梯,创造了4项“世界之最”。最高——上海中心电梯是当今全世界电梯行业的“最高峰”,创造了电梯行业的多项世界纪录;最快——3 台由底楼直达 119 层观光厅、行程 565 米的 20.5 米/秒穿梭电梯,超过台北 101 的东芝电梯(16.6 米/秒),成为世界最高速电梯,同时打破迪拜塔的纪录(行程 504 米),成为世界行程最长的电梯;最大——8 台直达 101 层酒店空中大堂、行程 470 米的 10 米/秒双轿厢穿梭电梯,将成为全球最长行程的双轿厢电梯,并配置全新开发的全球功率最大 360 千瓦 PM 永磁同步曳引系统(采用双重三相线圈技术),相当于 35 台 1.75 米/秒的普通电梯;最新——上海中心的 11 台 18 米/秒、10 米/秒双轿厢电梯,均配置了轿厢内气压调节装置,确保乘客在高速上下运动中不因大气压力快速变化而感到耳部不适。上海三菱不仅在高度、速度、行程等方面刷新多项世界纪录,还充分考虑了乘客的舒适感受,体现了公司对用户体验的深度关注和不懈追求。

综上所述,上海三菱电梯有限公司在产品设计、技术研发和用户体验方面展现了出色的创新能力和专业水准,为客户提供高品质、高性能的电梯产品。作为中国机械制造业和外商投资企业 500 强企业,以及中国机械工业核心竞争力十强企业,上海三菱电梯有限公司将继续推陈出新,引领行业发展,为客户创造更大价值。

六、总结与展望

设计赋值法是一种全新的提高工业企业亩均效益的方法,通过科学的设计手段为工业企业赋予更高的价值,从而提高企业的整体效益和市场竞争力。设计赋值法充分运用工业设计提升产品竞争力,赋予产品新价值。实施过程中,企业应关注市场动态和消费者需求变化,及时调整产品设计策略。同时,要加强与设计机构、科研院所等的合作,引进先进设计理念和技术手段,提高企业自身设计能力和水平。

第 3 章　机器换人法

工业机器人使得生产过程更加高效、精准，不仅能极大提高劳动生产率，给企业带来更多利润，也大大降低劳动强度特别是重体力劳动强度，有效缩短劳动时间。“机器换人法”主要是指通过采用自动化和智能化的设备来替代传统的人工生产方式，以此来降低生产成本，提升生产效率和产品质量，提高工业企业的亩均效益，从而推动企业的转型升级和可持续发展。

一、理论依据

1. 自动化生产理论。自动化生产是指通过机械设备、电子技术和计算机技术等手段，实现生产过程的自动化、智能化。自动化生产具有高效、准确、稳定的特点，可以大幅度提高生产效率和质量。

2. 人工智能理论。人工智能是指通过计算机算法和模型，实现人类智能的模拟和延伸。人工智能可以应用于工业生产的各个环节，实现智能化决策、自动化控制等功能，提高生产过程的智能化水平。

3. 产业升级理论。产业升级是指通过技术进步、设备更新、管理创新等手段，推动产业结构从低附加值向高附加值转变。机器换人法是实现产业升级的重要途径之一,通过引进先进设备和技术,替代传统的人工生产方式,提高生产效率和质量。

4. 经济学原理。技术进步是提高劳动生产率的主要驱动力,智能化改造有助于提升企业竞争力,推动生产力更大发展。

二、实施步骤

1. 明确转型方向。政府需要积极引导企业明确转型方向,鼓励他们向智能制造、高端装备制造等领域转型。这一过程中,企业应结合自身实际情况,制定出具体的转型计划。例如,实施"机器人+"战略,引进工业机器人来替代传统的人工生产线,实现生产自动化;实施"数字化+"战略,通过物联网、大数据等技术对生产过程进行数字化改造,实现精细化管理;实施"互联网+"战略,利用云计算、工业互联网等平台,实现企业内部和企业之间的信息共享和业务协同。

2. 设备选型和采购。企业在进行设备选型和采购时,应根据自身的实际需求和预算,选择合适的自动化和智能化设备。这些设备包括但不限于工业机器人、智能传感器、自动化生产线等。在此过程中,企业应与设备供应商进行充分的沟通,确保所选设备的性能、质量以及售后服务能够满足企业的需求。

3. 设备安装和调试。设备安装和调试是确保设备能够正常运行的关键步骤。企业应按照设备供应商提供的安装和调试指南,组织专业的技术人员进行设备的安装和调试工作。在此过程中,要确保设备能够与现有的生产流程顺畅衔接,以免影响生产效率。

4. 人员培训和转岗。随着新设备的引入,原有生产线上的员工需要进行相应的设备操作和维护技能培训,以确保他们能够熟练掌握新设备的操作技能,并适应新的生产方式。同时,企业还需要根据员工的技能和兴趣,制定合理的转岗方案,将员工转移到其他适合的岗位上。

5. 生产过程监控和管理。利用物联网技术和数据分析手段,企业可以对生产过程进行实时监控和管理。这不仅可以及时发现生产过程中的问题,还可以优化生产流程,提高生产效率和产品质量。

6. 争取政府政策支持。各级政府都将数字化、网络化、智能化作为重点支持的方向,并设立了技改专项扶持项目或奖补资金,具体实施部门为各级的发展改革委、经济和信息化局、科技局、知识产权局等。企业在实施过程中,应关注政府的扶持政策和申报信息,及时争取政策支持,以降低转型升级的成本。

7. 持续改进和优化。企业应定期对生产过程进行评估和分析,总结经验教训,持续改进和优化生产流程和设备配置。同时,企业还应关注新技术和新设备的发展趋势,及时引进和应用新技术和新设备,以保持企业的技术领先地位。

三、风险控制

在当前的工业生产领域,随着科技的不断进步,自动化和智能化技术已经成为推动企业转型升级和可持续发展的关键因素,机器换人法能提升生产效率和产品质量,提高工业企业的亩均效益。然而,实施机器换人法并非没有风险。

1. 设备投资风险。自动化、智能化设备通常需要大量的资金投入,而且一旦投资决策失误,可能会导致企业资金链断裂。因此,企业在决策之前需要对设备的性能、质量和市场前景进行充分评估和分析。例如,企业可以通过市场调研来了解同类设备的市场接受度,通过与设备供应商的沟通来了解设备的技术参数和性能指标,以及通过财务分析来预测投资回报率。

2. 技术风险。自动化、智能化设备的应用涉及复杂的技术问题,如设备兼容性、数据安全等。企业需要与设备供应商进行充分沟通,确保其提供必要的技术支持和售后服务。例如,企业可以要求供应商提供设备的兼容性测试报告,以及设备在数据安全方面的保障措施。

3. 人员转岗风险。由于自动化、智能化设备的引进可能会导致部分员工的岗位被取代,企业需要制定合理的转岗方案和安置政策,确保员工的合法权益得到保障。例如,企业可以为受影响的员工提供职业培训,帮助他们掌握新的技能,以便于转岗到其他岗位,或者为即将离职的员工提供一定的经济补偿,以减轻他们的经济压力。

4. 法律法规风险。企业的行为必须符合相关法律法规的要求,如劳动法、安全生产法等。企业需要对相关法律法规进行深入了解和分析,确保其行为合法合规。例如,企业在裁员时需要遵守劳动法的相关规定,确保裁员程序的合法性;在引进新设备时,需要遵守安全生产法的相关规定,确保设备的安全性。

综上所述,虽然机器换人法能够为企业带来显著的生产效率和经济效益,但企业在实施过程中也需要面对多方面的风险。只有通过充分的风险评估和有效的风险控制措施,企业才能确保机器换人法的顺利实施和企业的长远发展。

四、实施效果评估

为确保机器换人法实施的效果,企业应建立一套科学的评估体系,定期对关键指标进行评估和分析。

1. 生产效率。生产效率是衡量机器换人法成效的重要指标之一。企业可以通过计算单位时间内生产的产品数量来衡量生产效率。例如,某电子产品制造企业在引进“SmartFab 4.0”自动化生产线之前,每小时能生产 100 台“X-Model”智能手机;而引进后,生产效率提升至每小时 150 台。这表明生产效率提升了 50%。此外,还可以通过减少生产停机时间、缩短产品更换周期等指标来评估生产效率的提升。

2. 生产成本。生产成本的降低是机器换人法实施的另一关键目标。企业可以通过对比实施前后的直接人工成本、原材料消耗、能源使用等数据来评估成本降低的效果。例如,引进自动化设备后,某汽车零部件制造企业的人工成本从每件产品的 5 美元降低到 3 美元,原材料消耗由于精度提高而减少了

10%，能源使用效率提升了15%，从而实现了整体生产成本的显著降低。

3. 产品质量。产品质量的提升直接关系到企业的品牌形象和市场竞争力。企业可以通过对比实施前后的产品合格率、返修率、客户满意度等数据来评估产品质量的提升效果。例如，某家电制造企业在引进“PrecisionAssemble 200”智能装配系统后，产品合格率从95%提升到了98%，返修率下降了50%，客户满意度调查得分从8.5分提升到9.2分。

4. 员工满意度。员工是企业的宝贵财富，员工的满意度直接影响到企业的稳定和发展。企业可以通过定期进行员工满意度调查，了解员工对于工作环境、工作内容、培训机会、职业发展等方面的看法。例如，某制药企业在实施机器换人法后，通过问卷调查发现员工对于减少重复性劳动和提供的技能培训表示满意，员工满意度整体提升了20%。

5. 社会效益。企业的发展不仅要追求经济效益，还要考虑对社会的影响。企业可以通过分析税收贡献、就业影响、环境保护等方面来评估社会效益。例如，某机械制造企业在实施机器换人法后，虽然减少了一部分操作工岗位，但通过转岗培训和招聘更多的技术研发人员，实际增加了就业岗位，税收贡献增加了15%，同时由于自动化生产更加环保，减少了废弃物排放，对环境保护也做出了贡献。

通过这些指标的定期评估和分析，企业不仅能够及时了解实施效果，还能够根据评估结果调整策略，确保企业在提升生产效率和降低成本的同时，也能够保障员工的权益和社会的可持续发展。

五、典型案例

典型案例1 ▶▶

安徽美芝精密制造：“机器换人”助力效率飞跃

安徽美芝精密制造有限公司（以下简称“安徽美芝”），作为美的集团旗下的核心企业之一,在空调压缩机领域一直扮演着举足轻重的角色。近年来,随着全球制造业的转型升级和智能制造的快速发展,安徽美芝也紧跟时代步伐,实施机器换人法,通过引进自动化和智能化设备,实现了从传统制造向智能制造的华丽转身,为企业的发展注入了新的活力。

在实施机器换人法之前,安徽美芝的生产模式主要依赖于大量的人工操作。虽然公司在长期的发展中积累了丰富的生产经验和技术实力,但随着市场需求的不断增长和人工成本的不断上升,传统的生产模式已经难以适应企业的发展需求。为提高生产效率和产品质量,降低生产成本,安徽美芝决定引进自动化和智能化设备,对生产线进行全面升级。

为了推动这一转型,安徽美芝投资50800万元,建设了基于工业互联网平台的全新能效旋转压片机智能制造项目。该项目不仅涵盖了自动化装配线、机器人焊接站、自动化检测系统等先进设备,还引入了智能化生产管理系统,实现了生产过程的数字化、智能化和网络化。通过这些先进设备和系统的引入,安徽美芝的生产效率得到了显著提升,同时产品质量也得到了有力保障。

在自动化装配线上,机器人取代了人工,承担了繁重的装配工作。它们不仅可以24小时不间断地工作,还可以在恶劣的环境下稳定运行,大大提高了生产效率。此外,机器人还可以通过精确的控制和调试,实现产品的高精度装配,提高了产品的一致性和可靠性。

在机器人焊接站上,焊接机器人取代了传统的焊接工人。焊接机器人具有焊接速度快、焊接质量高、可重复性好等优点,不仅提高了焊接效率,还降低了焊接成本。同时,焊接机器人的应用还避免了人工焊接可能产生的质量问题,提高了产品的整体质量。

在自动化检测系统方面,安徽美芝引入了先进的在线检测设备和智能化检测系统。这些设备可以对生产过程中的关键参数进行实时监控和检测,及时发现并处理潜在的质量问题。同时,智能化检测系统还可以对生产数据进行收集和分析，为企业提供有价值的生产信息和改进建议。

除自动化设备外，安徽美芝还引入了智能化生产管理系统。该系统可以实现生产计划的智能排产、生产过程的实时监控、生产数据的自动收集和分析等功能。通过这一系统，企业可以更加精确地掌握生产情况，及时发现并解决问题，提高生产效率和产品质量。

实施机器换人法后，安徽美芝的生产效率得到了显著提升。原来需要1200人的生产线，现在只需要370人就可以完成同样的生产任务。这不仅降低了人工成本，还提高了生产效率。同时，由于自动化设备的精确控制和智能化生产管理系统的应用，产品质量也得到了有力保障。不良品率大幅下降，产品一致性得到了显著提升。

在经济效益方面，自动化生产线的引入为安徽美芝带来了可观的收益。据统计，项目实施后，公司的年产值可超过50亿元，亩均效益显著增强。这不仅提高了企业的盈利能力，还为企业的发展提供了强有力的支撑。

此外，安徽美芝还积极拓展海外市场，将产品销往全球各地。凭借优质的产品和服务，安徽美芝在全球市场上赢得了良好的声誉。这不仅提升了企业的品牌形象，还为企业带来了更多的商机和发展机遇。

此外，值得一提的是，安徽美芝在实施机器换人法的过程中，也注重员工的培训和发展。公司为员工提供了丰富的培训课程和职业发展机会，帮助他们适应新的工作环境和岗位要求。这不仅保障了员工的权益和福利，还为企业培养了一支高素质、高技能的员工队伍，为企业的长远发展提供了有力的人才保障。

综上所述，安徽美芝精密制造有限公司通过实施机器换人法，实现了从传统制造向智能制造的转型升级，为企业的发展注入了新的活力。这一转型不仅提高了企业的生产效率和产品质量，还降低了生产成本，提高了经济效益。同时，智能化生产线的引入还为企业带来了更多的发展机遇和市场竞争力。未来，安徽美芝将继续在智能制造领域探索创新，为实现企业的可持续发展和行业的进步做出更大的贡献。

典型案例2▶▶

明光三友电力：转型升级路上的“机器换人法”实践典范

明光三友电力科技有限公司(以下简称“三友电力”),作为三友联众集团旗下的核心企业之一,一直以来都是电力继电器领域的佼佼者。面对市场的不断变化和行业竞争的日益加剧,三友电力始终保持着敏锐的市场洞察力和前瞻性的战略眼光,积极探索转型升级之路。而机器换人法正是这一战略转型中的关键环节。

(一)市场背景与企业挑战

随着科技的飞速发展和全球化进程的加速,电力继电器行业面临着前所未有的挑战。一方面,市场竞争日益激烈,客户对产品的品质、性能和价格提出了更高的要求;另一方面,招工难度加大和人力成本的上升使得传统的人工生产方式难以为继。在这样的背景下,三友电力认识到,只有通过技术创新和自动化改造,才能提升企业的核心竞争力,实现可持续发展。

(二)引入自动化与智能化设备

为应对市场挑战和企业发展需求,三友电力决定引入自动化和智能化设备,替代传统的人工生产方式。这一决策不仅基于对市场趋势的准确判断,更源于企业对自身技术实力和创新能力的充分信心。

在设备选择上,三友电力注重设备的先进性、稳定性和可靠性。通过对多家国内外知名设备供应商的比较,公司最终引进了一批技术领先、性能优越的全自动智能化生产线和高速冲床等设备。这些设备的引入,不仅大幅提高了生产效率,降低了人力成本,还提升了产品的品质和稳定性。

(三)实现过程自动化与智能化

在自动化和智能化设备的支持下,三友电力的产品生产实现了过程自动化与智能化。从原材料的进厂到成品的出厂,整个生产过程都实现了自动化控制。机械人无序上料、视觉检测、缺陷识别、数据采集与监控等关键环节均通过先进的设备及仪器支撑,确保了产品的一致性和稳定性。

值得一提的是,三友电力还通过技术改造建设了数字化无尘车间。这一举措不仅改善了员工的工作环境,提高了生产效率,还进一步提升了产品的品质和企业的形象,巩固了三友电力在电力继电器行业的领先地位。

(四)技术实力与创新能力

三友电力的成功得益于其强大的技术实力和创新能力。作为国家级高新技术企业,公司拥有行业领先的技术实力和多项专利。公司视品质为生命,通过自主研发和持续创新,不断提升产品品质和生产效率。在电力继电器领域,三友电力已经形成了具有自主知识产权的核心技术体系,为企业的持续发展提供了强有力的技术支撑。

(五)显著的效益提升与荣誉认可

通过实施机器换人法,三友电力实现了显著的效益提升。一线工人数量从高峰时期的1400人减少到450人,降低了人力成本;同时年产值提高了20%,实现了生产效率和经济效益的双提升。更为重要的是,产品质量也得到了显著提升。客户使用不良率小于百万分之五的优异成绩,赢得了全球知名客户的信任和好评。

三友电力的成功转型和卓越成就得到了社会各界的广泛认可。公司先后获得了企业信用评价AAA级信用企业、财政贡献上台阶奖、销售收入上台阶奖、高新技术企业、省级企业技术中心、优秀企业、卓越质量奖等荣誉。这不仅是对三友电力过去努力的肯定,更是对其未来发展的期望和鞭策。

展望未来,三友电力将继续秉承“技术创新、品质至上”的企业理念,以市场需求为导向,以技术创新为动力,不断推动企业的转型升级和可持续发展。在全球化和科技飞速发展的背景下,三友电力将紧跟时代步伐,积极探索新技术、新工艺、新模式，努力提升企业的核心竞争力，为电力继电器行业的发展贡献更多力量。

典型案例3▶▶

深圳新世纪拓佳光电："机器换人"引领企业革新

在全球化和科技飞速发展的大背景下，工业企业面临着日益激烈的市场竞争和不断攀升的成本压力。深圳市新世纪拓佳光电技术有限公司（以下简称"拓佳光电"）作为面板显示行业的领军企业，通过实施"机器换人法"，采用了自动化和智能化的生产设备，实现了从人力密集型向技术密集型的转型，大幅度降低了人力成本，提高了生产效率，更为企业的可持续发展注入了新的动力。

（一）拓佳光电的"机器换人"实践

1. 技术革新提升生产效率。

自2010年成立以来，拓佳光电始终将技术创新作为企业发展的核心。在生产线的自动化和智能化改造上，拓佳光电投入大量资金，对超过300台套生产设备进行了改造或升级。这些改造和升级覆盖了切割线、清洗线、贴片线等生产的关键环节，通过引入国际先进的自动化设备和技术，实现了生产过程的高度自动化和智能化。这一转变极大地提高了生产效率，例如，在切割线上，通过自动化设备的应用，单线直接参与生产的人力从13人减少至5人，直接人力成本降低了61.5%，间接人力成本降低了近70%。更为重要的是，单小时产出（以1.77寸为例）由750片提升至950片，生产效率提升了26.7%。这不仅显著降低了生产成本，也增强了企业在激烈市场竞争中的优势。企业不断推进技术革新，先后获得发明专利、新型知识产权近200项。实时紧跟市场发展需求，从技术、管理、成本控制全方位创新突破，提升企业竞争力。

2. 可视化系统管理提升管理效率。

在管理模式上，拓佳光电采用了先进的可视化系统管理，这一创新举措彻底改变了传统的人为管理方式。通过将生产线上的数据实时导入中央数据库,形成分时分段的管理图表,管理团队能够实时精准地掌握生产状况,及时做出调整和优化。这种可视化的管理方式大大提升了管理效率,降低了管理过程中的直接成本和间接成本,同时也提升了企业的品牌形象。在快速变化的市场环境中,这种实时的、精准的管理模式为拓佳光电提供了强大的竞争优势。

3. 组织架构的优化调整。

随着企业规模的不断扩大和市场竞争的加剧,拓佳光电意识到,仅仅依靠技术革新和管理创新还不足以应对未来的挑战。因此,企业对组织架构进行了深度的优化调整。从最初的扁平化管理方式,到金字塔式的管理架构,再到现在的扁平式管理架构,这一系列的变革不仅反映了拓佳光电对市场变化的敏锐洞察,也体现了企业不断适应发展需求、积极求变的决心。在实时可视化系统的支持下,企业成功缩减了70%以上的管理人员,实现了管理效能的提升和管理成本的降低。这种灵活高效的组织架构,为拓佳光电在复杂多变的市场环境中保持持续的竞争力提供了有力保障。

(二)成效分析

拓佳光电的"机器换人"实践取得了显著的成效,成为集LCD&TP切割、清洗、测试、贴片、COG、FOG、BL组装、总成贴合为一体的集团化高新技术企业。通过技术革新和管理创新,企业有效降低了人员成本约33%,生产效率提升了26.7%,每月为公司节省综合成本超过100万元。同时,公司的管理效率、产品质量稳定性和客户满意度都得到了显著提升,客户包括BOE、国显、群创、华星光电等国内外知名企业。这些成果不仅为企业的健康发展奠定了坚实的基础,也为客户提供了更优质的服务。

(三)挑战与展望

尽管拓佳光电在实施"机器换人"策略上取得了成功,但仍面临着一系列挑战。例如,自动化设备的更新换代需要大量的资金投入,技术人员的培训和技术积累也需要时间。此外,随着智能制造的不断发展,企业需要不断学习和掌握新技术,以保持竞争优势。

展望未来,拓佳光电将继续坚持创新驱动的发展战略,不断提升自动化和智能化水平,加强与国内外知名企业的合作,进一步提升企业的核心竞争力。同时,拓佳光电也将积极探索新的市场和业务模式,为企业的可持续发展注入新的活力。

总之,拓佳光电的"机器换人"实践是其技术创新和管理创新相结合的典范。通过技术革新提升生产效率、可视化系统管理提升管理效率以及组织架构的优化调整,拓佳光电不仅成功应对了市场竞争和成本压力的双重挑战,更在提升企业核心竞争力、推动企业可持续发展方面取得了显著成效。这一成功的实践为同行业的企业提供了宝贵的经验和启示,展现了智能制造时代下企业转型升级的正确路径。

典型案例 4 ▶▶

浙江正泰集团:以"机器换人法"推动转型升级

正泰集团,作为一家电气行业的领军企业,通过采用机器换人法,成功实现了从传统制造业向先进制造业的转型,为企业的高质量发展注入了新的活力,并荣获"浙江省制造业亩均效益领跑企业(综合 20 强)"称号。

(一)正泰集团的机器换人法实践

机器换人法主要是通过自动化和智能化的设备来替代传统的人工生产方式。正泰集团在践行智能制造方面取得了显著成果。在乐清生产基地,小型断路器的日产量高达 270 万极,生产状态与传统制造业的人力密集型模式形成鲜明对比。这得益于正泰智能制造体系的持续优化,从"少人化"向"无人化"逐步过渡,质量效益持续改善,结构调整稳步推进。

2015 年,正泰电器投入 2.39 亿元,建成了小型断路器和交流接触器两个数字化车间。2018年12月,又成功申报国家技改专项“基于物联网的低压电器数字化工厂技改项目”,完成塑壳断路器、框架断路器等5个数字化车间的建设,进一步打造升级版的数字化工厂。这不仅是浙江千亿级电气产业集群的未来发展方向,也为传统制造业向先进制造业转型提供了范例。

(二)正泰集团的转型成果

作为国内电气行业领军企业,通过一系列智能制造项目的实施,正泰践行行业“高端化、智能化、信息化、品牌化”发展。在全制程自动化线创建基础上,集成制造执行、自动物流、智能仓储、能效管理、产品全生命周期管理等系统,实现从设计到销售的全价值链数字化。同时正泰集团还培养了一支智能制造装备系统的实施队伍,为低压电气行业提供智能制造系统整体解决方案,助力浙江温州电气产业发展成为世界级先进电气产业集群。通过机器换人法的实践,正泰集团取得了显著的转型成果。

生产成本大幅降低。通过自动化和智能化设备的引入,正泰集团的生产效率得到了大幅提升,生产成本也随之降低。这对于企业来说是一个巨大的竞争优势,可以更好地应对市场竞争和成本压力。

产品质量得到显著提升。自动化设备可以更加精准地控制生产过程中的各项参数,避免了人为因素对产品质量的影响。正泰集团的产品质量在行业内处于领先地位,赢得了客户的广泛认可。

此外,智能制造体系的建设还提高了企业的抗风险能力。在新冠疫情的严峻考验下,智能制造体系复产达产率高的优势凸显,充分提升了客户订单交付保障能力。

(三)转型升级背后的力量

正泰集团的转型升级并非偶然,而是源于对“危”与“机”的辩证认识以及对企业发展的深刻思考。21年前,浙江省委、省政府召开的全省第一个工业大会以及提出的“八八战略”,为正泰集团指明了方向。企业要抓住机遇,顺应全球制造业变革大势,进一步掌握主动,促进科技创新向产业竞争力转化。

展望未来,正泰集团将继续深化智能制造和数字化转型,推动企业高质量发展。在全球化和科技飞速发展的背景下,企业需要不断创新和升级,以适应不断变化的市场需求和竞争格局。正泰集团的机器换人法实践为企业提供了一个成功的范例,也展示了传统制造业向先进制造业转型的巨大潜力。

然而,转型升级并非一帆风顺。企业需要不断投入研发和技术创新,培养高素质的人才队伍,加强产业链上下游的合作与协同创新。同时,企业还需要关注政策法规的变化、市场需求的波动以及国际经济环境的变化等外部因素,做好风险预警和应对准备。

正泰集团的机器换人法实践是制造业转型升级的一个典型案例。通过自动化和智能化设备的引入,企业成功降低了生产成本,提升了产品质量和生产效率,增强了抗风险能力,推动了企业的可持续发展。这一实践不仅为正泰集团带来了显著的竞争优势和经济效益,也为其他传统制造业企业提供了有益的借鉴和启示。

典型案例5 ▶▶

无锡华光汽车部件:“机器换人”助力企业转型升级

无锡华光汽车部件集团有限公司(以下简称“华光集团”),创立于1990年,早期便致力于汽车零部件的国产化,现已成为多家主流汽车厂商的定点配套企业。在面对市场竞争和成本压力的双重挑战时,华光集团果断采取了机器换人法,通过引入自动化和智能化设备替代传统人工生产,实现了生产效率的飞跃和成本的优化。

(一)背景与挑战

华光集团的发展史可谓中国汽车工业成长的缩影。从最初的上海大众桑塔纳车顶装饰条国产化开始,到成为长春一汽大众、神龙公司等主流汽车企业的定点供应商，华光集团的每一步都走得踏实而坚定。然而，随着市场竞争的加剧和消费者对于产品品质要求的提升，企业面临着一系列挑战——劳动力成本上升、生产效率难以提升、产品质量不稳定等。

（二）决策与实施

自2008年起，集团先后投入1亿元，大规模引入自动化设备。这些设备不仅覆盖了生产线的各个环节，还通过数字化管理平台实现了生产数据的实时监控与分析。

1. 生产线自动化。华光集团引入了机器人焊接站、数控机床、自动化装配线等一系列先进设备。例如，机器人焊接站能够自动完成复杂的焊接任务，不仅提高了焊接质量和效率，还大幅降低了工人的劳动强度。数控机床则确保了零部件的高精度加工，提升了产品的整体品质。

2. 数字化管理平台。除了生产设备的自动化，华光集团还建立了数字化管理平台。该平台整合了生产、质量、库存等各方面的数据，通过实时监控和深度分析，帮助管理层及时发现问题并优化生产策略。这不仅提高了生产效率，还有效降低了因人为因素导致的产品不良率。

（三）成效与影响

机器换人法战略的实施为华光集团带来了显著成效。根据集团公开的数据，自引入自动化设备以来，生产效率提高了2倍以上，产品不良率降低了30%，用工减少了500人，每年可节约劳动力成本超过1亿元。这些节省下来的资金被用于研发创新和市场拓展，进一步推动了企业的可持续发展。

（四）经验与启示

华光集团的机器换人法实践为其他工业企业提供了宝贵的经验和启示：

1. 决策层的远见卓识是企业转型升级的关键。面对市场变革和技术发展，企业高层需要具有前瞻性的战略眼光和果断的决策能力。

2. 自动化和智能化设备不仅能够提高生产效率和质量，还能有效降低劳动力成本，提升企业的市场竞争力。

3. 数字化管理平台的建设是实现生产过程透明化和精细化管理的有效手段，有助于企业及时响应市场变化并优化资源配置。

4. 在推进自动化的过程中，企业需要注重人才培养和引进，以确保新技术能够有效地融入生产过程并发挥最大效益。

通过机器换人法的成功实践，华光汽车部件集团有限公司展示了传统制造企业在面对市场变革时，如何通过技术创新实现转型升级的典范。

六、总结与展望

工业企业在实施机器换人法时，需要从明确转型方向、设备选型和采购、设备安装和调试、人员培训和转岗、生产过程监控和管理、争取政府政策支持以及持续改进和优化等多个方面进行综合考虑。通过这些步骤的实施，企业不仅能够降低生产成本，提高生产效率和产品质量，还能够实现转型升级和可持续发展。

展望未来，随着科技的不断进步和应用场景的持续拓展，机器换人法将在更多领域得到应用和推广，为工业企业的转型升级和高质量发展提供有力支撑。

第 4 章　空间换地法

党的二十大报告明确将“着力提高全要素生产率”作为实现高质量发展的重要任务。其中,土地是企业发展的基本组成要素之一。随着工业化的快速发展,土地资源的日益紧缺已成为制约工业企业发展的重要因素。为提高工业企业亩均效益,实现可持续发展,实施“空间换地法”的策略,通过优化土地利用空间布局,提高土地的利用效率,降低用地成本,从而实现工业企业的转型升级。

一、理论依据

1. 土地资源优化配置理论。土地资源优化配置是指在一定的时间和空间范围内,根据土地资源的特性、经济社会的需求和可持续发展的要求,通过市场机制、政策手段和科技进步,实现土地资源的合理配置和高效利用。

2. 投资建设与招商运营理论。工业地产开发具有投资规模大、周期长、风险高的特点,需要充分发挥市场机制和政策引导的作用,实现工业用地的有效开发和利用。

3. 产业升级与空间优化理论。产业升级与空间优化是相互关联、相互促进的过程。产业升级需要依托高效的土地利用空间,而空间优化则需要产业升级的支撑和引领。通过实施空间换地法,可以实现产业升级与空间优化的良性互动。

4. 城市规划理论。通过提高建筑容积率和空间利用效率,可以实现土地资源的最大化利用。

二、实施步骤

1. 土地资源整合。对现有工业用地进行整合和优化,将零散、低效的土地资源进行集中开发利用。通过政府收储、企业自主开发等方式,实现土地资源的规模化、集约化利用。

2. 空间规划与设计。根据工业企业的需求和发展规划,制定合理的空间规划和设计方案。通过优化空间布局、提高建筑密度、完善配套设施等手段,提高土地利用效率和产出效益。

3. 投资建设与招商运营。按照规划设计方案,进行投资建设和招商运营工作。通过引进优质企业、培育产业集群、打造特色园区等方式,提高园区的整体竞争力和吸引力。

4. 政策支持与引导。充分发挥政府政策的引导和支持作用,为空间换地法的实施提供政策保障和资金支持。通过制定土地政策、财税政策、金融政策等,降低企业用地成本,提高企业投资积极性。

5. 科技创新与人才培养。加强科技创新和人才培养工作,为空间换地法的实施提供技术支撑和智力保障。通过建立创新平台、引进高端人才、开展产学研合作等方式,提高创新能力和核心竞争力。

实施空间换地法策略的路径选择上有以下几个方面:

1. 实施"标准地"改革。为了更好地规范土地使用,各级政府应根据土地利用总体规划和城市规划的要求,制定一套统一的土地使用标准和管理规范。

这包括对土地的分类、定级、定价以及使用条件等方面的规定，确保土地资源得到合理分配和有效利用。同时，通过引入市场机制，优化土地供应方式，比如推行竞价、拍卖等方式，以市场化手段提高土地配置的效率和公平性。此外，还应加强对土地使用的监管，确保土地使用符合规划要求，防止违规建设和土地浪费现象的发生。

2. 向天空要空间。随着城市化进程的加快，土地资源变得越来越宝贵。因此，鼓励企业向上发展，建设多层厂房和利用屋顶空间，是缓解土地紧张状况的有效途径。多层厂房可以提高单位面积的产出效率，同时减少对土地的占用。利用屋顶空间可以发展绿色建筑，如屋顶花园、太阳能发电设施等，这不仅能够提升建筑的环境效益，还能为企业带来额外的经济收益。此外，发展立体式仓储和物流设施，可以有效提高物流效率，减少物流成本，同时也有助于缓解城市地面交通压力。

3. 向地下要空间。地下空间是城市空间的重要组成部分，合理开发利用地下空间资源，可以有效缓解城市地面的用地压力。建设地下停车场、仓储等设施，不仅可以提供更多的停车位和储存空间，还能够减少地面交通拥堵，提高城市运行效率。在开发地下空间时，应充分考虑地下空间的安全性、舒适性和经济性，确保地下设施的长期稳定运行。同时，还应注重地下空间与地面空间的有机结合，形成立体、多元、高效的城市空间结构。

4. 实施“零增地”技术改造。企业在不增加土地使用面积的前提下，通过引进先进的生产技术和管理方法，提高生产效率和产品质量，从而实现产值的增长。这不仅有助于节约土地资源，还能够促进企业的可持续发展。政府可以通过提供财政补贴、税收优惠等政策措施，鼓励企业进行技术改造和创新。

三、风险控制

1. 规划冲突风险。城市规划是城市发展的蓝图，它决定了城市的空间布局、功能分区和发展方向。因此，在实施空间换地法时，应确保土地利用与城市规划的一致性，避免出现规划冲突和资源浪费。同时，交通规划对于城市的流动性和连通性至关重要，因此在开发地下空间和建设多层建筑时，应考虑其对交通系统的影响，确保交通的便捷性和安全性。

2. 生态环境风险。在开发利用地下空间和进行技术改造时，必须考虑生态环境保护问题，避免对生态环境造成破坏。地下空间开发应遵循生态优先的原则，合理规划地下空间的布局和功能，减少对地下水、土壤等自然资源的影响。同时，在进行技术改造时，应采用环保型技术和材料，减少能耗和排放，实现绿色生产。

3. 土地政策风险。土地政策的变化可能对空间换地法的实施产生影响。因此，企业和政府部门应密切关注土地政策的动态变化，及时调整实施方案和策略，以适应政策的调整。同时，应加强与政府部门的沟通和协调，争取政策支持和指导。

4. 投资安全风险。建设工业园区、多层厂房和地下设施需要大量的资金投入，存在投资风险。因此，应对投资规模、资金来源、回报预期等进行充分评估和分析，确保投资安全可控。同时，应采取多元化的融资策略，降低资金成本，提高投资效率。

5. 法律法规风险。实施空间换地法应符合相关法律法规的要求，确保企业的行为合法合规。同时，应加强法律顾问团队的建设，提供专业的法律咨询和服务，防范法律风险。

四、实施效果评估

空间换地法作为一种创新的土地利用策略，其目的在于优化土地资源配置，提高土地利用效率，进而促进经济、社会和环境的协同发展。为确保这一策略的有效实施，对其进行定期、全面、深入的效果评估至关重要。评估过程中，应注重采集客观数据，运用科学方法，确保评估结果的真实性和有效性。以下是评估空间换地法实施效果的几个关键指标：

1. 土地利用效率。土地利用效率是评估空间换地法效果的核心指标。具体而言，应通过对比策略实施前后的土地利用效率数据，包括单位面积土地产出、土地开发强度等，来量化评估该方法对土地利用效率的提升效果。同时，还需关注土地利用结构的变化，分析各类用地的比例是否合理，是否符合可持续发展的要求。

2. 经济效益。经济效益是衡量空间换地法实施成果的重要标准。应深入分析园区内企业在策略实施前后的经济效益数据，如企业产值、利润、投资回报率等，以评估该方法对经济效益的提升作用。此外，还需关注产业链的构建与优化情况，分析空间换地法是否促进了产业集聚和产业升级，进而提升整体经济效益。

3. 社会效益。在评估空间换地法的效果时，社会效益不容忽视。应通过分析园区在就业、税收、公共服务等方面的贡献，以及社区居民的满意度调查数据，来综合评估该方法对社会的效益。同时，还应关注园区内外交通状况、配套基础设施等社会环境因素的变化情况。

4. 环境效益。随着环境保护意识的日益增强，空间换地法的环境效益评估显得尤为重要。应通过分析园区的环境影响评价数据，包括空气质量、水资源状况、生态多样性等方面的变化，来评估该方法对环境的改善作用。此外，还应关注园区在节能减排、循环经济、绿色建筑等方面的实践成果。

5. 可持续发展能力。空间换地法的终极目标是实现土地资源的可持续利用。因此，在评估其实施效果时，必须关注园区的可持续发展能力。具体而言，应通过分析园区在经济增长、社会进步、环境保护等方面的综合表现，以及园区在创新、协调、绿色、开放、共享的新发展理念方面的实践情况，来全面评估空间换地法对可持续发展能力的提升作用。

总之,为确保空间换地法的实施效果评估的全面性、客观性和科学性,需要建立一个完善的评估指标体系,综合运用定量和定性分析方法,对土地利用效率、经济效益、社会效益、环境效益和可持续发展能力等多个方面进行深入分析。同时,还应注重评估结果的反馈和应用,及时调整和优化空间换地法的实施策略和措施,以更好地实现土地资源的优化配置和高效利用。

五、典型案例

典型案例 1 ▶▶

明光恒新基:空间换地法实践典范 亩均效益飞跃式提升

随着工业化的快速发展,土地资源的稀缺性日益凸显。如何在有限的土地资源中发掘出最大的经济价值,成为众多工业企业亟待解决的问题。明光恒新基电子有限公司(以下简称"明光恒新基"),作为一家专业生产线束、传感器的高新技术企业,给出了一个颇具启示意义的答案——空间换地法。

明光恒新基坐落在安徽省明光市经开区,占地面积仅 24.4 亩,成立于 2011 年。公司生产的线束,是一种电子元件,为便于识别和维修,采用了多种颜色。公司生产的传感器系列产品,广泛应用于汽车、空调、冰箱、洗衣机、微波炉、热水器、洗碗机、电饭煲、电磁炉、面包机、锅炉等领域。

空间换地法的核心在于优化土地利用空间布局,提高土地利用效率,从而实现企业的可持续发展。2022 年,明光恒新基决定将厂区内一栋占地 3600 平方米的厂房拆除,重建为 5 层的标准化厂房。这一举措在当时引起了不小的轰动。许多人质疑,这样做是否真的能够带来预期的效益。然而,事实证明,明光恒新基的决策是正确的。

重建后的厂房建筑面积达到了 1.8 万平方米,而占地面积并未增加。这意味着,公司在不增加土地负担的情况下,实现了生产空间的成倍扩张。这种"垂直发展”的模式,不仅提高了土地利用效率,也为企业带来了更多的发展机会。

值得一提的是,此次重建并非简单的空间扩张。明光恒新基在重建过程中,引入了先进的生产线设备,通过自动化、智能化的生产方式,实现了产能的迅速提升。这不仅提高了生产效率,也降低了生产成本,使企业在激烈的市场竞争中占据了有利地位。

空间换地法的成功实践,使明光恒新基成为明光市亩均效益的领头企业。这也为其他工业企业提供了可借鉴的经验。许多企业开始意识到,土地资源的有限性并不意味着发展空间的有限性。通过优化土地利用空间布局,提高土地利用效率,同样可以实现企业的快速发展。

空间换地法的成功实践并非偶然。它背后是明光恒新基对品质的执着追求和不断创新的精神。公司自成立以来,始终秉承“追求品质、客户满意”的经营理念。在生产过程中,公司严格控制产品质量,确保每一件产品都能够满足客户的需求,所有产品均按欧盟 RoHS 指令实现了无铅化生产。同时,公司注重技术创新,不断引入新技术、新设备,提升产品的科技含量和附加值。公司获得国家高新技术企业、安徽省专精特新企业、安徽省民营科技企业、滁州市企业技术中心、“2023 年度明光市综合效益‘二十强’工业企业”等荣誉称号。

正是基于对品质和客户需求的精准把握,明光恒新基在转型升级的道路上迈出了坚实的步伐。公司从最初的电子元件生产商,逐渐发展成为一家集研发、生产、销售于一体的高新技术企业。产品线也从单一的线束扩展到传感器等多个领域,广泛应用于汽车、家电、通信等多个行业。

在空间换地法的推动下,明光恒新基的业绩实现了快速增长。公司的销售收入和利润连续多年保持两位数增长,市场占有率也逐年提升。这不仅为公司带来了可观的经济效益,也为其赢得了良好的社会声誉。

明光恒新基的成功经验告诉我们,空间换地法不仅是一种土地利用方式的创新,更是一种发展理念的转变。在土地资源日益紧缺的今天,企业要想实现可持续发展,必须转变传统的“摊大饼”式发展模式,走集约化、内涵式发展道路。通过优化土地利用空间布局、提高土地利用效率、降低用地成本等方式,实现企业的快速发展和经济效益的最大化。

同时,空间换地法也要求企业在追求经济效益的同时,更加注重资源的节约和环境的保护。明光恒新基在重建过程中,就充分考虑了环保因素。公司采用了环保材料和节能设备,确保生产过程中的废弃物和排放物达到国家标准。这种注重环保的发展理念,不仅符合当前社会的发展趋势,也为企业赢得了更多的社会认可和支持。

总之,空间换地法是明光恒新基在有限土地资源面前实现可持续发展的一种有效策略。它的成功实践不仅为公司带来了可观的经济效益和社会效益,也为其他工业企业提供了可借鉴的经验和启示。在未来的发展中,相信会有越来越多的企业加入“空间换地”的行列中来,共同推动工业经济的可持续发展。

典型案例 2 ▶▶

歙县薇薇茶业:集约用地显成效　亩均英雄展风采

黄山市歙县薇薇茶业有限公司(以下简称“薇薇茶业”)作为一家集精制茶收购、加工、销售于一体的农副产品开发企业,面对土地资源的限制,采取了空间换地法策略,优化土地利用空间布局,提高土地利用效率,实现企业的快速发展和产业升级,2023 年 12 月,被安徽省经信厅授予“安徽省制造业企业亩均效益领跑者”荣誉称号。

薇薇茶业成立于 1998 年 3 月,位于歙县经济技术开发区,主要经营茶叶、菊花及其他特色农产品。2020 年,公司实现营业收入 10.2 亿元,生产销售各类茶叶 36783.9 吨,出口额 1.06 亿美元。公司现有员工 209 人,2020 年缴纳各类税金 2328 余万元,实现净利润 4434 万元。薇薇茶业依托黄山茶叶资源优势,坚持“打有机牌,走绿色路”,产品远销 20 多个国家和地区。

面对土地资源的日益紧缺，薇薇茶业没有选择传统的扩张方式，而是积极寻求土地利用的新模式。他们深知，只有走集约化、高效化的道路，才能实现企业的可持续发展。于是，空间换地法策略应运而生。

首先，公司投资1.2亿元建成了一座三层共计3.3万平方米的标准化厂房。这座厂房的设计充分考虑了空间利用的最大化，通过增加厂房层数，实现了土地空间的三维立体利用。这种“向上发展”的模式，不仅有效提升了单位面积土地的产出效率，还为企业的未来发展预留了充足的空间。

其次，薇薇茶业引进了先进的生产设备和技术，实现了生产自动化和智能化。全自动茶叶包装生产线和半自动生产线的运用，大幅提高了生产效率，同时也减少了对土地的依赖。这些高科技设备的投入，不仅提升了企业的竞争力，还为企业节约了大量的土地资源。

此外，薇薇茶业通过建设高标准的生产经营厂房，优化了生产流程。他们注重厂房内部的布局和管理，确保每一寸土地都能得到充分利用，同时，还通过智能化生产减少了对土地的需求，进一步提高了土地利用效率。

空间换地法策略的实施，为薇薇茶业带来了显著的经济效益和社会效益。从经济效益来看，新厂房投产后，薇薇茶业实现产值13亿元、创汇1.2亿美元、上缴税金2500万元。这些成绩的取得，离不开他们对土地资源的高效利用。通过集约化、高效化的生产方式，薇薇茶业成功实现了企业的快速发展和产业升级。

从社会效益来看，薇薇茶业的发展带动了当地农户的增收。他们通过“公司+基地+农户”的一体化经营模式，将农户纳入产业链中，让农户充分享受到产业链各环节的增值收益。2020年，薇薇茶业直接提供就业岗位208个，间接带动12.1万余户农民增收。这些农户在薇薇茶业的带领下，走上了致富的道路。

同时，薇薇茶业还注重环境保护和可持续发展。他们坚持“打有机牌，走绿色路”的发展理念,在提高土地利用效率的同时,也注重保护生态环境,通过采用环保的生产工艺和设备,减少了对自然资源的消耗和废弃物的排放。这种绿色、环保的生产方式,不仅符合当前社会的发展趋势,也为企业的未来发展奠定了坚实的基础。

薇薇茶业的成功实践,为其他企业提供了有益的借鉴和启示。在当前土地资源日益紧缺的背景下,如何高效利用土地、实现企业的可持续发展,成为每个企业都需要面对的问题。薇薇茶业通过空间换地法策略的实施,成功解决了这一问题,为其他企业提供了宝贵的经验。

典型案例 3 ▶▶

苏州工业园区:“标准地”改革助力土地集约化

作为中国与新加坡两国政府间的重要合作项目,苏州工业园区自成立以来,一直致力于打造高新技术产业基地、现代化工业园区和国际化新城区。在土地使用方面,园区始终坚持高效、集约、可持续的原则,不断优化土地利用结构,提高土地利用效率。“标准地”改革的推出,为园区土地使用集约化利用注入了新的动力。

“标准地”,是指在完成区域评估的基础上,按照一定的投资、建设、能耗、排放、产出等指标出让国有建设用地。这一制度的核心在于“事前定标准”,即在土地出让前,政府会对区域进行统一评估,并根据评估结果制定相应的出让标准。这样一来,企业在拿地时就有了明确的目标和要求,可以更加有针对性地进行项目规划和建设。

在苏州工业园区,“标准地”改革得到了有力的推进。园区管理机构积极响应国家号召,结合园区实际情况,制定了一系列具体的改革措施。首先,园区对区域内的土地进行了全面评估,明确了每块土地的使用性质和出让标准。其次,园区简化了工业项目供地程序,优化了审批流程,为企业提供了更加便捷、高效的服务。最后,园区还加大了对项目建设的监管力度,确保企业按照出让标准进行建设和运营。

“标准地”改革的推出,为苏州工业园区的企业带来了实实在在的好处。

首先,通过优化土地利用方式,企业可以实现土地使用的集约化和高效化。例如,某生物医药企业在改革之前,研发实验室分布在两层楼中,占地面积较大,但使用效率不高。而通过改革后的空间优化和楼层增加,该企业将实验室扩展到了四层楼,不仅提高了空间利用率,还为企业的发展腾出了更多的空间。

其次,“标准地”改革降低了企业的投资成本和时间成本。由于政府在出让前已经对区域进行了统一评估,并制定了相应的出让标准,因此企业在拿地时可以更加有针对性地进行项目规划和建设,避免了盲目投资和重复建设。

最后,“标准地”改革提高了企业的竞争力。通过优化土地利用方式和提高土地利用效率,企业可以更加专注于自身的核心业务和技术创新,从而提升市场竞争力和行业地位。

除对企业的积极影响外,“标准地”改革还推动了苏州工业园区的整体发展。“标准地”改革提高了园区的土地利用效率,为园区的发展腾出更多空间;优化了园区的营商环境,吸引更多的优质企业入驻;推动了园区的产业升级和转型,促进了园区经济的高质量发展。

当然,“标准地”改革在推进过程中也面临一些挑战。例如,如何制定科学合理的出让标准、如何保证企业的建设和运营符合出让标准、如何加大对项目建设的监管力度等。针对这些问题,苏州工业园区采取了一系列措施加以解决。例如,园区建立了完善的出让标准制定机制,充分征求企业和相关部门的意见,确保出让标准的科学性和合理性;园区加大了对项目建设的监管力度,定期对项目进行检查和评估,确保企业的建设和运营符合出让标准;园区还建立了健全的奖惩机制,对符合出让标准的企业给予一定的政策优惠和奖励,对违反出让标准的企业进行相应的处罚。

总的来说,“标准地”改革是苏州工业园区土地使用集约化改革的重要举措之一,为企业提供了更大的发展空间和更好的营商环境。通过优化土地利用方式、提高土地利用效率、降低企业投资成本和时间成本等措施,“标准地”改革为企业的发展和地方经济的提升带来了积极的影响。同时,“标准地”改革也为其他地区提供了可借鉴的经验和启示,有望在全国范围内推动土地资源的更加有效利用和企业高质量发展。

典型案例 4 ▶▶

惠州工业园区:“零土地”技改引领转型

惠州工业园区是中国东部沿海地区的一个高新技术产业集聚区。在这里,一家名为“智电科技”的电子信息企业通过“零土地”技术改造,实现了生产效率的显著提升。该企业原有的生产厂房面积为2万平方米,仅有两层楼。通过技术改造,企业在原有厂房的基础上增加了两层,使得生产线的层数达到了四层。

这一改造不仅没有新增土地使用,还有效提升了亩均产值。改造后,“智电科技”的亩均营业收入从每年300万元提高到了390万元,增长了30%;亩均税收也从每年50万元增加到了65万元。此外,由于生产线的立体化布局,企业的生产效率也得到了显著提升,产品的生产周期缩短了20%。

典型案例 5 ▶▶

杭州余杭经济技术开发区:空间换地法促亩均效益再攀高峰

浙江杭州余杭经济技术开发区内的一家名为“精密机械”的机械制造企业,通过地下空间的开发利用,解决了生产场地紧张的难题,并实现了亩均产值的大幅提升。该企业在原有厂区的地下空间建设了一个面积达到5000平方米的智能立体仓库,仓库采用了自动化管理系统,大大提高了物流效率。

通过地下空间的有效利用,企业的存储能力得到了极大的提升,库存周转率提高了50%。同时,由于地下仓库的温度和湿度更加稳定,产品的合格率也有所提高。这些改进使得“精密机械”的亩均产值从每年500万元提升到750万元,增长了50%。

六、总结与展望

实施空间换地法的策略,可以选择通过实施“标准地”改革、向天空要空间、向地下要空间以及实施“零增地”技术改造等措施,有效提高土地利用效率,促进城市的可持续发展。这些措施的实施需要政府、企业和社会各界的共同努力,通过政策引导、技术创新和市场机制的有机结合,实现土地资源的高效管理和合理利用。

展望未来,随着技术的不断进步和创新,空间换地法将在更多领域得到应用和推广,为工业企业的转型升级和高质量发展提供有力支撑。

第5章　品种迭代法

实施“品种迭代法”策略，是通过不断更新和优化产品品种，提高产品的附加值和市场竞争力，从而实现工业企业的亩均效益提升的方法。

一、理论依据

1. 产品生命周期理论。产品生命周期理论认为，每种产品都有其生命周期，包括导入期、成长期、成熟期和衰退期。在产品生命周期的不同阶段，产品的市场需求、竞争状况和盈利能力都会发生变化。因此，企业需要不断更新和优化产品品种，以适应市场变化和满足消费者需求。

2. 产业升级理论。产业升级理论认为，产业升级是企业通过技术创新、产品换代等方式，提高产品质量和附加值，从而实现经济效益的提升。产业升级需要企业不断进行研发投入和市场开拓，推动产品品种的迭代和创新。

3. 市场需求导向理论。市场需求导向理论认为，企业的产品开发应该以市场需求为导向，根据消费者的需求和偏好进行产品设计和创新。通过了解市场需求和变化，企业可以及时调整产品品种和策略，提高产品的市场竞争力。

4. 市场营销理论。产品迭代升级是企业持续发展的重要保障，有助于满足市场需求和提升竞争力。

二、实施步骤

在实施新产品研发和市场推广的过程中，每一步都至关重要，具体步骤如下：

1. 市场调研与需求分析。市场调研和需求分析是新产品研发的第一步，也是最关键的一步。它涉及对市场趋势的把握、对消费者需求的洞察，以及对竞争对手的动态的关注。这一环节，可以通过调查问卷、访谈、观察等方式收集数据，然后运用统计分析等方法，对数据进行深入挖掘和分析，以发现市场机会和消费者需求。此外，还可以通过竞品分析，了解竞品的优缺点，为自身产品的设计和开发提供参考。

2. 产品设计与开发。在产品设计与开发阶段，需要引进先进的研发技术和管理理念，打造高效的研发团队。通过创新思维和独特的设计，开发出具有差异化和竞争优势的新产品。同时，要注重产品的实用性和附加值，使产品能够更好地满足消费者的需求。这一阶段，可以采用敏捷开发等先进的研发管理方法，提高研发效率和成功率。

3. 生产工艺改进与质量控制。生产工艺的改进和质量控制对于确保产品质量、降低生产成本和提高生产效率具有重要意义。在这一阶段，需要持续优化产品设计和性能，改进生产工艺，提高生产线的自动化和智能化水平。同时，要加强质量控制和检测，建立完善的质量管理体系，确保产品质量的稳定性和一致性。

4. 市场推广与品牌建设。市场推广和品牌建设是提高产品知名度和美誉度的重要手段。可以通过线上线下渠道进行广泛宣传和推广，如广告、展览、社交媒体等。在宣传和推广过程中，要注重品牌形象的塑造和传播，打造独特的品牌个性和文化内涵。同时，要关注消费者反馈和市场变化，及时调整推广策略和内容。

5. 售后服务与客户关系管理。售后服务和客户关系管理对于提升客户满意度和忠诚度具有重要作用。建立完善的售后服务体系,提供及时、专业的服务响应和解决方案,能够增强消费者对品牌的信任感和归属感。同时,通过客户关系管理系统的建立和维护,可以深入了解消费者的需求和反馈,为产品的持续改进和优化提供有力支持。

在实施上述步骤的过程中,还需要注意以下几点:一是保持对市场动态的持续关注和分析能力;二是注重团队建设和人才培养;三是加强跨部门之间的协作和沟通;四是保持创新思维和敏锐的市场洞察力。

总之,实施品种迭代法策略是一个系统工程,需要综合考虑市场需求、竞争态势、技术进步等多个因素。通过科学的方法和策略进行规划和实施,可以提高新产品研发的成功率和市场推广的效果,从而为企业创造更大的商业价值。

三、风险控制

在任何产品的迭代过程中,风险都是常态,而非例外。对产品迭代过程中的风险进行明确识别、评估和控制,是确保企业稳健发展的关键。

(一)技术风险

随着科技的快速发展,产品迭代往往涉及前沿的技术研发和创新。这种技术上的跃进,虽然可能为企业带来竞争优势,但同时也伴随着技术风险。例如,新技术的稳定性、与其他系统的兼容性,以及在实际应用中的性能表现等都是未知数。

应对策略:

1. 在引入新技术前,应进行充分的技术评估和测试,确保其稳定性和可靠性。

2. 建立一个跨部门的技术团队，对新技术进行持续的监控和优化，确保其在实际应用中的性能表现。

3. 为可能的技术问题制定应急预案，以便在出现问题时能够快速响应。

（二）市场风险

产品迭代后的市场反应是难以预测的。即使产品在技术上有所创新，也可能因为市场定位不准确、用户需求变化等原因而遭受失败。

应对策略：

1. 在产品迭代前，进行深入的市场调研，了解目标用户的需求和期望。

2. 根据市场调研结果，对产品进行精准的市场定位，制定相应的市场策略和推广方案。

3. 产品推出后，持续收集用户反馈和市场数据，及时调整市场策略，确保产品与市场的持续契合。

（三）法律风险

在产品迭代过程中，可能涉及知识产权、数据保护、隐私权等法律法规问题。忽视这些法律问题，可能导致企业面临巨大的法律风险和经济损失。

应对策略：

1. 在产品设计和开发阶段，就应对相关法律法规进行深入了解和分析，确保产品的合规性。

2. 建立一个专门的法务团队，对产品进行持续的法律监控和风险评估。

3. 与专业的法律机构合作，为可能出现的法律问题提供及时的法律咨询和解决方案。

（四）财务风险

产品迭代往往需要大量的资金投入，包括研发成本、市场推广费用等。如果资金来源不稳定或管理不善，可能导致企业陷入财务困境。

应对策略：

1. 在产品迭代前,进行详细的财务规划和预算,确保资金来源的稳定性和充足性。

2. 建立一个有效的财务管理体系,对产品的成本和收益进行实时的监控和分析。

3. 与专业的财务机构合作,为可能出现的财务问题提供及时的财务咨询和解决方案。

总之,面对产品迭代过程中的各种风险,企业应建立一套完善的风险管理体系,通过识别、评估和控制风险,确保产品的成功迭代和企业的稳健发展。

四、实施效果评估

为确保品种迭代法在企业运营中的有效实施和持续优化,定期对其效果进行全面评估与分析至关重要。

1. 产品销售额评估。

对比分析法:收集实施品种迭代法前后的产品销售额数据,进行同期对比和趋势分析,以准确量化该方法对销售额的直接影响。

销售额增长率:计算实施后的销售额增长率,与行业平均水平或竞争对手数据进行比较,以评估该方法在市场中的表现。

2. 产品利润率深入解析。

利润构成分析:详细拆解产品利润的构成,识别出品种迭代法对成本节约和附加值提升的具体贡献。

利润率趋势分析:追踪利润率的变动趋势,结合市场环境和内部策略调整,分析品种迭代法在提升盈利能力方面的长期作用。

3. 市场份额动态监测。

市场占有率统计:定期收集市场份额数据,分析品种迭代法对企业在市场中地位和影响力的改变。

竞争对手比较：密切关注主要竞争对手的市场表现，评估品种迭代法是否增强了企业自身与对手的竞争优势。

4. 客户满意度调研与反馈。

客户满意度调查：通过定期的客户满意度调查，收集客户对产品改进的意见和建议，衡量品种迭代法在提升用户体验方面的成效。

客户需求响应：分析客户反馈数据，评估企业是否通过品种迭代法更有效地响应了消费者需求，以及是否存在进一步优化的空间。

5. 技术创新能力评估。

研发投入统计：跟踪企业在技术创新方面的研发投入，分析这些投入是否通过品种迭代法得到了有效的转化和应用。

创新成果评价：列举企业在实施品种迭代法期间取得的技术创新成果，如专利、新产品或新工艺等，并评估这些成果对企业核心竞争力提升的推动作用。

6. 跨部门协同效率。

团队协作度调查：通过内部调研了解各部门在实施品种迭代法过程中的合作效率和沟通情况。

资源利用效率：评估企业资源（人力、物力、财力）在品种迭代过程中的利用效率，以及是否存在资源浪费或瓶颈现象。

7. 风险管理与应对。

风险识别机制：评估企业是否建立了有效的风险识别机制，以及时应对品种迭代法实施过程中可能出现的问题和挑战。

风险应对策略：检查企业对已识别风险的应对措施是否得当，并分析这些措施对保障品种迭代法顺利实施的作用。

8. 持续改进计划。

建立反馈循环：确保企业建立了一个闭环的反馈系统，能够不断收集内外部信息，为品种迭代法的持续改进提供依据。

未来发展规划:结合评估结果,制定针对品种迭代法的优化措施和未来发展计划,确保该方法能够持续推动企业成长和市场竞争力提升。

五、典型案例

典型案例1▶▶

深圳创盈芯:实施品种迭代 重塑市场竞争力

深圳创盈芯,一家深耕PC(个人计算机)领域的国家高新技术企业,自2013年成立以来,一直致力于X86及ARM平台系列芯片的方案开发。目前公司团队已达280人,其中研发人员占80余人。公司目前处于高速发展阶段,在行业发展过程中深得客户喜爱和信赖。深圳创盈芯的成功,在很大程度上归功于其实施的一种独特的策略——“品种迭代法”。深圳创盈芯通过一系列精心规划的步骤,成功地提高了其产品的市场竞争力。

1. 市场调研:公司定期进行市场调研,了解行业动态、竞争对手情况、客户需求等信息。这样的调研活动确保了公司始终处于行业的前沿,对市场变化保持敏感,从而能及时调整和优化产品。

2. 确定迭代方向:根据市场调研的结果,深圳创盈芯会确定产品迭代的明确方向。这包括增加新的功能,提升产品的性能,或者优化产品的设计。公司根据市场需求和竞争情况,选择最适合的迭代方向,以确保产品始终符合客户的需求。

3. 研发迭代:根据确定的迭代方向,深圳创盈芯组织研发团队进行产品研发。这是一个持续优化的过程,研发团队不断优化产品性能和外观,以满足市场的不断变化的需求。

4. 测试验证:在产品研发完成后,深圳创盈芯进行严格的质量测试和性能验证,以确保产品品质和稳定性。这一步骤对于确保产品的可靠性至关重要,也是公司对消费者承诺的体现。

5. 推广销售：深圳创盈芯根据市场反馈和销售情况，不断优化和更新产品。公司充分利用销售数据，了解消费者的喜好，以便调整未来的产品开发方向。同时，根据市场反馈，公司及时发现并解决潜在的问题。公司通过各种渠道推广产品，确保消费者能够方便地购买。

通过不断迭代，创盈芯的产品线不断丰富和完善，公司在竞争激烈的市场中保持领先地位。通过不断更新和优化产品品种，公司不仅满足了消费者的需求，还在市场上获得了更大的份额。

以创盈芯新推出的AI迷你主机F1A为例，该产品是在品种迭代法策略下诞生的典型代表。

F1A是一款加入AI功能的迷你电脑，凭借其出色的性能，一经推出便受到了市场的热烈欢迎，销售火爆。F1A不仅可作为高性能AI计算设备使用，还可作为具备出色图形处理能力的迷你电脑使用，为用户提供了更加丰富的使用体验。

在外观设计方面，F1A小巧玲珑，精致美观，4种颜色供用户选择，用户可以根据自己的喜好进行定制。这样的设计使得F1A不仅适合家庭使用，也适合办公场景，为用户的数字化生活和工作提供了更多选择。

市场表现方面，根据群智咨询预测，2024年将成为AI PC规模性出货的元年，而F1A这款AI迷你电脑的诞生，正好顺应了AI PC时代潮流。目前，F1A已经在市场上取得了良好的销售成绩，未来的市场前景也非常广阔。

创盈芯通过不断迭代优化，成功推出了具有竞争力的AI迷你主机产品。通过不断推出新的产品品种，不断优化产品性能和外观设计，不断提高产品质量和竞争力，工业企业可以更好地适应市场需求，提高企业的市场地位和盈利能力。

深圳创盈芯官方数据显示，公司迷你电脑、笔记本电脑、云电脑、工业主机、瘦客户机、商显等产品年销售数百万台，市场份额逐年上升。这充分证明了创盈芯在多个领域的发展实力和市场竞争力。这也再次验证了品种迭代法策略的重要性和有效性。

总的来说，F1A 作为一款加入 AI 功能的迷你电脑，凭借其出色的性能和外观设计，成功地顺应了 AI PC 时代的发展潮流，成为市场上的热销产品。同时，创盈芯的品种迭代法策略也为其他工业企业提供了可借鉴的成功经验。

深圳创盈芯通过实施品种迭代法策略，不断更新和优化产品品种，提高产品的附加值和市场竞争力，从而实现工业企业的亩均效益的提升。这一策略的成功实施，也证明了在工业企业发展过程中，不断创新和优化是关键所在。未来，深圳创盈芯将继续实施品种迭代法策略，不断推出具有竞争力的新产品，拓展市场空间，实现持续健康发展。

典型案例 2 ▶▶

乐斯福（明光）有限公司：品种迭代法驱动效益最大化

乐斯福集团，这家创立于 1853 年的法国企业，经过近两个世纪的风雨洗礼，在全球酵母及烘焙配料领域依然屹立不倒，并持续扩大其市场影响力。提及乐斯福，业内人士无不肃然起敬，因为它不仅仅是一家历史悠久的企业，更是一家不断创新、始终引领行业发展的翘楚。

在中国，乐斯福同样书写了传奇篇章。1999 年，乐斯福(明光)有限公司在这片古老的土地上扎根，凭借母公司强大的技术背景和市场经验，迅速在中国市场占据了一席之地。然而，乐斯福(明光)有限公司并没有满足于现状，而是不断追求更高的目标——提升亩均效益，实现可持续发展。

为达成这一目标，乐斯福(明光)有限公司采取了品种迭代法这一核心策略，不断对现有产品进行升级和迭代，推出更具市场竞争力、更高附加值的新产品。这一策略的实施，不仅要求企业具备敏锐的市场洞察力，更需要有强大的技术研发能力作为支撑。

在实施品种迭代法之前,乐斯福(明光)有限公司的主导产品主要为燕子牌、雪峰牌和彩虹牌干酵母。这些产品在市场上已经有了一定的知名度和市场份额,但公司并没有止步于此。通过深入的市场调研和技术研发,乐斯福(明光)有限公司发现了新的市场机遇和产品升级空间。

于是,一系列新产品应运而生。师傅300面包改良剂、老虎牌系列改良剂以及乐斯福工业系列面包改良剂等产品的推出,迅速在市场上引起了强烈反响。这些新产品不仅继承了乐斯福一贯的高品质,更在功能和性能上有了显著的提升,满足了消费者日益升级的需求。

新产品的成功推出,为乐斯福(明光)有限公司带来了丰厚的回报。一方面,新产品的销售价格普遍高于原有产品,直接提升了公司的营业收入;另一方面,新产品的高品质和良好口碑,进一步巩固了乐斯福在中国市场的品牌地位,为公司的长期发展奠定了坚实基础。

乐斯福(明光)有限公司并没有满足于在烘焙酵母和改良剂领域的成功。它开始将品种迭代法应用到其他产品线,如酒用酵母和饲料添加剂等。法尔凯酒用酵母和普利菌饲料添加剂等产品的成功推出,再次证明了品种迭代法的有效性。这些新产品不仅丰富了公司的产品线,更为公司打开了新的市场空间,实现了多元化发展。

通过实施品种迭代法,乐斯福(明光)有限公司的亩均效益得到了显著提升。从2018年到2022年,短短几年间,公司的亩均税收从19.8万元提升至25.7万元。这一成绩的取得,不仅得益于新产品的成功推出,更离不开公司在技术创新、市场拓展和内部管理等方面的全面提升。

在当前经济形势下,许多企业都面临着市场竞争激烈、成本压力增大等挑战。如何提升亩均效益、实现可持续发展,成为摆在企业面前的一大难题。而乐斯福(明光)有限公司通过实施品种迭代法,成功破解了这一难题,为其他企业提供了可借鉴的路径。

当然,乐斯福(明光)有限公司的成功并非偶然。它凝聚了无数乐斯福人的智慧和汗水,更体现了乐斯福集团一贯的创新精神和追求卓越的理念。在未来,随着市场的不断变化和消费者需求的持续升级,我们期待乐斯福(明光)有限公司能够继续秉持这一精神,推动企业的持续发展和行业的进步。

此外,乐斯福(明光)有限公司在环保和社会责任方面也做出了显著贡献。公司积极采用环保生产工艺和设备,降低能耗和排放,致力于实现绿色生产。同时,公司还积极参与社会公益事业,回馈社会,展现了良好的企业形象和社会责任感。

总的来说,乐斯福(明光)有限公司通过实施品种迭代法,成功提升了亩均效益,实现了可持续发展。这一成果不仅体现了公司的创新能力和市场竞争力,更彰显了乐斯福集团在追求经济效益和社会效益双赢方面的坚定决心和强大实力。

典型案例 3 ▶▶

池州首开新材料:以品种迭代法铸就高附加值市场典范

在全球新能源领域迎来空前发展机遇的大背景下,光伏产业作为其重要组成部分,正步入发展的快车道。在这场光伏产业的竞速赛中,池州首开新材料有限公司(以下简称“首开新材料”)凭借其具有前瞻性的市场洞察力、持续的技术创新以及独特的品种迭代法策略,成功脱颖而出,成为行业内的佼佼者。

(一)首开新材料的发展历程及市场定位

首开新材料自 2016 年成立以来,始终专注于半导体新材料的制造及销售,以及晶体硅太阳能硅片、太阳能电池片、太阳能组件等光伏应用产品的研发、销售及技术服务。公司坐落于安徽省池州市江南产业集中区新材料产业园,地理位置优越,交通便利,为公司的快速发展提供了良好的外部环境。

短短几年间，首开新材料通过不断的技术创新和市场拓展，实现了跨越式发展。公司固定资产投入累计达3000万元人民币，硅片月产量从最初的几百万片增长到约1500万片，销售额也从2017年的1亿元飙升至2023年的25亿元。这一成绩不仅彰显了首开新材料在光伏新材料领域的专业实力，也充分证明了其市场定位的准确性和发展策略的有效性。

（二）品种迭代法策略的解析

具体来说，首开新材料从以下几个方面入手实施品种迭代法：

生产工艺的持续改进。首开新材料注重生产工艺的研发和创新，通过引进先进的生产设备和技术，不断优化生产流程，提高生产效率和产品质量。例如，公司采用先进的硅片切割技术，实现了硅片的薄切和高效切割，大幅提高了原材料的利用率和产品良率。

产品规格的不断升级。根据市场需求和技术发展趋势，首开新材料不断推出新的产品规格。例如，公司将硅片边长从156毫米延长到182毫米，这一改进不仅提高了硅片的发电效率，也降低了制造成本，使得公司的产品在市场上更具竞争力。

材料利用率的极致追求。首开新材料在材料利用率方面进行了大量的研究和实践，通过技术创新和工艺改进，实现了材料的高效利用。这不仅降低了产品成本，也减少了资源浪费，符合绿色、环保的发展理念。

（三）技术创新与市场表现的亮点

在品种迭代法策略的指导下，首开新材料在技术创新和市场表现方面取得了显著成果。公司的单晶硅片产品以其高效能和低成本赢得了市场的广泛认可，订单量持续饱和。特别是在新厂区投产后，公司的产能得到了大幅提升，日产硅片量达到110万片，进一步巩固了其在光伏新材料市场的领先地位。

值得一提的是，首开新材料的技术创新不仅体现在产品性能的提升上，还体现在生产过程的绿色环保上。公司注重环保设施的建设和环保技术的研发，实现了生产过程的低排放和废弃物的循环利用，为光伏产业的可持续发展树立了典范。

（四）未来展望与行业影响

展望未来，首开新材料将继续坚持品种迭代法策略，以技术创新为驱动，不断提升产品质量和生产效率。公司计划在2025年达成50亿元以上的产值目标，并致力于成为池州光伏产业的领军企业。为实现这一目标，首开新材料将加大技术研发力度，积极引进和培养高端人才，构建更加完善的研发体系和创新机制。

同时，首开新材料还将积极拓展国内外市场，加强与上下游企业的合作与联动，形成更加紧密的产业链和供应链体系。通过市场拓展和资源整合，首开新材料将进一步巩固其在光伏新材料领域的领先地位，并推动整个行业的持续健康发展。

首开新材料的成功实践为同行业的企业提供了宝贵的经验借鉴。其品种迭代法策略的实施不仅提升了企业自身的竞争力，也为光伏新材料行业的发展注入了新的活力和动力。相信在未来的发展中，首开新材料将继续保持进取姿态，为光伏产业的繁荣与发展贡献更多力量。

典型案例4 ▶▶

浙江海利普：迭代创新促进亩均效益激增

浙江海利普电子科技有限公司（以下简称海利普）自成立以来，依托其母公司丹佛斯（Danfoss）的强大技术和资源背景，在变频器领域持续深耕。特别是在实施品种迭代法策略后，公司在经济效益和土地利用效率方面取得了显著进展，成为同行业中的佼佼者。海利普作为丹佛斯的全资子公司，致力于高性能变频器的研发、生产和销售。其产品在国内外市场享有盛誉，丹佛斯变频器更是跻身全球十大变频器品牌之列。在中国低压变频器市场，海利普的市场占有率稳居第四,年产量达180万台。

(一)品种迭代法的实施

1.产品迭代升级。海利普始终秉承创新发展理念,依托先进的技术水平和雄厚的研发实力,始终坚持以研发制造更节能环保的变频器为己任,通过产品的迭代升级,使新一代产品节能效果提升40%。例如,公司新研发的专为水处理、HVAC系统、环保等领域应用的风机、泵类设计的流体控制变频器,可将泵的运行效率提高30%,满足节能减碳的新需求。

2.研发实力展现。截至2021年底,海利普已拥有有效发明专利5项、实用新型和外观专利18项、软件著作权6项。这些研发成果不仅彰显了公司的技术实力,也为产品的持续迭代提供了有力支撑。

3.市场反馈良好。产品迭代升级后,市场反馈良好。例如,超210台海利普HLP-G100和G110系列变频器应用于新疆岩棉生产线,功率范围从1.5千瓦到315千瓦,精准控制,节能增效。客户对海利普G100/G110变频器的运行效果非常满意,表示后续再上生产线时会继续选用海利普产品,也会推荐给其他客户。客户的认可和信赖成为海利普坚持品质和技术创新的最大动力。

(二)经济效益与土地利用效率提升

1.经济效益显著。例如2020年,海利普实现产值14.33亿元,年实缴税收1.1亿元。亩均税收119.93万元,亩均工业增加值421.14万元,远超同行业企业平均水平。这些数据显示出公司在实施品种迭代法后经济效益显著提升。

2.土地利用效率提高。通过产品的不断迭代和优化,海利普在有限的土地上实现了更高的产值和税收,土地利用效率得到了显著提高。这也进一步证明了品种迭代法对于提升工业企业亩均效益的有效性。

3.核心竞争力提升。海利普致力于提升核心竞争力,发挥行业领跑者的示范作用,全面推进提质增效,切实提升“亩均效益”。公司持续加大研发投入,不断推出更具市场竞争力的新产品。例如,HLP-SD100系列是海利普针对收放卷行业独有的收放特性而设计的一款专机,内置完善的卷径计算功能、精准的PID控制性能,支持各种增量型编码器,高闭环/开环转矩精度,广泛应用于造纸、印刷、拉丝、印染等收放卷高端设备。

4. 市场拓展与品牌建设。随着市场的不断变化和竞争的加剧,海利普积极拓展国内外市场,加强品牌建设,提高品牌知名度和美誉度。同时,加强与上下游企业的合作,形成更紧密的产业链合作关系。

（三）产业链发展与龙头作用

1. 产业链强化发展。海盐县充分利用海利普的龙头企业引领作用,进一步强化产业链发展。海盐县根据企业需求建立了北欧(丹麦)工业园,并引入了丹佛斯(嘉兴)板式换热器有限公司、丹佛斯微通道换热器(嘉兴)有限公司、丹佛斯动力系统(浙江)有限公司及伟肯(中国)电气传动有限公司等多家相关企业,形成了一个以海利普为核心的产业集群。海利普所在的生产基地——丹佛斯海盐园区已成为丹佛斯全球重要的工业园区。

2. 龙头作用发挥。作为丹佛斯在中国的核心成员,海利普不仅自身发展迅猛,还积极发挥龙头作用,带动周边企业和整个行业的发展。目前,丹佛斯集团在海盐的实缴税收已达3.38亿元,亩均税收高达173.23万元,远高于全省亩均税收平均水平。

浙江海利普电子科技有限公司通过实施品种迭代法,成功实现了亩均效益的飞跃。这一典型案例不仅展示了品种迭代法在提升工业企业经济效益和土地利用效率方面的巨大潜力,也为其他企业提供了可借鉴的经验和启示。

典型案例5 ▶▶

江苏中天科技：品种迭代法助推工业效益达到新高度

中天科技作为一家高新技术企业集团,通过实施品种迭代法策略,持续不断更新和优化产品品种,提高产品的附加值和市场竞争力,促进了亩均效益的显著提升。

（一）中天科技的发展历程

中天科技于20世纪90年代初进入光纤通信领域，经过多年发展，现已成为电信、电力、新能源“三足鼎立”的高新技术企业集团。公司旗下拥有70家子公司、员工1.4万名，主营产品涵盖光纤通信、电力传输和太阳能光伏产业，年营业收入突破440亿元，跻身中国500强企业行列。集团核心企业江苏中天科技股份有限公司于2002年在上海证券交易所上市，被誉为中国特种光缆第一股。中天科技坚持走科技强企之路，注重产学研合作，与众多著名高校、科研院所建立战略合作关系，建有多个科技创新平台和研究院，为企业的可持续发展提供坚强支撑。同时，中天科技还获得了多项殊荣，如中国驰名商标、中国科技百强、中国通信业综合实力50强等。

（二）产品迭代历程

中天科技的产品迭代历程充分展现了公司在技术创新和产品升级方面的成果。例如，2015年获得国际汽车行业准入资格认证，2016年成为唯一入围工信部智能制造试点示范项目的锂电池企业，2017年全介质自承式光缆（ADSS）荣获全国制造业单项冠军产品称号，2018年中天品牌亮相纽约联合国总部，2019年获得“全国质量奖”和“国家技术发明二等奖”，2020年获得第六届“中国工业大奖”，2021年发布了“绿色低碳制造”（GLCM）行动方案，等等。这些成就充分彰显了中天科技在产品迭代方面的不懈努力和卓越成绩。

（三）品种迭代法的实施情况

中天科技在实施品种迭代法策略方面，采取了多项措施。首先，公司坚持自主知识产权产品研发，解决了企业在技术创新过程中的关键性问题，确立了自有核心技术、成果孵化、持续创新、规模经营的技术创新之路。其次，中天科技实施了“精英路线”，引进高级人才，开展国际技术合作，将国外先进技术与公司产品开发融为一体，以增强公司产品的扩充与升级能力，保持与世界水平同步。此外,公司将研发管理科学化、规范化,提出战略规划,建立决策管理体系,保证了技术创新的顺利进行。同时,中天科技每年投入大量资金用于产品迭代升级的研发,设立产品经理,加强研发管理的有效性,强调产品经理对产品开发的全过程负责。这些举措使中天科技成为独立自主的创新主体,建立了层次分明、科学规范的创新体系,取得了在技术创新领域的累累硕果。

综上所述,中天科技通过实施品种迭代法策略,不断更新和优化产品品种,提高产品的附加值和市场竞争力,取得了显著成绩。中天科技的成功经验为其他工业企业提供了宝贵的借鉴和启示,展现了品种迭代法在提升企业亩均效益方面的重要作用。

六、总结与展望

实施品种迭代法策略在工业领域具有显著的实际效果。该策略的核心在于,通过持续的产品创新和技术研发,使企业能够迅速适应市场变化,满足不断升级的消费者需求,从而提高产品的附加值和市场竞争力。实施过程中,企业应关注行业技术动态和市场变化,及时调整产品研发策略,确保产品与市场需求的匹配度。同时,要加强知识产权保护和管理,确保企业创新成果得到合理回报。

展望未来,品种迭代法将在更多工业企业中得到应用和推广,为企业的转型升级和高质量发展提供有力支撑。

第6章　品质提升法

新质生产力具有高科技、高效能、高质量特征，特点是创新，关键在质优，本质是先进生产力。其中的“质优”，包含了高质量和高品质。在全球化竞争日益激烈的市场环境中，工业企业要想获得持续的竞争优势，必须不断提升产品的质量。“品质提升法”，通过夯实质量标准工作基础，引导工业企业提升产品质量和标准化水平，实现产品附加值和品牌溢价率的持续增长，从而提高工业企业的亩均效益。

一、理论依据

1. 质量管理理论。以德明、贾兰和石川等人的质量管理理论为基础，强调全员质量管理和持续改进的重要性。

2. 标准化理论。以ISO质量管理体系为代表，强调通过标准化流程提升产品和服务的一致性和可靠性。

3. 品牌价值理论。以凯勒的品牌资产评估模型为基础，强调品牌识别、品牌忠诚度和品牌联想对品牌溢价率的影响。

4. 经济学原理。提升产品附加值和品牌溢价率是提高企业经济效益的重要途径。

二、实施步骤

（一）质量管理体系的建立与优化

1. 诊断现有质量管理体系，找出不足和改进点。

2. 设计和实施质量管理体系优化方案，确保符合国际标准。

3. 定期进行审核和评审，持续改进质量管理体系。

（二）质量标准工作基础的夯实

1. 建立健全质量管理体系，确保符合 ISO 9001 等国际标准。

2. 开展质量管理体系的内部审核和管理评审，确保体系的有效运行。

3. 强化质量意识教育，提高全员的质量管理意识和能力。

（三）质量能力的提升

1. 引入先进的质量管理工具和方法，如六西格玛、精益生产、FMEA、控制图等。

2. 加强产品设计和开发过程的质量控制，实施全面质量管理。

3. 原材料采购、生产过程到产品出厂，实行严格的质量控制和管理；提高原材料和零部件的采购标准，确保供应链质量。

（四）产品附加值的提升

1. 加强产品研发投入，提升产品的技术含量和创新性。

2. 优化产品结构，发展高附加值的产品线。

3. 提升产品的服务附加值，如提供定制化服务、增值服务等。

（五）产品研发和创新

1. 建立跨部门的产品研发团队，加强协同创新。

2. 引入市场和客户需求，通过数据分析和问题解决，指导产品研发方向，持续改进产品和提高过程质量。

3. 加强知识产权保护,提升产品的技术壁垒。

(六)品牌溢价率的提升

1. 制定品牌战略规划,建立品牌战略,明确品牌定位和品牌价值主张。

2. 通过多渠道营销,加强品牌推广,提升品牌的市场覆盖率和影响力,提高品牌知名度和美誉度。

3. 建立客户反馈机制,建立品牌忠诚度计划,提升客户的品牌忠诚度,不断优化品牌形象和服务。

4. 质量认证与培训,积极申请国内外权威质量认证,提高产品质量信誉。

在实施品质提升法的过程中,确保一系列的保障措施到位至关重要。

首先,企业高层的认可和支持,是品质提升法顺利实施的关键。只有高层领导对品质提升法有充分的理解和认同,才能为实施提供必要的资源、资金和政策保障。这样,从上至下形成对品质的重视,确保每个环节都能得到充分的关注与投入。

其次,培养以质量为核心的企业文化,是推动品质提升的内在动力。当质量成为企业的核心价值观时,员工会自然而然地形成对质量的追求和对不合格品的零容忍态度。这种文化能够激发员工的创新意识,促使员工在日常工作中不断寻求提升品质的方法和途径。

再者,培养和引进专业人才,是企业实施品质提升法的核心力量。培养和引进具有质量管理和标准化经验的专业人才,对于推动企业品质提升具有不可替代的作用。这些人才能够运用专业的知识和方法,帮助企业建立和完善质量管理体系,提高企业的质量管理水平。

最后,建立持续改进机制,是推动品质提升的长效之道。企业应该鼓励员工积极提出改进建议,对于提出有效建议者给予适当的奖励。这样,可以在企业内部形成持续改进的氛围,确保品质提升法在实践中不断完善,持续提高企业的质量管理效率。

三、风险控制

要识别和控制实施品质提升法过程中可能遇到的风险，确保工业企业能够稳健地提升产品质量和标准化水平，从而有效提高亩均效益。

（一）风险评估

在实施品质提升法前，企业应进行全面的风险评估，包括但不限于以下方面：

1. 内部风险评估。

（1）人员风险：评估员工对质量管理理念的接受程度和质量管理技能的掌握情况。

（2）流程风险：评估现有生产流程和质量控制流程的稳定性和可靠性。

（3）技术风险：评估生产设备的现代化程度和技术更新的频率。

2. 外部风险评估。

（1）市场风险：评估市场需求变化和竞争对手行为的不确定性。

（2）供应链风险：评估原材料供应的稳定性和供应商的质量管理能力。

（3）法规风险：评估国内外质量标准变化和相关法律法规的更新。

（二）风险预防

针对评估出的风险，企业应制定相应的预防措施：

1. 人员培训和文化建设。

（1）定期对员工进行质量管理和标准化知识的培训，提高员工的质量意识。

（2）通过激励机制和企业文化建设，增强员工对品质提升法的认同感。

2. 流程优化和标准化。

（1）对生产流程进行优化，减少不必要的步骤，提高效率。

（2）建立和完善标准化操作流程，确保产品质量的稳定性。

3. 技术更新和设备维护。

(1)定期对生产设备进行升级和维护,确保设备的高效运行。

(2)引入先进的生产技术和质量检测设备,提高产品质量控制的精准度。

4. 市场分析和客户管理。

(1)定期进行市场趋势分析,及时调整产品策略。

(2)建立客户关系管理系统,收集客户反馈,快速响应市场变化。

5. 供应链管理和合作伙伴选择。

(1)选择有质量保证体系的供应商,建立长期稳定的合作关系。

(2)对供应链进行定期评估,确保供应链的稳定性和可靠性。

6. 法规遵循和标准跟踪。

(1)建立法规和标准更新跟踪机制,确保企业及时了解和遵循最新的法规要求。

(2)加强与行业组织的沟通,参与标准的制定和修订工作。

(三)风险应对

在风险发生时,企业应迅速采取应对措施,以减轻风险带来的影响:

1. 建立风险应急小组。

(1)成立专门的风险应急小组,负责处理突发的质量问题。

(2)制定详细的应急预案,包括问题识别、风险评估、应急响应和事后处理等步骤。

2. 问题快速响应和处理。

(1)一旦发现质量问题,立即启动应急预案,迅速定位问题源头并采取措施。

(2)对受影响的产品进行召回或修复,确保问题不扩散。

3. 事后分析和改进。

(1)问题解决后,进行事后分析,找出根本原因,避免同类问题再次发生。

(2)根据事后分析的结果,调整和优化相关流程和措施。

通过上述风险控制方案的实施,工业企业可以有效地识别和管理实施品质提升法过程中的风险,确保产品质量和标准化水平的稳步提升,从而实现亩均效益的持续增长。企业应将风险管理作为日常管理的重要组成部分,建立健全的风险管理体系,以应对不断变化的市场和环境挑战。

四、实施效果评估

对工业企业实施品质提升法后的效果进行全面评估,通过定量和定性的分析方法,确保企业能够客观地了解实施成效,为后续的持续改进提供依据。

(一)评估指标体系构建

为了全面评估品质提升法的实施效果,需要构建一个包含多个维度的评估指标体系:

1. 质量指标。

(1)不良品率:衡量产品质量的基本指标,通过比较实施前后的不良品率变化来评估质量改进情况。

(2)客户投诉率:反映客户对产品质量满意度的指标,通过分析客户投诉数据来评估产品质量的市场反馈。

2. 生产指标。

(1)生产效率:通过比较单位时间内的生产量来评估生产效率的提升。

(2)设备故障率:评估生产设备稳定性的指标,通过分析设备故障次数和停机时间来评估设备维护的效果。

3. 经济指标。

(1)产品附加值:通过计算产品的销售价格与生产成本之差来评估产品附加值的提升。

(2)品牌溢价率:通过市场调研获取消费者对品牌支付意愿的数据,评估品牌溢价能力。

4. 客户指标。

(1)客户满意度:通过定期的客户满意度调查来评估客户对产品和服务的整体满意程度。

(2)客户忠诚度:通过分析重复购买率和客户推荐指数来评估客户忠诚度的变化。

(二)数据收集与分析

1. 数据收集。

(1)制定详细的数据收集计划,包括数据类型、数据来源、收集频率和方法等。

(2)通过生产记录、质量检测报告、客户反馈记录等获取实施前后的相关数据。

2. 数据分析。

(1)使用统计分析软件对收集到的数据进行处理,包括描述性统计、假设检验等。

(2)通过对比分析,评估实施品质提升法前后指标的变化情况。

(三)结果解读

1. 质量改进。

假设实施前后的不良品率分别为5%和2%,表明质量管理措施有效,产品质量得到显著提升。

2. 生产效率提升。

如果生产效率从每小时100件提升到每小时150件,说明生产流程优化和设备维护措施有效。

3. 经济效益增长。

假设产品附加值从每件50元提升到每件80元,品牌溢价率从10%提升到

20%,反映了产品价值和品牌影响力的提升。

4. 客户满意度和忠诚度提高。

如果客户满意度从80%提升到90%,客户忠诚度指数从70提升到85,说明客户对产品和品牌的认可度提高。

（四）改进建议

根据评估结果,企业应制定相应的改进措施:

1. 对于质量改进不明显的产品,需要进一步分析原因,并有针对性地优化质量控制流程。

2. 如果生产效率提升幅度不大,可能需要重新审视生产设备和技术的更新换代计划。

3. 针对经济效益增长缓慢的问题,企业应考虑加大研发投入,提升产品创新能力和市场竞争力。

4. 对于客户满意度和忠诚度提升不足的情况,企业应加强客户服务和品牌建设工作。

通过实施效果评估,企业能够全面了解品质提升法的实施成效,为企业持续改进提供数据支持和决策依据。企业应将效果评估作为常规管理活动的一部分,定期进行,以确保品质提升法能够持续发挥作用,推动企业亩均效益的持续增长。

五、典型案例

典型案例1▶▶

华为技术有限公司:以品质提升铸就国际竞争力

在全球化的市场竞争中,产品品质已成为企业生存和发展的关键。华为技术有限公司(以下简称“华为”)作为全球领先的信息与通信技术(ICT)解决方案提供商，共有20.7万员工遍及170多个国家和地区，为全球30多亿人口提供服务，致力于把数字世界带给每个人、每个家庭、每个组织，构建万物互联的智能世界。华为始终将品质视为企业发展的核心竞争力。华为通过实施品质提升法，不断提升产品质量和服务水平，从而实现品牌价值的持续增长。

（一）华为的品质观念与战略定位

华为始终坚持以客户为中心，以质量为生命线，将品质管理贯穿于产品的研发、生产、销售和服务的全过程。华为的质量方针和目标明确指出，公司致力于提供品质超群的产品和服务，确保技术与世界潮流同步，设计生产性能价格比最优的产品，并通过全面质量管理，实现产品运行的高可靠性。

（二）华为品质提升法的实施

华为品质提升法是一套系统的质量管理体系，涵盖了以下几个关键方面：

1. 研发质量控制。华为在产品设计阶段就构建质量指标，通过严格的设计审核和测试，确保产品从源头上满足高标准的质量要求。

2. 供应链管理。华为选择合格的供应商，并与之建立长期合作关系，确保原材料和组件的质量稳定。

3. 制造过程控制。依照合同规格生产，实施精益生产，通过自动化和智能化提高生产效率和产品稳定性。

4. 服务质量提升。华为建立了“自服务、交互服务、现场服务”三大服务平台，提供多样化的服务内容，确保顾客满意度。

5. 质量文化建设。华为推行全员质量管理，从最细微之处做起，确保每一位员工都能充分理解并执行质量标准。

（三）华为品质提升法的成效

通过实施品质提升法，华为取得了显著的成效：

1. 产品质量显著提升。华为手机产品线从旗舰到普及型各个档次均有所涉及，通过走系列化精品路线，不断提供出色的产品。例如，Mate系列和P系列手机在市场上获得了高度认可，产品故障率大幅下降，运行实现平均2000天无故障。

2. 品牌美誉度提升。华为通过优质的产品和服务，树立了品质超群的企业形象，品牌溢价率和顾客忠诚度显著提高。

3. 服务体验优化。华为的服务网络覆盖全球，通过精细化管理和创新服务内容，如“金卡会员”服务，提供超出顾客期望的服务体验。

4. 经济效益增长。华为的亩均效益持续提升，质量好、服务好、运作成本低的经营理念，有效提升了客户竞争力和盈利能力。

（四）经验启示

华为品质提升法的成功实施，为企业增值提供了宝贵的经验。

首先，企业必须将品质管理作为战略层面的重要内容，从顶层设计出发，确保品质管理体系的有效运行。

其次，企业应注重产品设计和研发阶段的质量控制，以预防为主，避免质量问题的发生。

再次，供应链的稳定和优化对于保证产品质量至关重要，企业应建立严格的供应商评审和选择机制。

最后，服务质量的提升是提高顾客满意度和忠诚度的关键，企业应不断创新服务模式，提供个性化、差异化的服务。

华为技术有限公司通过实施品质提升法，不仅提升了产品和服务的品质，而且增强了品牌竞争力，实现了可持续发展。这一典型案例证明，品质管理是企业赢得市场和顾客的重要手段，也是企业实现长远发展的必由之路。

典型案例2 ▶▶

安徽九纲机电：品质之路 铸就企业辉煌

安徽九纲机电有限公司（以下简称“九纲机电”），凭借其精益求精的品质追求和持续创新的精神，在竞争激烈的电梯配件市场中脱颖而出，赢得了国内外客户的广泛认可。

走进九纲机电的生产车间，你会被那种严谨、细致的工作氛围所感染。每个工人都深知，质量是企业的生命，是赢得客户信任的关键。他们严格按照ISO9001国际质量管理体系要求进行生产，从原材料采购到最终产品出厂，每一个环节都经过严格的检验和控制。这种对质量的极致追求，正是九纲机电成功实施品质提升法的关键所在。

品质提升并不仅仅停留在产品层面，九纲机电还将这一理念贯穿于企业管理的全过程。他们深知，只有管理到位，才能确保产品品质稳定提升。因此，九纲机电通过引进智能化ERP生产管理系统，实现了生产、销售、库存等各个环节的无缝对接。这一系统的运用，不仅提高了生产效率，还确保了信息的准确性和及时性，为企业的决策提供了有力支持。

在与政府、行业组织的合作方面，九纲机电也始终保持着积极的态度。他们深知，企业的发展离不开政府和行业的支持。因此，九纲机电积极参与各类行业交流和技术研讨，不断汲取新的理念和技术，以此推动行业质量水平的提升。同时，他们还积极履行社会责任，坚持可持续发展，实现了经济效益与社会效益的双赢。

九纲机电对质量的执着追求得到了市场的认可。他们的产品远销欧洲、南美、日韩等国家和地区，与世界知名电梯品牌建立了长期稳定的合作关系。这些合作关系的建立，不仅为九纲机电带来了可观的经济效益，还提升了企业的知名度和美誉度。

在荣誉方面，九纲机电也是硕果累累。2022年，他们荣获第四届明光市政府质量奖，这是对他们品质提升成果的充分肯定。这一荣誉的获得，不仅彰显了九纲机电在质量管理方面的卓越成就，也进一步坚定了他们走品质提升之路的决心和信心。

在追求品质提升的过程中,九纲机电还注重企业文化的建设和传承。他们坚信,企业文化是企业的灵魂,是推动企业持续发展的不竭动力。因此,九纲机电积极倡导"良知做人,利他做事"的理念,强调员工要具备良好的道德品质和职业素养。同时,他们还鼓励员工不断学习、创新和进步,为企业的发展贡献自己的力量。

在九纲机电,品质提升不仅仅是一种口号,更是一种实实在在的行动。他们通过持续改进生产工艺、提高生产效率、降低生产成本等措施,不断提升产品的品质和竞争力。同时,他们还注重与客户的沟通和交流,及时了解客户的需求和反馈,为客户提供更加优质的产品和服务。

展望未来,九纲机电将继续坚守"良知做人,利他做事"的理念,以"为电梯安全运行保驾护航"为使命,努力实现"成为世界电梯配件行业知名品牌"的企业愿景。他们深知,只有不断提升品质,才能在激烈的市场竞争中立于不败之地。因此,九纲机电将继续加大在技术研发、产品创新、质量管理等方面的投入,不断提升企业的核心竞争力,为实现可持续发展和达到行业领先地位而不懈努力。

总之,安徽九纲机电有限公司的成功得益于其坚定的品质提升之路。他们通过严格的质量管理、智能化的生产管理、积极的政府与行业合作以及优秀的企业文化建设等措施,不断提升产品的品质和企业的竞争力,赢得了市场的认可和客户的信赖。未来,九纲机电将继续秉承"品质为王"的理念,为实现更加辉煌的发展目标而努力奋斗。

典型案例 3 ▶▶

应流集团:品质至上 引领行业标准

安徽应流集团霍山铸造有限公司(以下简称"应流集团"),作为国际知名的高端装备关键零部件制造企业,以其卓越的品质提升战略为行业树立了典范。通过夯实质量标准工作基础，引导工业企业提升产品质量和标准化水平，应流集团实现了产品附加值和品牌溢价率的持续增长，从而显著提高了工业企业的亩均效益。

应流集团拥有齐全的铸造工艺和完备的检测手段，其装备水平、技术能力和产业规模处于行业领先地位。其产品主要服务于航空航天、燃气轮机、核能核电、海洋工程、油气化工、工矿设备和流体机械等高端装备领域，出口40多个国家和地区，服务全球100多家行业龙头客户。在这一背景下，应流集团通过品质提升战略取得了显著成效。

首先，应流集团专注于高端部件、航空科技和先进材料三大领域，致力于研制和生产航空发动机和燃气轮机用单晶、定向、等轴高温合金涡轮叶片及热端部件，核电站主泵泵壳、金属保温层、乏燃料格架、中子吸收和辐射屏蔽材料，中小型涡轴发动机、大载重高原无人直升机等产品。这些产品达到国内先进乃至国际领先水平。应流集团还荣获了“全国五一劳动奖状”，再次入列行业排头兵企业，入列“专精特新优秀企业”。

其次，应流集团抓住重大装备自主自强的战略机遇，通过持续的技术创新和先进产能建设，进一步提升了在高尖端产品领域的行业地位，在国内外高端装备市场形成新的竞争优势。该集团不仅获批国家级企业技术中心、省级制造业创新中心，还有多项国家和省级重大项目通过验收，航空发动机叶片、机匣等国际先进产品批产交付，国产重型燃气轮机叶片研制担当重任，辐射屏蔽材料独占鳌头，主泵泵壳再获新机组批量订单。精密部件生产线、屏蔽材料生产线的相继投产，为企业的品质提升奠定了坚实基础。

此外，应流集团在铸造工艺方面也取得了显著成就。由世界先进装备组成全产业链生产线通过国内外航空体系认证和NADCAP特殊工序认证。ALD单晶炉最大规格300千克，ALD真空炉最大规格1000千克，满足目前最先进重型燃机单晶叶片、大型机匣和环形件制造需要。其砂型铸造工厂采用全套引进意大利生产线，拥有30~80吨混砂机和连续混砂机，自动造型线、地面造型线和无模造型机，配备冷芯盒射芯机、型芯干燥室、保温室。长期为核电、燃气轮机、石油天然气、工程和矿山机械等行业生产镍基合金、不锈钢和其他耐腐蚀、耐高温、耐磨损的高性能产品。与大型熔炼设备结合，产品单件重量可达65吨。这些先进的生产设备和工艺技术为产品品质提升提供了有力支持。

应流集团通过品质提升法，引导企业提升产品质量和标准化水平，实现了产品附加值和品牌溢价率的持续增长。

典型案例4▶▶

合肥晶合集成：持续创新　品质卓越赢市场

在全球化的半导体市场竞争日趋激烈的今天，工业企业要获得持续的竞争优势，提升产品质量是不可或缺的环节。合肥晶合集成电路股份有限公司(以下简称“晶合集成”)成立于2015年，专注于半导体晶圆生产代工服务。通过多年的努力，公司已成为中国内地第三大晶圆代工企业，且在液晶面板驱动芯片代工领域市场占有率居全球第一。2023年5月，公司成功在上海证券交易所科创板挂牌上市，成为安徽省首家成功登陆资本市场的纯晶圆代工企业。

(一)品质提升法的实践

1. 夯实质量标准工作基础和能力。

晶合集成重视质量标准的制定与执行，通过引进国际先进的质量管理理念和方法，建立完善的质量管理体系。公司不仅通过了ISO9001质量管理体系认证，还导入了ISO14001环境管理体系和OHSAS18001职业健康安全管理体系，确保产品质量的一致性和稳定性。

2. 引导工业企业提升产品质量和标准化水平。

作为安徽省首家12英寸晶圆代工企业，晶合集成在产品质量上不断追求卓越。公司建立了严格的质量控制流程，对从原材料采购到生产制造的每一个环节都进行严格把关。此外,公司还积极参与行业标准的制定和修订,推动行业标准化水平的提升。

3. 实现产品附加值和品牌溢价率的持续增长。

通过不断提升产品质量和标准化水平,晶合集成成功实现了产品附加值和品牌溢价率的持续增长。公司的高品质产品得到了市场的广泛认可,客户黏性不断增强,品牌知名度逐渐提升。

(二)成效分析

1. 营收与利润双增长。近几年,晶合集成处于快速发展阶段,有着不错的盈利能力。招股说明书显示,2020 年至 2022 年,公司营收分别为 15.12 亿元、54.29 亿元和 100.51 亿元,年均复合增长率达到 157.79%;同期,归母净利润分别为-12.58 亿元、17.29 亿元和 30.45 亿元。可以看出,随着产品品质的提升,公司的营收和利润均实现了快速增长。

2. 技术实力显著提升。晶合集成在技术研发上持续投入,近三年研发费用分别为 2.45 亿元、3.97 亿元和 8.57 亿元,占营业收入比重分别为 16.18%、7.31%和 8.53%。通过不断的技术创新,公司已实现 150 nm 至 90 nm 制程节点的 12 英寸晶圆代工平台的量产,并正在进行 55 nm 制程节点的风险量产。此外,公司还成功跻身全球第十大晶圆代工企业,显示出强大的技术实力。

3. 市场份额稳步扩大。随着产品品质的提升和技术实力的增强,晶合集成在市场份额上也取得了显著成绩。根据 TrendForce 集邦咨询 2022 年第三季度统计数据显示,晶合集成已成为全球第十大晶圆代工企业。在中国内地晶圆代工企业中,以 2022 年营收看,晶合集成收入超过百亿元,仅次于中芯国际和华虹半导体,排名第 3 位。这表明公司在市场上已经具有较高的竞争地位。

(三)未来展望

成功上市后,晶合集成将迎来全新的发展阶段。根据招股书披露的信息,公司拟将募集资金用于合肥晶合集成电路先进工艺研发项目、收购制造基地厂房及厂务设施、补充流动资金及偿还贷款。这些项目的实施将有望进一步提升公司的核心竞争力并巩固其市场地位。随着公司技术实力的不断增强和市场需求的持续增长，我们有理由相信晶合集成将在未来继续保持强劲的发展势头。

通过深入剖析合肥晶合集成电路股份有限公司品质提升法的实践案例，我们可以清晰地看到该公司在产品质量提升方面的决心和努力以及取得的显著成果。品质提升法不仅为晶合集成带来了营收和利润的双增长，更使其在技术上实现了重大突破，市场份额稳步扩大。展望未来，随着公司募投项目的逐步实施和技术创新的持续推进，我们有理由期待晶合集成将在集成电路领域书写更加辉煌的篇章，为中国半导体产业的发展贡献更大的力量。

典型案例 5 ▶▶

江苏沙钢集团：品质提升　铸就钢铁巨擘

江苏沙钢集团，这颗璀璨的工业明珠，以其卓越的品质和不懈的创新精神，在世界钢铁舞台上熠熠生辉。本文剖析沙钢集团如何运用“品质提升法”在质量管理、技术创新、品牌影响力等方面取得显著成效，为工业界树立典范。

（一）背景介绍

沙钢集团，自创立以来，始终坚持以钢铁强国为己任，致力于提供最具价值的钢铁材料和工业服务解决方案。在经过持续积累和发展后，沙钢现已拥有五大生产基地，产品远销至全球100多个国家和地区。在实现主业精强的同时，沙钢还积极拓展多元产业，成为跨行业、跨地区和跨国界的企业集团，连续14年跻身世界500强。

（二）品质提升法的实践与应用

1. 质量管理体系建设。沙钢集团深知质量管理是企业发展的基石，为此建立了完善的质量管理体系。通过引入国际先进的质量管理理念和方法，结合企业实际,形成了以技术标准为核心的硬实力和以管理标准为核心的软实力。同时,加强全员质量意识培训,确保每一位员工都能将质量第一的理念内化于心、外化于行。

2. 智能化质量管控。沙钢集团运用大数据、人工智能等先进技术,成功实施了基于精益管理系统+MES 系统平台的质量管控。通过底层数据采集、监控项目设定、在线标准化控制等手段,实现了从原料到成品的全过程智能化质量预防管控。这不仅将传统的质量管理由“事后检验”转变为“事前预防”,还大幅提升了产品质量稳定性和一致性。

3. 创新能力提升。创新是企业发展的不竭动力。沙钢集团注重技术研发和人才培养,不断推动产品升级和工艺改进。通过引进国内外先进技术,加大自主研发力度,成功开发出一系列高品质、高性能的钢铁产品,满足了市场和客户的多样化需求。

(三)品质提升法取得的成效

1. 产品质量显著提升。通过实施品质提升法,沙钢集团的产品质量得到了显著提升。产品的合格率、优质品率等关键指标均达到或超过国内外同行业先进水平。客户对沙钢产品的满意度持续提高,为企业赢得了良好的市场口碑。

2. 品牌影响力不断扩大。随着产品质量的提升,沙钢集团的品牌影响力不断扩大。企业先后获得“中国名牌产品”“中国驰名商标”等荣誉称号,品牌价值逐年攀升。沙钢的产品和服务已经深入人心,成为国内外众多客户的首选品牌。

3. 经济效益稳步增长。品质提升法的实施为沙钢集团带来了显著的经济效益。通过提高产品质量、降低生产成本、优化销售策略等措施,企业实现了销售收入和利润的稳步增长。同时,优质的产品和服务也为企业赢得了更多的市场份额和客户信赖,为未来的发展奠定了坚实基础。

江苏沙钢集团的品质提升法实践,充分证明了质量管理在企业发展中的重要性。通过建立完善的质量管理体系、运用智能化质量管控手段、不断提升创新能力，沙钢成功打造出了高品质的产品和服务，赢得了市场和客户的认可。展望未来，沙钢将继续坚持品质强企战略，推动质量变革、效率变革、动力变革，为实现“钢铁强国梦”和“百年沙钢梦”不懈奋斗！

六、总结与展望

品质提升法是提高工业企业亩均效益的有效途径。通过夯实质量标准工作基础，企业可以提升产品质量，增强品牌价值，实现亩均效益的持续增长。实施品质提升法需要企业坚持质量第一的理念，将质量管理融入生产经营的全过程，同时，要加强与政府、行业组织等相关方的合作与交流，共同推动行业质量水平的提升。

第 7 章　品牌增值法

新质生产力,通过技术创新、产业升级和高效能生产,能有效提升品牌的独特性、功能性和情感性形象,增强品牌传播的效果,促进品牌价值的提升和企业经济效益的增长。"品牌增值法"的策略,通过塑造品牌形象、提升品牌价值,以增加产品附加值和市场竞争力,从而实现企业经济效益的提升。

一、理论依据

1. 品牌价值理论。品牌价值理论认为,品牌是企业的重要资产,具有独特性和不可替代性。品牌价值体现在消费者对品牌的认知、信任和忠诚度上,是提升产品附加值和市场竞争力的重要因素。

2. 品牌形象理论。品牌形象理论认为,品牌形象是消费者对品牌的整体印象和评价,包括品牌的功能性形象、情感性形象和象征性形象。通过塑造积极的品牌形象,企业可以提高消费者对产品的认知和购买意愿。

3. 品牌传播理论。品牌传播理论认为,有效的品牌传播可以提高品牌的知名度和美誉度,进而提升产品的市场竞争力。品牌传播包括广告、公关等多种方式,需要企业根据目标市场和消费者特点进行选择和组合。

4. 市场营销理论。品牌价值的提升有助于提升消费者对产品的认知度和忠诚度,进而提高企业效益。

二、实施步骤

1. 品牌定位与核心价值明确。明确品牌的定位和核心价值,包括品牌的目标市场、消费者需求、产品特点等。确保品牌定位与企业的战略目标和市场趋势相一致。

2. 品牌形象塑造与传播。通过设计独特的品牌标识、视觉形象和语言风格,塑造积极的品牌形象。同时,运用多种渠道和方式进行品牌传播,如广告、展览、公关、社交媒体、线上线下活动等,提高品牌的知名度和美誉度。寻求与其他知名品牌或产业链上下游企业的战略合作,提升品牌影响力。

3. 产品品质提升与创新。注重产品品质的提升和创新,以满足消费者对产品质量和性能的需求。通过研发新技术、新材料和新工艺,提高产品的附加值和竞争力。

4. 营销策略优化与实施。根据品牌定位和市场特点,制定合理的营销策略,包括产品定价、渠道选择、促销活动等。注重线上线下的协同营销,提高营销效果和消费者体验。

5. 客户关系管理与维护。建立完善的客户关系管理体系,及时了解消费者的需求和反馈,提供个性化的服务和解决方案。通过客户关怀和维护,提高客户满意度和忠诚度,进而提升品牌价值。

6. 合作伙伴关系建立与发展。与产业链上下游的合作伙伴建立良好的合作关系,实现资源共享和优势互补。通过合作创新和市场拓展,提高产品的市场竞争力和企业的经济效益。同时,注重加强品牌知识产权保护和管理,维护企业品牌形象和声誉。

三、风险控制

任何商业策略的实施都伴随着一系列风险,品牌增值法也不例外。针对该策略,我们主要面临四大类风险:市场风险、法律风险、财务风险与实施风险。

1. 市场风险。

品牌增值法的成功与否很大程度上取决于市场接受度。新的市场趋势、竞争对手的策略调整或消费者需求的突然变化都可能影响到品牌增值法的效果。

2. 法律风险。

在提升品牌价值的过程中,可能涉及知识产权、商标、广告等多个法律领域,一旦处理不慎,便可能陷入法律纠纷。

3. 财务风险。

品牌增值法往往需要大量的资金支持,包括市场调研、广告推广、品牌活动等多方面的费用。如果资金筹措或使用不当,可能引发严重的财务问题。

4. 实施风险。

品牌增值法的实施涉及多个部门和团队的协同合作。如果内部沟通不畅或项目管理不善,可能导致实施效果大打折扣。

总体来说,虽然品牌增值法在实施过程中面临诸多风险,但通过科学的风险识别和管理机制,我们可以有效降低这些风险的影响,确保品牌价值的持续提升。

四、实施效果评估

为确保品牌增值法的实施效果,应采取一套综合、系统的评估方法,对多个关键指标进行定期跟踪和分析。这些指标不仅涵盖了品牌的外部表现,如知名度和美誉度,还包括了内部的经济效益,如产品销售额和利润率。

1. 品牌知名度和美誉度。通过市场调查和数据分析,确认品牌增值法是否对提高品牌知名度和美誉度具有显著效果。以某公司旗下的“卓越先锋”产品为例,实施品牌增值法后,其知名度从原先的4.5%提升到了11.3%,美誉度也从2.4%增长至9.8%。这表明品牌价值传递策略成功地吸引了消费者的关注并赢得了他们的好感。

2. 产品销售额和利润率。要通过分析评估确认自实施品牌增值法以来,产品销售额和利润率是否呈现稳步增长。例如,某公司“卓越先锋”产品的销售额增长了8%,而利润率则提升了15%。这一增长趋势在多个产品线中均有所体现,证明了品牌增值法对整个产品组合的销售和盈利能力具有积极影响。

3. 市场份额和竞争力。实施品牌增值法后要通过分析评估,确认产品在市场中的份额和竞争力是否得到了有效提升。以“卓越先锋”产品为例,其市场份额从3%增加到了6.2%,在同类产品中排名也上升了15位。这表明品牌增值法不仅提升了其品牌形象,还增强了其在市场中的竞争优势。

4. 客户满意度和忠诚度。要通过定期的客户满意度和忠诚度调查,分析品牌增值法对提升客户满意度和忠诚度是否产生效果。例如,某公司在实施该策略后,客户满意度指数从70%提升到了95%,客户忠诚度也从30%增长到了46%。这一改善在客户反馈和重复购买率等方面得到了进一步验证,显示出品牌增值策略深受消费者欢迎。为确保数据的准确性和客观性,建议采用先进的统计分析工具,对收集到的数据进行综合处理和分析。同时,还可以邀请行业专家和第三方机构参与评估过程,以确保评估结果的公正性和专业性。

5. 合作伙伴关系和资源整合。通过与合作伙伴的深入沟通和协作,可以成功地整合各方优势资源,为品牌增值提供有力支持。同时,合作伙伴对企业的认可度和合作意愿也会显著提升,为企业的可持续发展奠定坚实基础。

综上所述,正确实施品牌增值法,将在提升品牌知名度、美誉度,产品销售额、利润率、市场份额、竞争力以及客户满意度和忠诚度等方面取得显著成效。

五、典型案例

典型案例1 ▶▶

奇瑞汽车：塑造品牌之魂　领航中国乘用车市场

奇瑞汽车股份有限公司(以下简称“奇瑞汽车”)自1997年成立以来,通过持续的自主创新和品牌建设,实现了从国内市场到国际市场的跨越,成为中国品牌乘用车的领军企业。奇瑞汽车品牌建设和增值策略的成功实践,为中国乃至全球的汽车企业提供了宝贵的经验。

奇瑞汽车自成立之初便确立了自主创新的发展战略,通过不断的技术研发和产品升级,奇瑞汽车逐步建立起了完整的技术和产品研发体系。截至目前,奇瑞汽车已累计销售整车900万辆,出口超过170万辆,连续18年保持中国品牌乘用车出口销量第一位。公司在全球范围内建有多个生产及KD基地,并在芜湖、上海、欧洲、北美、巴西等地布局研发中心。

1. 品牌形象塑造。奇瑞汽车在品牌形象塑造上,注重将自主创新和国际化战略相结合。通过推出艾瑞泽、瑞虎、EXEED星途等系列产品,奇瑞汽车不仅满足了国内消费者的需求,也成功打入国际市场。奇瑞汽车的品牌形象逐渐从“中国制造”向“中国智造”转变,提升了品牌的国际形象和认知度。

2. 品牌价值提升。奇瑞汽车通过持续的技术创新和产品升级,提升了品牌的核心竞争力。公司拥有超过5000名专业研发人员,其中包括1200多名高层次人才。这些人才的加入,为奇瑞汽车的技术创新和产品研发提供了强有力的支持。此外,奇瑞汽车还注重知识产权的保护,已拥有专利技术18000多项,这些都为品牌价值的提升奠定了坚实的基础。

3. 持续性投入与长期规划。奇瑞汽车将品牌建设纳入企业的长期发展战略中,持续性地投入资源于品牌建设。从一期工程的17.52亿元人民币投资到三期工程的全面竣工,奇瑞汽车的生产能力不断提升,这些都是对品牌长期发展的投入和规划的体现。

4. 加强与消费者的互动沟通。奇瑞汽车注重与消费者的互动沟通,通过线上线下多种渠道及时了解市场需求和消费者反馈。公司通过社交媒体、官方网站、车展等多种方式与消费者进行互动,及时收集市场信息,调整品牌策略,以满足消费者的需求。

5. 奇瑞汽车品牌增值效果分析。

(1) 品牌溢价效应。奇瑞汽车通过品牌增值法策略,成功实现了品牌溢价。以EXEED星途为例,该品牌定位于高端市场,通过高品质和高性能的产品特性,成功吸引了高端消费者群体,实现了产品的品牌溢价。

(2) 市场份额提升。奇瑞汽车的市场份额持续增长。根据相关数据显示,奇瑞汽车在中国乘用车市场的份额稳步提升,在国际市场上也取得了显著的成绩。品牌的国际化战略使得奇瑞汽车在全球80多个国家和地区拥有销售网络,品牌的全球影响力不断扩大。

(3) 经济效益的提升。品牌增值法策略的实施,为奇瑞汽车带来了显著的经济效益。公司的销售收入和利润均呈现出稳定增长的趋势。品牌影响力的提升也为公司赢得了更多的市场机会和合作伙伴,为公司的长远发展提供了强有力的支持。

奇瑞汽车通过品牌增值法策略的成功实践,不仅提升了自身的品牌价值和市场竞争力,也为中国汽车品牌的国际化提供了可借鉴的经验。奇瑞汽车的案例证明,品牌增值法是提升企业经济效益的有效途径。未来,奇瑞汽车将继续坚持自主创新,深化品牌建设,加快新能源和智能化转型,推动中国汽车品牌走向世界。

典型案例2▶▶

明光浩淼安防：铸就"皖美品牌"高端制造典范

当我们提及消防行业的领军企业，明光浩淼安防科技股份公司（以下简称"明光浩淼"）无疑是其中的佼佼者。这家坐落于安徽的企业，不仅在国内消防市场占有一席之地，更在国际舞台上展现出了中国制造的魅力。而它成功的背后，离不开一种被称为"品牌增值法"的策略。这不仅仅是一种策略，更是一种艺术，一种将品牌形象、价值、市场份额和经济效益紧密结合并不断提升的过程。

明光浩淼的品牌发展历程，堪称一部充满挑战与创新的奋斗史。从最初的小规模生产，到如今的高端制造业品牌，每一步都凝聚了浩淼人的汗水和智慧。其中，核心技术的持续创新和研发，无疑是品牌增值的关键。

遥控消防车、涡喷灭火装置、消防车智能控制技术等。在消防行业中广受认可的创新技术，都是明光浩淼的引以为傲的成果。它们不仅填补了国内的空白，更在世界范围内达到了领先水平。每一项技术的背后，都是浩淼人对完美的追求和对质量的坚守。这些技术的研发和应用，不仅使得明光浩淼的产品在性能和质量上有了质的飞跃，更为品牌赢得了无数的荣誉和口碑。

但是，明光浩淼并没有因此而满足。他们深知，品牌的增值是一个持续不断的过程，需要长期的投入和努力。因此，他们将品牌建设纳入企业的发展战略规划，从顶层设计开始，确保每一步都走得稳健而有力。

ISO9001、环境管理体系、职业健康安全管理体系的认证，以及国家消防评定中心的3C认证等，都是对明光浩淼品牌质量的有力保证。它们代表着浩淼人对品质的执着追求，也代表着他们对消费者的庄严承诺。而国家级"守合同·重信用"单位、国家高新技术企业等荣誉称号的获得，更是对明光浩淼品牌形象和社会认可度的进一步提升。

在品牌增值的过程中,明光浩淼始终坚持以客户需求为导向。他们深知,只有真正了解消费者的需求,才能生产出符合市场需求的产品,才能赢得消费者的心。因此,他们建立了完善的售后服务体系,为用户提供及时有效的售后服务保障工作。这种对消费者的深度服务,不仅增强了消费者对品牌的忠诚度,更为品牌赢得了无数的赞誉和口碑。

品牌的推广和传播是明光浩淼品牌增值法中的关键环节。他们积极参加国内外各类展会和交流活动,与同行交流学习,展示最新的产品和技术成果。这不仅提升了品牌在国际市场的影响力,更为明光浩淼带来了无数的商机和合作伙伴。同时,他们还通过媒体宣传、网络营销等多种渠道进行品牌推广,让更多的人了解明光浩淼,认识明光浩淼,爱上明光浩淼。

值得一提的是,明光浩淼作为安徽省的“皖美品牌”高端制造业品牌培育企业,更是肩负着推动安徽制造业品牌发展的重任。他们以实际行动践行着“皖美品牌”的核心理念,为安徽制造业的转型升级和品牌建设贡献着自己的力量。

总的来说,明光浩淼安防科技股份公司的品牌增值法实践是一个综合性的、系统性的工程。它涉及产品质量的提升、核心技术的研发、品牌形象的塑造、消费者关系的维护等多个方面。这种全方位、多层次的品牌增值策略使得明光浩淼在激烈的市场竞争中脱颖而出,实现了品牌价值和市场份额的持续提升。而他们的成功经验也为其他企业提供了宝贵的借鉴和启示——只有持续不断地进行品牌增值投入,努力提升品牌形象和价值,加强与消费者的互动沟通,才能实现企业的长远发展。

未来,我们有理由相信明光浩淼会继续在消防行业乃至更广阔的领域中书写新的辉煌篇章。他们的成功不仅仅是个例,更是中国制造业崛起的一个缩影。让我们期待着明光浩淼在未来引领行业发展,为中国制造业贡献更多力量。

典型案例3 ▶▶

江苏恒力集团：品牌增值之道　铸就国际行业领导地位

品牌是企业核心竞争力的重要组成部分。江苏恒力集团作为一家以炼油、石化、聚酯新材料和纺织全产业链发展的国际性企业，凭借其强大的品牌实力，成功跻身世界500强，位列第123位，并连续多年获"中国驰名商标""全国用户满意产品"等殊荣。

（一）坚守实业，全产业链发展夯实品牌基础

恒力集团自成立以来，始终坚守实业，立足于自身产业链的发展与完善。通过全产业链的整合与优化，恒力集团在炼油、石化、聚酯新材料和纺织等领域均取得了显著成就。这种全产业链的发展模式，不仅提高了企业的运营效率，降低了成本，更重要的是为品牌的塑造提供了坚实的产业基础。多年来，"恒力"品牌凭借持续成长的企业规模、突出的行业贡献和社会贡献，赢得了世界和专家的一致认可。恒力集团2022年总营收达6117亿元，位列世界500强第123位、中国企业500强第36位、中国民营企业500强第3位、中国制造业企业500强第7位，获国务院颁发的"国家科技进步奖"和"全国就业先进企业"等奖项。

（二）创新引领，科技研发提升品牌含金量

恒力集团深知创新是企业发展的核心动力，因此始终坚持自主创新，不断提升核心竞争能力。集团成立"恒力国际研发中心"和"恒力产学研基地"，聘请国际资深专家，组成研发团队，为企业进行高端差别化产品的研发。截至目前，恒力集团已承担国家级、省级以及行业协会的重大科技计划项目60多项，自主研发聚酯纤维关键技术获"国家科技进步奖"。这些科研成果的取得，不仅提升了企业的技术水平，更增加了品牌的含金量。"恒力"品牌自2018年首次上榜"世界品牌500强"以来，6年间排名累计上升70位，充分展现了其品牌

影响力、市场占有率、品牌忠诚度和全球领导力正在持续提升。

（三）环保先行，绿色生产彰显品牌责任

在全球环境问题日益严重的今天，企业的环保责任越来越受到关注。恒力集团注重环境保护，节能减排工作取得了重大成果。集团通过了 ISO 环境管理体系认证和欧洲绿色环保认证，并率先在全国同行业中实施中水回用工程，建成国家级绿色工厂。这些举措不仅降低了企业的生产成本，提高了资源利用效率，更彰显了恒力集团作为行业领导者的环保责任和社会担当。恒力还先后被评为“中国化纤行业环境友好企业”“全国纺织工业先进集体”“国家知识产权示范企业”“全国企业文化建设先进单位”，多项产品荣获“中国驰名商标”“全国用户满意产品”等称号。

（四）市场导向，国际化战略拓展品牌影响力

恒力集团坚持市场导向，积极开拓国内外高端市场。通过实施国际化战略，恒力集团成功将品牌推向全球市场，提高了品牌的国际知名度。同时，集团积极参加国际行业交流活动，与国际知名企业建立合作关系，进一步提升了品牌的国际影响力。

（五）文化传承，企业精神凝聚品牌力量

品牌不仅仅是产品或服务的标识，更是一种文化的传承和精神的凝聚。恒力集团在发展过程中，形成了独特的企业文化和精神内涵。这种文化和精神不仅激励着员工为企业的发展贡献力量，更成为品牌力量的重要来源。恒力集团通过开展各种文化活动和社会公益事业，积极传播企业文化和精神内涵，进一步增强了品牌的凝聚力和影响力。

展望未来，恒力集团将继续坚持全产业链发展、创新引领、环保先行、市场导向和文化传承等品牌战略。同时，面对品牌的全球化竞争和快速变化的市场环境，恒力集团将积极探索品牌多元化发展、提升品牌竞争力等新的品牌增值法策略。通过持续的创新和努力，恒力集团将不断巩固其在行业中的领导地

位,并向着“世界一流品牌”的目标迈进。

总之,恒力集团通过实施品牌增值法策略,成功塑造了强大的品牌形象,提升了品牌价值,增加了产品附加值和市场竞争力,实现了企业经济效益的提升和行业领导地位的巩固。其成功的经验值得其他企业学习和借鉴。展望未来,恒力集团将继续发挥品牌优势,推动创新发展,为全球经济繁荣做出更大贡献。

典型案例4▶▶

浙江森马服饰:品牌力量驱动　时尚界的增值典范

浙江森马服饰股份有限公司作为中国服装市场的佼佼者,连续多年跻身中国服装行业利润、销售前十强和中国民营企业500强。2020年,公司更是首次入围《财富》中国500强。2023年,森马集团再度荣登“2023浙江省百强企业”“2023浙江省制造业百强企业”榜单,分别列第70位、第44位。辉煌背后,离不开其精湛运用品牌增值法策略。

(一)品牌塑造:从无到有,从有到优

自创立以来,森马就明确了其品牌定位——专注于多品牌服饰运营,以“虚拟经营”为特色。通过深耕国内休闲服和童装领域,森马成功塑造了“森马”和“巴拉巴拉”两大核心品牌。其中,“森马”寓意着年轻、时尚、活力,而“巴拉巴拉”则是专为儿童打造的可爱、舒适、安全的品牌。

为了进一步提升品牌价值,森马采用了多品牌矩阵策略。通过收购、合作、代理、自营等方式,构建了覆盖不同消费层级、不同消费年龄、不同消费场景的多品牌矩阵。如今,森马的品牌在全球的终端店铺已经超过8000家,这一数字仍在不断增长。

(二)品质保证:精益求精,始终如一

品质是品牌的基石。森马深知这一点,因此在产品品质上始终精益求精。从面料选择到制作工艺,从设计创新到生产流程,森马都严格把控,确保每一件

产品都能达到甚至超越消费者的期望。这种对品质的不懈追求,让森马赢得了消费者的信任和口碑,也为品牌的持续发展奠定了坚实基础。

(三)品牌营销:创新引领,与时俱进

在品牌营销方面,森马同样不遗余力。通过广告宣传、线上线下活动、代言人等多种方式,森马成功地使品牌形象深入人心。同时,森马还积极拥抱新技术、新媒体,利用大数据、人工智能等技术手段,实现精准营销和个性化服务,进一步提升品牌影响力。

(四)社会责任:回馈社会,共享价值

在品牌增值的过程中,森马始终坚持"小河有水大河满"的共赢文化理念。除了追求经济效益外,森马还积极履行社会责任,热心社会公益事业。截至目前,森马已通过集团公司累计向社会捐款捐物总价值超6亿元人民币,通过产业链的整合与再造为社会提供20万个就业岗位。这种积极承担社会责任的做法,不仅提升了森马的品牌形象和社会声誉,也为企业赢得了更多的支持和认可。

面向未来,森马将继续坚持品牌增值法的策略。其通过聚焦主业、坚守实业、立足品牌、坚持创新的方式来完成企业"平台化、立体化、数字化、国际化、柔性化"的发展,努力把森马打造成为一家全球领先的时尚服务提供商和受人尊敬的社会公众企业,实现"千亿森马"的发展目标。同时,森马还将继续积极履行社会责任,推动企业与社会的和谐发展。森马的快速发展,在行业内被誉为创造了"森马速度"和"巴拉巴拉奇迹"。

浙江森马服饰股份有限公司的品牌增值法策略为我们提供了一个成功范例。通过塑造品牌形象、提升品牌价值以及积极履行社会责任等方式,企业经济效益可以得到有效提升并实现持续发展。我们相信森马将继续以其强大的品牌力量和创新精神引领中国服装行业走向更加辉煌的未来。同时,我们也期待更多的企业能够效仿森马,注重品牌建设和管理,不断提升自身的核心竞争

力和市场影响力,为行业发展和社会进步做出更大的贡献。

典型案例5▶▶

上海电气:品牌增值引领　电气行业的创新先锋

上海电气作为全球领先的工业绿色智能系统解决方案提供商,通过塑造品牌形象、提升品牌价值,不断增加产品附加值和市场竞争力,实现了企业经济效益的显著提升。

(一)品牌增值策略

上海电气在品牌增值方面采取了一系列有效的策略,主要包括塑造品牌形象、提升品牌价值、增加产品附加值和提升市场竞争力。一方面,上海电气聚焦高端、智能、绿色的发展方向,以科技赋能推动中国及全球工业高质量发展,为人类美好生活创造绿色可持续价值。另一方面,公司深耕高端装备主业,抓住培育发展新动能的重要战略机遇期,不断提升产品的技术含量和附加值。同时,上海电气通过积极拓展多能互补及一体化业务,构建全球新型电力系统和零碳产业园区,不断提升产品的绿色环保属性,增加产品的市场吸引力和附加值。此外,上海电气秉承“开放协同、合作共赢”的理念,与70多家世界一流企业携手合作,共同推动全球创新与绿色可持续发展,进一步提升品牌的国际影响力和竞争力。

(二)品牌实力

上海电气作为中国动力工业的摇篮,拥有120多年的历史,积累了丰富的工业基因和创新的品牌范式。为更好地弘扬电气工程师文化和工匠精神,营造“科技赋能产业健康发展”的文化氛围,在“十四五”战略的指引下,集团重新梳理并诠释了上海电气的企业文化和品牌理念,为高质量发展凝聚强大的内生动力。公司在智慧能源、智能制造、数智集成三大业务领域取得了显著成绩,产品涵盖发电设备、输配电设备、重型装备、电梯、机床、印刷包装机械、轨道交通设备、环保设备等多个领域,形成了设备总成套、工程总承包和现代装备综合服务的能力。此外,上海电气在智慧能源领域打造了风光储氢多能互补和源网荷储一体化解决方案,在智能制造领域提供锂电产线、数字医疗、轨道交通及通用装备系统解决方案,在数智集成领域成为新能源汽车产业链、大飞机产业链、现代船舶产业链及数字化解决方案提供商。这些实力的展现为上海电气的品牌增值提供了坚实的基础。

(三)市场表现

上海电气在市场表现方面取得了显著成绩。据世界品牌实验室主办的亚洲品牌大会发布的2023年“亚洲品牌500强”榜单显示,上海电气位列第92位。公司已连续8年跻身亚洲品牌500强,品牌价值达1725.81亿元,稳居中国机械行业榜首。这不仅得益于其极具韧性的工业基因和创新的品牌范式,更充分展现了上海电气在品牌价值和市场竞争力方面的显著提升。

综上所述,上海电气通过塑造品牌形象、提升品牌价值,不断增加产品附加值和市场竞争力,实现了企业经济效益的显著提升。公司的品牌增值策略、品牌实力和市场表现均展现出了显著的成功经验,为其他企业在品牌增值方面提供了有益的借鉴和启示。

六、总结与展望

品牌增值法通过全面提升企业品牌价值和核心竞争力,实现品牌溢价和市场份额提升。实施过程中,企业应注重品牌建设的长期性和持续性投入,将品牌建设纳入企业发展战略规划。同时要加强与消费者互动沟通,及时了解市场需求变化,调整品牌策略,满足消费者需求。

展望未来,品牌增值法将在更多工业企业中得到应用和推广,也为未来的品牌发展提供有力保障,为企业的转型升级和高质量发展提供有力支撑。

第 8 章　兼并重组法

新质生产力由技术革命性突破、生产要素创新性配置、产业深度转型升级而催生。兼并重组既是生产要素创新性配置的方式之一，也是企业发展壮大的重要途径。实施“兼并重组法”的策略，可以帮助企业实现规模化、集约化、高效化发展，提升整体经济效益。

一、理论依据

1. 规模经济理论。规模经济理论认为，随着企业规模的扩大，生产成本会降低，效益会提高。兼并重组可以实现企业的规模化发展，降低成本，提高效率。

2. 协同效应理论。协同效应理论认为，企业兼并重组后可以产生协同效应，即合并后的企业整体效益大于原来各自独立的企业效益之和。通过资源共享、优势互补、业务整合等方式，实现企业的快速发展。

3. 交易费用理论。交易费用理论认为，企业兼并重组可以降低交易费用，提高资源配置效率。通过内部化市场交易，减少中间环节，降低交易成本，提高企业竞争力。

4. 多元化经营理论。多元化经营理论认为,企业通过兼并重组可以实现多元化经营,降低经营风险。通过进入新的市场、拓展新的业务领域,提高企业抵御市场风险的能力。

二、实施步骤

在当今的商业环境中,兼并重组已被视为企业发展战略的重要组成部分。无论是为了拓展市场份额,获取技术优势,还是实现资源的最优配置,一个精心策划和执行的兼并重组计划都显得尤为重要。

1. 目标筛选与定位。任何兼并重组活动的起点都是明确战略目标。企业应根据自身的发展战略、市场定位以及所处行业的特点,筛选出可能的兼并重组目标。在此过程中,同行业或相关行业的优质企业通常会被优先考虑,因为这种类型的兼并更可能实现资源共享、优势互补以及市场协同效应。

2. 尽职调查。尽职调查是兼并重组过程中不可或缺的一环。通过专业团队对目标企业进行全方位、多维度的调查,确保信息的准确性和完整性。这一步骤要求对目标企业进行详尽、深入的调查,涵盖财务状况、经营绩效、市场前景、技术实力等各个方面。同时,对目标企业的法律风险、管理风险以及潜在负债进行评估也是非常重要的,这将直接影响到交易的结构设计和定价策略。

3. 价值评估。准确评估目标企业的价值是确保兼并重组成功的基础。评估过程中,运用多种估值工具和模型,结合市场情况和目标企业特点,制定科学合理的估值和定价策略。需要综合考虑市场价格、市盈率、市净率等多种指标,并结合目标企业的增长潜力、行业地位等因素,以确定一个合理且被市场接受的交易价格。

4. 方案设计。在充分了解目标企业并完成价值评估后,接下来是设计具体的兼并重组方案。这一方案应包括交易结构、支付方式(如现金、股权或混合支付)、融资安排以及潜在的风险控制措施。方案的设计需要确保交易的合法合规性，同时也要考虑到未来企业的运营效率和股东利益。要根据双方需求和市场环境，设计灵活多样的交易结构，使交易效益最大化并降低风险。

5. 谈判与签约。兼并重组方案的最终确定通常需要通过与目标企业进行多轮的谈判来实现。双方将在交易价格、交易结构、管理层安排等众多细节上进行磋商。一旦达成一致，双方将签订正式的兼并重组协议，明确各自的权利和义务，确保交易的法律效力和可执行性。

6. 实施整合。交易完成后，兼并重组进入整合阶段。这一阶段涉及业务整合、人员整合以及企业文化整合等多个方面，目的是确保合并后的企业能够迅速形成合力，确保合并价值的最大化，实现预期的协同效应和规模经济效益。

7. 持续监控与评估。兼并重组并非一锤子买卖，合并后的企业需要持续的监控和评估以确保实现预期的经济效益和社会效益。这包括定期评估合并后的业务表现、市场份额、客户满意度等关键指标，并根据市场变化和企业发展需要，及时调整和优化运营策略。

兼并重组是一项复杂而系统的工程，需要企业在战略规划、尽职调查、价值评估、方案设计、谈判签约、实施整合以及持续监控等各个环节都保持高度的专业性和精细化操作。只有这样，才能确保兼并重组活动的成功并为企业创造长期价值。

三、风险控制

在企业进行兼并重组的过程中，多种风险伴随而来。这些风险不仅可能影响到兼并重组的顺利进行，还可能对企业的未来发展造成严重影响。因此，对于这些风险的认识和有效控制显得尤为重要。

1. 法律风险。

兼并重组涉及的法律法规繁多，包括但不限于公司法、证券法、反垄断法、劳动法、知识产权法等。企业在兼并重组过程中若对相关法律法规了解不足或操作不当，很容易触犯法律，导致兼并重组失败，甚至面临巨大的法律责任。

为降低法律风险，企业应在兼并重组前对相关法律法规进行深入研究和分析，确保自身的行为合法合规。同时，聘请专业的律师团队进行法律尽职调查和风险评估是必不可少的环节。律师团队将帮助企业识别潜在的法律问题，并提供解决方案，从而确保兼并重组的顺利进行。

2. 财务风险。

兼并重组往往涉及大量的资金流动和复杂的融资安排。若企业对目标企业的财务状况了解不足或融资方案设计不合理，可能导致资金链断裂、债务危机等财务风险。

为降低财务风险，企业应对目标企业的财务报表进行深入分析，了解其资产、负债、现金流等财务状况。同时，制定合理的融资方案和支付方式也是关键。企业可根据自身实际情况选择现金支付、股权支付或混合支付等方式，并确保融资来源的稳定和可靠。

3. 整合风险。

兼并重组完成后，企业需要对目标企业进行整合工作，包括管理整合、文化整合、人力资源整合等。若整合工作不到位，可能导致企业内部矛盾激化、员工流失、业绩下滑等。

为降低整合风险，企业应制定合理的整合计划和实施方案。这包括明确整合目标、制定详细的整合计划、设立专门的整合工作小组等。同时，加强人员培训和文化融合也是关键。通过培训，提高员工的专业技能和素质；通过文化融合，促进不同背景的员工之间的相互理解和合作，从而确保整合工作的顺利进行。

4. 市场风险。

兼并重组完成后，企业面临的市场环境可能发生变化。新的市场环境下，企业可能面临市场份额减少、竞争加剧、客户需求变化等市场风险。

为应对市场风险,企业应对市场环境进行深入分析和预测。这包括了解行业发展趋势、分析竞争对手情况、调研客户需求等。在此基础上,企业应制定合理的市场策略和产品定位。例如,通过产品创新、营销策略调整等方式,提高企业的市场竞争力,抢占市场份额。

总之,兼并重组过程中的风险控制对于企业来说至关重要。企业应对各种潜在风险有充分的认识,并采取相应的控制策略以降低风险。通过专业的法律尽职调查、财务评估、整合计划和市场策略制定等措施,企业将能够确保兼并重组的顺利进行并实现预期目标。同时,建立健全的风险管理机制和持续的风险监控体系也是保障企业长期稳定发展的重要环节。

四、实施效果评估

为确保兼并重组法的实施效果,对其经济效益和市场份额变化进行定期评估与分析至关重要。这不仅可以为政策制定者提供有价值的反馈,还可为企业决策者提供战略调整的参考。

1. 经济效益提升情况。

在评估兼并重组的经济效益时,应综合考虑多个财务指标。营业收入是一个直观的指标,可以反映企业规模的扩大和市场份额的增加。通过比较兼并重组前后的营业收入数据,可以清晰地看到这一策略是否有助于提升企业的营收能力。

利润总额则反映了企业在扣除各种成本和费用后的盈利水平。兼并重组通常伴随着成本的优化和资源的整合,因此,利润总额的增长可以说明兼并重组在提升盈利能力方面的作用。

净资产收益率(ROE)是反映股东权益收益水平的重要指标。通过比较兼并重组前后的 ROE 变化,可以判断该策略是否为股东创造了更多的价值。

除了上述几个主要指标外,还可以关注如现金流状况、成本控制、资产周转率等方面的变化,以全面评估兼并重组对企业经济效益的影响。

2. 市场份额变化情况。

市场份额的变化是评估兼并重组成功与否的另一个重要维度。市场占有率直接反映了企业在市场中的竞争地位。通过市场调查和数据分析,可以追踪企业在兼并重组前后的市场占有率变化,进而判断该策略是否有助于提升企业的市场地位。

客户数量的增减也是市场份额变化的一个直观体现。兼并重组可能会带来品牌影响力的提升或产品线的扩展,从而吸引更多的客户。因此,客户数量的增长可以作为兼并重组成功的一个标志。

对竞争对手情况的分析同样不可忽视。通过观察竞争对手的反应,可以间接判断兼并重组是否改变了市场格局和竞争态势。例如,竞争对手可能会采取有针对性的市场策略来应对兼并重组带来的市场变化。

在评估市场份额变化时,还可以结合市场调研数据、消费者满意度调查等信息,以获得更全面和深入的了解。

总之,定期对兼并重组法的实施效果进行评估和分析,不仅可以及时发现和解决问题,还可以为未来的战略规划和决策提供有价值的参考。经济效益和市场份额作为两个核心评估维度,应得到足够的重视和关注。通过综合运用各种评估工具和方法,我们可以更准确地衡量兼并重组策略的实际效果,进而为企业的持续发展提供有力支持。

同时,值得注意的是,兼并重组的成功不仅仅取决于经济效益和市场份额的提升,还与企业文化的融合、组织结构的优化、人力资源的整合等多方面因素密切相关。因此,在评估过程中,还应综合考虑这些非财务因素的变化情况,以确保评估结果的全面性和准确性。

五、典型案例

典型案例1▶▶

铜陵金泰化工：兼并重组助推产业升级新篇章

金泰化工，作为一家专注于精细化工产品制造的企业，通过兼并重组这一战略手段，成功实现了产业升级和效益提升。

金泰化工是由铜陵有色金属（集团）公司、安徽省科技产业投资有限公司、合肥市高科技风险投资有限公司等7个法人单位和17位自然人共同出资组建的有限责任公司。自成立以来，金泰化工一直致力于精细化工产品的研发、生产和销售，凭借过硬的产品质量和良好的市场口碑，逐渐在化工行业中崭露头角。

然而，随着市场竞争的加剧和行业发展的需求，金泰化工也面临着越来越多的挑战。一方面，企业需要不断扩大产能，以满足市场日益增长的需求；另一方面，企业也需要不断延伸产品线，提高产品的附加值，以增强市场竞争力。为了应对这些挑战，金泰化工决定实施兼并重组策略。

兼并重组是一种通过资源整合实现企业快速发展的战略举措。通过兼并重组，企业可以迅速扩大规模，提高市场份额，增强核心竞争力。同时，兼并重组还可以帮助企业实现资源共享、优势互补，提高整体运营效率。

金泰化工的兼并重组之路并非坦途。在实施兼并重组之前，企业需要进行充分的市场调研和风险评估，以确定合适的兼并重组对象。同时，企业还需要与兼并重组对象进行深入的谈判协商，就价格、支付方式、资产交割等关键问题达成一致。在这个过程中，金泰化工充分展现了其敏锐的市场洞察力和强大的谈判能力。

经过一番努力，金泰化工最终与铜陵有色金属集团签署了资产转让协议。

根据协议,金泰化工以3068.32万元的价格,收购了铜陵有色金属集团位于滨江大道以东、翠湖六路以南的一宗工业用途国有建设用地使用权。这一兼并重组案例的成功实施,不仅为金泰化工带来了宝贵的土地资源,更为企业未来的发展奠定了坚实的基础。

通过兼并重组,金泰化工的生产能力得到了显著提升。企业利用新增的土地资源,迅速扩大了生产规模,建设了新的生产线。这些新的生产线不仅增加了公司的产品种类,还提高了产品的附加值。例如,金泰化工新开发的年产500吨碳酸二苯酯、年产1000吨六亚甲基-1,6-二异氰酸酯、年产3000吨聚碳酸酯等项目,均为高附加值产品,具有广阔的市场前景。

除生产能力的提升外,兼并重组还为金泰化工带来了其他诸多好处。首先,兼并重组使金泰化工得以进入新的市场领域,扩大了企业的市场份额。通过与铜陵有色金属集团的合作,金泰化工得以利用其丰富的客户资源和销售渠道,将产品销往更广泛的市场区域。其次,兼并重组使金泰化工得以实现资源共享和优势互补。金泰化工与铜陵有色金属集团在技术研发、生产管理、市场营销等方面进行了深入的合作与交流,实现了资源的共享和优势的互补,提高了整体运营效率。最后,兼并重组还为金泰化工带来了品牌效应和协同效应。通过与铜陵有色金属集团的合作,金泰化工的品牌知名度和美誉度得到了提升,同时也产生了良好的协同效应,推动了企业的快速发展。

值得一提的是,金泰化工在实施兼并重组的过程中,始终注重环保和安全生产。企业在新建生产线时,严格按照国家环保法规和标准进行设计和施工,确保生产过程中的废水、废气、废渣等污染物得到有效处理,实现达标排放。同时,企业还加大了对安全生产的投入和管理力度,建立了完善的安全生产管理体系和应急预案机制,确保员工的人身安全和企业的财产安全。

总之,金泰化工通过兼并重组实现了产业升级和效益提升。这一成功案例不仅为其他企业提供了宝贵的借鉴经验,也为我国化工行业的发展注入了新的活力和动力。展望未来,我们期待金泰化工在兼并重组的道路上砥砺前行,为我国化工行业的发展做出更大贡献。

典型案例2▶▶

安徽金百合医疗：重组之路　共铸辉煌

在当今全球化和市场经济环境下,企业兼并重组作为一种高效的经济活动,已成为推动企业快速发展的重要战略手段。安徽金百合医疗器械有限公司(以下简称金百合)便是这一战略手段的杰出实践者,其通过兼并重组,实现了从传统经营到现代化、高效化、科技化转型的辉煌历程,成为行业内公认的成功典范。

金百合的前身是良润医疗器械(明光)有限公司,一家因经营理念守旧、管理体系落后而面临困境的台资企业。然而金百合的决策者王召伟凭借其敏锐的市场洞察力和前瞻性的战略眼光,看到了这家企业潜在的巨大价值。于是,金百合果断出手,通过兼并重组的方式,将这家企业纳入了自己的版图。

兼并重组后的金百合并没有满足于现状,而是对原有企业进行了全面的改革和升级。首先,金百合对原有企业的定位进行了重新调整,明确了以制造智能化、数字化高科技康复产品为主的发展方向。这一战略定位的转变,使得金百合的产品更加符合市场需求,为公司的后续发展奠定了坚实的基础。

在明确了发展方向后,金百合开始对原有企业的管理模式进行创新。他们引入了阿米巴管理模式,这是一种以各个阿米巴(SBU)的领导为核心,让其自行制定各自的计划,并依靠全体成员的智慧和努力来完成目标的管理方式。阿米巴管理模式的引入,极大地激发了员工的工作热情和创造力,使得整条生产线的生产效率得到了显著提升。据统计,阿米巴管理模式的实施,使得金百合的生产效率提升了四成,年产值同比增长了568.7%,这一成绩在行业内堪称翘楚。

除管理模式的创新外,金百合还非常重视人才的培养和引进。他们深知,人才是企业发展的核心动力。因此,金百合整合了优势资源,设立了专门的研发部门,并投入大量资金用于人才的引进和培养。通过这一系列举措,金百合成功吸引了一批高素质的研发人才,为公司的产品研发提供了强有力的人才保障。

在人才培养方面,金百合注重与国内外知名高校和研究机构开展深度合作与交流,通过产学研相结合的方式,不断提升自身的研发能力和技术水平。这种开放式的合作模式,使得金百合的产品在技术上始终保持领先地位,为公司赢得了良好的市场口碑和竞争优势。

同时,金百合还非常注重产品的质量和品质。他们深知,只有高品质的产品才能赢得市场的认可和消费者的信赖。因此,金百合在产品质量控制方面投入了大量的人力和物力,建立了完善的质量管理体系和先进的检测手段。通过这一系列举措,金百合的产品质量得到了显著提升,先后获得了 CE 认证和美国 FDA 认证等多项国际认证,为公司的产品出口和国际化战略奠定了坚实的基础。

在财务管理方面,金百合也进行了全面的改革和提升。他们引入了全面预算管理的方式,对公司的各项支出进行了严格的预算和控制。通过建立自上而下的预算编制体系和加大预算执行监督力度,金百合实现了精细化的管控要求,为公司的经济效益提升提供了有力的保障。

通过这一系列的操作和改革,金百合成功实现了规模化、集约化、高效化的发展目标,整体经济效益得到了显著提升。公司的产品在市场上供不应求,订单量持续增长,市场份额不断扩大。同时,公司的研发创新能力也得到了显著提升,新产品不断推出,为公司的发展注入了新的活力。

金百合的成功案例不仅在行业内引起了广泛关注,也受到了政府和社会各界的高度认可。公司入选明光市“亩均论英雄综合效益‘二十强’工业企业”,

公司产品也获得了“安徽省第七届工业设计大赛优秀奖”“2021年度首届安徽省生命健康产业创新大赛二等奖”等多项荣誉。这些荣誉的获得,不仅是对金百合过去努力的肯定,也是对公司未来发展的鼓励和期许。

回顾金百合的兼并重组历程,我们可以发现,其成功的关键在于前瞻性的视野、创新的思维方式和精细化的管理水平。首先,金百合的决策者具有敏锐的市场洞察力和前瞻性的战略眼光,能够准确把握市场变化和行业发展趋势,为公司的兼并重组提供了有力的决策支持。其次,金百合注重管理模式的创新和人才培养的引进,通过阿米巴管理模式的引入和产学研结合的合作方式,激发了员工的工作热情和创造力,提升了公司的研发能力和技术水平。最后,金百合注重产品的质量和品质控制,通过完善的质量管理体系和检测手段,确保了产品的质量和品质始终保持在行业领先水平。

展望未来,金百合将继续秉承“创新、品质、服务”的企业理念,不断提升自身的研发能力和技术水平,推出更多高品质、高科技含量的康复产品,为人类健康事业做出更大的贡献。

典型案例3 ▶▶

广东万春堂医药：兼并重组　快速扩张

广东万春堂医药连锁有限公司,前身为深圳市合丹医药连锁有限公司,成立于2001年7月,注册资金1000万元。经过多年发展,公司已成为深圳市药品零售行业的龙头企业之一。2012年,万春堂继承人邓曼女士创立深圳市万春堂医药有限公司,并于2013年收购深圳市合丹医药连锁有限公司。2014年,公司更名为广东万春堂医药连锁有限公司。公司具有深圳市首批大病统筹医保药店和抗排斥抗肿瘤药品经营资质,是深圳市药师协会副会长单位、深圳市药品零售流通行业协会副会长单位,荣获“深圳市信誉好商店”“深圳质量信誉保证企业”“深圳市社保局AA+级信用单位”“市民满意药店”“广东省药品

GSP 认证单位”“中国连锁药店百强企业”等称号，旗下在营连锁药店 100 余家，是兼并重组、做大做强的典范。

（一）明确发展战略，选择兼并重组路径

面对日益激烈的市场竞争，邓曼女士及万春堂领导层审时度势，根据企业自身优势与不足，明确提出要立足深圳，辐射全国，打造全国性医药连锁品牌的发展战略。要实现这一目标，单纯依靠自身积累和增长难以为继，必须寻求外部资源。

经过反复论证，万春堂决定采取兼并重组的方式快速扩张。一方面，可借力合丹医药在深圳的门店资源和品牌影响力，迅速提升市场份额；另一方面，整合双方在供应链、信息系统、人才队伍等方面的优势资源，发挥协同效应，提高运营效率，增强企业竞争力。这一决策为万春堂后来的跨越式发展奠定了基础。

（二）尽职调查与估值，促成并购交易达成

确定并购合丹医药后，万春堂组建专业团队，对目标企业开展全面尽职调查。通过审阅财务报表、法律文件、实地走访等方式，深入了解合丹医药的资产状况、经营情况、或有风险等，为后续谈判提供决策依据。

在尽职调查的基础上，万春堂聘请第三方中介机构对合丹医药进行价值评估。评估采用收益法和市场法，预测企业未来现金流，并参考可比交易案例。经过谈判，最终达成协议，万春堂现金收购合丹医药 100%股权。

（三）高效整合资源，协同效应初显成效

交易完成后，万春堂迅速推进各项整合工作。在品牌定位上，充分发挥万春堂老字号的美誉度，全面更换门店形象，统一使用万春堂品牌标识。同时引入万春堂成熟的连锁管理体系，提升门店运营水平。

在商品供应上，整合双方供应商资源，扩大采购规模，提高议价能力，有效降低采购成本。引入万春堂先进的物流配送体系，实现商品统一配送，提高配送效率，减少库存积压。

在信息化建设上，万寿堂将合丹医药门店全部纳入自身ERP系统，打通业务数据流，实现财务、销售、库存等信息的集中管理，为经营决策提供数据支持。同时引入万春堂会员管理系统，统一会员权益，增强客户黏性。

通过一系列整合措施，并购协同效应逐步显现。兼并重组后的广东万春堂，快速实现裂变，销售收入、净利润均同比大幅增长，门店总数突破100家。

（四）品牌效应凸显

借助并购整合的东风，万春堂品牌效应日益凸显。万春堂先后荣获"深圳市社保定点医药机构AAA信用等级""广东省诚信示范企业"等荣誉称号，并入选中国连锁药店百强榜单。

2018年，万春堂通过新设、并购、加盟等多种方式，加快扩张步伐。至2020年底，门店总数达到100家，覆盖深圳全市。

（五）总结与启示

广东万春堂通过兼并重组实现跨越式发展的案例，为医药零售企业的发展提供了有益借鉴：

1. 基于战略需要，审慎选择并购标的。并购不是目的，而是实现企业战略目标的手段。要立足企业发展需要，审慎选择契合战略的标的企业，避免盲目跟风。

2. 开展尽职调查，科学评估并购价值。并购决策必须建立在全面了解标的企业的基础上。要通过尽调排查风险隐患，同时采用科学的估值方法，合理确定交易价格。

3. 制定整合方案，充分发挥协同效应。并购是否成功的关键在于整合。要从战略、业务、组织、人力、文化等方面制定系统的整合方案，最大限度发挥协同效应。

4. 借力品牌效应，加快跨区域扩张步伐。区域龙头企业要立足做强做大，将品牌效应辐射到更广阔的市场。通过多种方式布局新市场，实现可持续发展。

广东万春堂的发展历程表明，兼并重组是医药零售企业实现规模化发展的有效途径。随着越来越多的企业采取这一策略，将加速行业整合过程，推动医药零售行业集中度的不断提升。

典型案例 4▶▶

宁波普瑞均胜：汽车电子行业的兼并重组先锋

宁波普瑞均胜汽车电子有限公司（以下简称“普瑞均胜”）作为汽车电子领域的重要企业，近年来通过实施兼并重组策略，成功实现了规模化、集约化、高效化发展，迅速扩大了企业规模，提升了技术研发实力和市场竞争力，进而提升了整体经济效益。其成功案例被评选为年度中国十大并购案之一。

（一）兼并重组实施过程

1. 目标选择与尽职调查。普瑞均胜在兼并重组过程中，首先明确了目标企业的选择标准，包括技术研发能力、市场份额、品牌知名度等。经过深入的市场调研和尽职调查，最终锁定了数家具有潜力的目标企业。

2. 交易结构设计。在交易结构设计环节，普瑞均胜充分考虑了目标企业的估值、支付方式、融资安排等因素，确保交易的经济性和可行性。同时，通过引入战略投资者和财务投资者，实现了交易结构的多元化和灵活性。

3. 谈判与签约。经过多轮谈判，普瑞均胜与目标企业就交易价格、股权转让比例、管理权交接等核心条款达成一致。2011 年，均胜电子成功并购德国普瑞，签署了兼并重组协议。

4. 整合与协同。兼并重组完成后，普瑞均胜立即启动了整合工作，包括组织架构调整、人员配置优化、业务流程再造等。通过有效的整合和协同，均胜电子在国内宁波、上海、长春、成都等地设有工厂或研发基地，海外实体布局拓展至德国、美国、葡萄牙、罗马尼亚、墨西哥等国，为公司全球化发展奠定基础。其间，均胜电子并购德国伊玛和德国群英，实现了资源共享、优势互补，进一步提升了企业的整体竞争力。

（二）兼并重组成果展示

1. 规模扩张与市场份额提升。通过兼并重组，普瑞均胜的企业规模得到了显著扩张，市场份额也有了较大幅度的提升。2023年上半年，公司实现营业收入约270亿元，同比增长约18%，保持稳健增长态势。其中，汽车电子业务实现营业收入约83亿元，同比增长约24%；汽车安全业务实现营业收入约187亿元，同比增长约15%。

2. 技术研发实力增强。兼并重组为普瑞均胜带来了更多的技术资源和研发人才。公司在智能驾驶、新能源汽车等领域取得了重大突破，成功推出了多款具有自主知识产权的创新产品，如智能驾驶域控制器、驾舱融合域控制器、中央计算单元、具备多模交互和多屏联动等功能的新一代智能座舱、车路协同智能网联终端5G+C-V2X产品、软件创新业务以及新能源汽车800V高压低损快充功率电子及多合一平台等的研发和商业化落地。这些产品的商业化落地为公司带来了丰厚的经济效益和市场份额。

3. 成本竞争力提升与业绩增长弹性增强。通过在全球范围内持续推进多项成本改善措施，普瑞均胜成功提升了产品的成本竞争力，实现了业绩增长的弹性。例如，通过优化供应商采购体系、调整原材料采购策略以及利用“平台化、模块化”研发战略等方式，公司实现了从短期到中长期的持续成本改善。此外，公司还充分发挥中国以及亚洲区域的管理及生产优势，向海外输送管理人才及中国智能制造经验，平衡全球产能，改善海外工厂业绩。这些举措为公司的可持续发展奠定了坚实基础。

4. 全球化布局先发优势与中国车企出海赋能。作为已经完成全球化布局的中国零部件企业，普瑞均胜在全球主要汽车出产国均配套有相应的制造基地或研发中心。公司快速响应逐渐变大变强的中国汽车品牌的出海需求，赋能中国车企进行海外布局。凭借对当地国产化、法规、消费需求的深入了解以及全球化布局积累的丰富经验和资源优势，公司积极帮助中国汽车品牌拓展海外市场，并取得了显著成果。目前均胜电子已成为宝马、奔驰、奥迪、大众、通用、福特、本田和丰田等全球汽车制造商的长期合作伙伴，并屡获保时捷、大众、通用等汽车制造商优秀供应商奖。

宁波普瑞均胜汽车电子有限公司通过成功实施兼并重组策略，实现了规模化、集约化、高效化发展，显著提升了整体经济效益。其兼并重组的成功经验不仅为公司自身发展注入了新的活力，也为汽车电子行业提供了宝贵的借鉴和参考。

典型案例5▶▶

浙江纺织跨境并购：融合创新　织就未来

浙江某纺织集团通过跨境并购欧洲一家知名品牌纺织企业，成功打开了国际市场的大门。

该纺织集团的这次并购不仅使其获得了成熟的国际品牌和营销渠道，更重要的是，它获得了先进的生产技术和管理经验。通过整合国内外的供应链和生产线，集团大大提高了生产效率和产品质量，在国际市场上赢得了良好的声誉。

并购后的纺织集团，凭借强大的研发能力和市场网络，迅速推出了多个系列的创新产品，满足了不同国家和地区消费者的多样化需求。这使得企业在国际市场上的销售额和市场份额均实现了快速增长。

据统计，跨境并购后的纺织集团年出口额增长120%，亩均效益提升70%。这一显著的业绩提升不仅证明了兼并重组战略的有效性，也展示了中国企业在全球化背景下的竞争力和发展潜力。

六、总结与展望

兼并重组法通过开展跨境并购和国内产业并购，实现企业增效益、政府增

税收的良好局面。实施过程中,企业应关注国内外市场动态和政策变化,寻找合适的并购对象。同时,要加强并购后的整合和协同工作,确保合并后的企业能够充分发挥各自优势,实现共同发展。

在未来的发展中,随着市场环境和企业需求的变化,兼并重组法的实施策略和评估方法也应不断进行调整和完善。通过持续的学习和改进,我们可以更好地发挥兼并重组在推动企业发展和提升市场竞争力方面的积极作用。

第 9 章　管理增效法

新质生产力的显著特点是创新，既包括技术和业态模式层面的创新，也包括管理和制度层面的创新。在生产力的各项要素中，管理要素起着重要的作用。为了提高工业企业亩均效益，许多企业正在探索各种途径和方法。其中，“管理增效法”，是注重发挥管理要素的重要作用，通过优化企业内部管理，提高生产效率和管理效益，从而实现企业亩均效益的提升。

一、理论依据

1. 管理学原理。管理是企业发展的核心，通过科学的管理方法和手段，可以提高企业的生产效率和管理效益。

2. 精细化管理理论。通过精细化管理，可以降低生产成本，提高产品质量和生产效率。引入精细化管理理念和方法，对企业生产和管理过程进行精细化控制和优化。

3. 信息化管理理论。通过信息化管理手段和技术，可以提高企业的管理效率和决策水平。结合信息化管理理论，构建企业信息化管理系统，实现对企业生产和管理过程的数字化、智能化管理。

4. 管理创新原理。通过管理创新可以降低企业运营成本和提高运营效率，进而提高企业竞争力。

二、实施步骤

管理增效法作为一种系统性的管理方法，旨在通过诊断、分析、优化等一系列措施，提升企业的整体运营效率。以下是该方法的具体实施步骤及相关的操作方法。

1. 管理诊断。管理诊断是整个增效过程的起点。它要求对企业的管理体系进行全面的审视，这包括组织结构、管理流程、制度建设等各个方面。通过诊断，可以明确企业当前的管理水平，以及存在的瓶颈和问题。

2. 目标设定。在清晰了解企业现状后，需要根据企业的发展战略和市场定位来设定管理目标。这些目标可以是生产效率提升、成本控制、质量改善等关键领域的具体指标。明确的目标为后续的方案制定提供了方向。

3. 方案制定。针对诊断出的问题和设定的目标，制定详细的管理增效方案是至关重要的。方案的内容应涵盖管理体系的优化、流程再造、制度建设及信息化建设等方面，确保每个环节都能得到有效的改进。

4. 组织实施。方案的实施阶段需要成立专门的项目组或团队来负责。他们不仅要确保方案的顺利推进，还要负责方案的宣传、培训和试点推行等工作，确保每个员工都能理解和执行新的管理措施。

5. 监控评估。实施过程中的监控和评估是不可或缺的。通过数据收集、分析和反馈，可以实时了解方案的效果，及时发现并解决问题。这也为后续的持续改进提供了依据。

6. 持续改进。管理增效不是一次性的活动，而是一个持续的过程。企业需要根据监控评估的结果，不断总结经验，反馈问题，对管理方案进行调整和优化，以适应不断变化的市场环境和企业需求。

在实施管理增效法的过程中,以下操作方法值得关注和应用:

1. 流程优化。企业应定期对其业务流程进行全面的梳理,发现并消除不必要的环节,确保每个流程都是最高效、最有价值的。这不仅可以提高运营效率,还有助于提升客户满意度。

2. 精益管理。精益管理的核心理念是最大限度地消除浪费。通过引入精益管理工具和方法,企业可以在生产、销售、服务等各个环节实现成本的降低和效率的提升。

3. 信息化管理。随着技术的发展,信息化管理已经成为企业管理的重要手段。通过建立统一的信息平台,实现信息的实时共享和业务协同,可以极大地提高企业的决策效率和响应速度。

4. 人才培养。所有的管理措施最终都需要人来执行。因此,加强企业人才队伍建设,提供持续的培训和发展机会,是确保管理增效法成功实施的关键。只有当员工具备了足够的能力和素质,企业的管理水平才能得到真正的提升。

管理增效法是一个系统性的、持续性的管理提升过程。它要求企业在全面诊断的基础上,设定明确的目标,制定并执行有效的改进方案,同时不断监控和评估实施效果,以实现持续改进和卓越运营。在这个过程中,流程优化、精益管理、信息化管理和人才培养等操作方法是重要的支撑和保障。在实施中需要做到如下几点:

1. 领导重视。企业领导要高度重视管理增效法的实施工作,给予充分的支持和保障。这包括资源投入、政策支持、沟通协调等方面的工作。

2. 全员参与。要发动全员参与管理增效法的实施工作,让员工了解和理解方案的意义和价值。这包括培训教育、激励机制、团队建设等方面的工作。

3. 持续改进。要构建持续改进的企业文化,鼓励员工提出改进意见和建议,让企业处于不断优化的状态。这包括创新氛围、激励机制、知识共享等方面的工作。

4. 数据驱动。要以数据为依据进行决策和管理,构建企业数据管理系统,实现对生产和管理过程的数字化、智能化管理。这包括数据采集、分析、应用等方面的工作。

三、风险控制

在当今高度复杂和多变的商业环境中,企业和管理者都面临着前所未有的挑战。为了应对这些挑战,许多组织开始寻求和实施管理增效法以提高运营效率、优化资源配置并推动持续创新。然而,即使是最周密的管理策略也可能遇到风险和不确定性。因此,对管理增效法实施过程中可能出现的风险进行预测和管理,制定应急预案和措施,是确保方案顺利实施的关键。

1. 风险评估。

在实施管理增效法之前,进行全面的风险评估是至关重要的第一步。风险评估应该包括对组织内部和外部环境的深入分析,以识别潜在的风险因素。这可能涉及对市场趋势、竞争态势、法规变化、技术进步、客户需求等多个方面的考察。通过风险评估,管理者可以了解哪些因素可能对管理增效法的实施产生负面影响,并为这些风险制定应对策略。

2. 预警机制。

预警机制是管理增效法风险控制体系的重要组成部分。通过建立一套有效的预警系统,组织可以在风险变为实际问题之前及时采取行动。预警机制可以包括定期的风险审查会议、关键绩效指标(KPI)的监控、风险仪表板的使用等。这些工具和方法可以帮助管理者实时跟踪潜在风险的发展,并在必要时调整管理增效法的实施计划。

3. 危机处理。

尽管预防和预警机制可以降低风险事件发生的可能性,但不可避免地,某些风险可能会转化为实际的危机。在这种情况下,一个健全的危机处理计划将是组织的重要资产。危机处理计划应包括应急响应程序、危机管理团队的组织和职责、沟通策略、资源调配等内容。通过迅速、果断地应对危机,组织可以最大限度地减少损失并保护其声誉。

4. 持续改进。

风险控制不是一次性的活动,而是一个持续的过程。在实施管理增效法的过程中,组织应定期回顾和评估其风险管理策略的有效性,并根据需要进行调整。此外,随着组织内外部环境的变化,新的风险可能会出现,而旧的风险可能会消失。因此,保持对风险的敏感性和适应性是至关重要的。

5. 培训和意识提升。

确保组织内的所有成员都对风险管理有充分的理解和认识是至关重要的。通过培训和教育活动,可以提高员工对潜在风险的警觉性,并使他们了解如何在日常工作中预防和管理风险。此外,培养一种积极的风险管理文化可以鼓励员工主动报告和应对风险,从而增强整个组织的风险抵御能力。

6. 利用技术工具。

现代技术为风险管理提供了强大的支持。利用数据分析、人工智能、机器学习等技术工具,组织可以更准确地识别、评估和监控风险。例如,通过数据分析可以揭示隐藏在大量数据中的风险模式,人工智能和机器学习可以用于构建自动化的风险检测和预警系统。

管理增效法虽然为组织提供了优化运营和推动创新的机会,但同时也带来了新的风险和挑战。通过全面的风险评估、有效的预警机制、健全的危机处理计划以及持续的风险管理活动,组织可以最大限度地减少风险,确保管理增效法的顺利实施,并为未来的成功奠定坚实的基础。

四、实施效果评估

对管理增效法的实施效果进行评估,不仅是对该方法本身的一个反馈,更是对企业持续改进、不断前行动力的重要衡量。为了确保该方法能够在实践中得到不断完善，以下是详细的评估与分析流程：

1. 经济效益评估。

成本效益分析。在实施管理增效法后，企业应对相关的成本进行详细的核算。这包括培训成本、技术升级成本、时间成本等，与实施该方法前进行对比分析，明确其中的增减变化。

投资回报率(ROI)。这是一个关键的指标，用于衡量企业对管理增效法的投入与所获得的收益之间的比例。高的 ROI 意味着该方法的实施为企业带来了显著的经济效益。

利润变动分析。观察实施该方法后企业的利润变动情况，是否有所增长，增长的速度和稳定性如何，以及与实施该方法前相比有何差异。

2. 社会效益评估。

客户满意度调查。客户满意度是衡量一个企业服务质量和产品性能的重要指标。实施管理增效法后，应定期收集客户反馈，了解他们对企业的产品和服务的满意程度。

员工满意度与留存率。一个积极的工作环境和高效的管理方法应当能够提高员工的满意度和留存率。企业需要关注这两个指标，确保管理增效法的实施没有对员工产生负面影响。

企业形象与品牌价值。观察实施该方法后，企业的社会形象、品牌价值是否有所提升，这可以通过市场调查、媒体报道分析等方式进行。

3. 综合分析与持续改进。

在进行了对经济效益和社会效益的初步评估后，企业应对所得数据进行综合分析，找出管理增效法在实践中存在的问题和不足，以及它所带来的积极变化。

针对存在的问题，企业应召开内部研讨会，邀请各部门员工代表参与，共同讨论如何对管理增效法进行完善。

对于已经取得的成果,企业应进行经验总结,将这些有益的实践转化为企业的管理知识库,为后续的管理创新提供有力的支撑。

为了确保评估的客观性和准确性,企业还可以考虑引入第三方的评估机构或专家团队,对管理增效法的实施效果进行独立的评价和建议。

总之,管理增效法的实施效果评估是一个系统工程,涉及多方面的数据和信息收集、整理、分析工作。只有经过全面、深入的评估,企业才能确保该方法在实践中得到不断完善,为企业带来持续、稳定的效益增长。

五、典型案例

典型案例1▶▶

娃哈哈集团：父女接力传承　管理增效续写辉煌

杭州娃哈哈集团有限公司,从创始人宗庆后的卓越领导,到其女儿宗馥莉的战略革新,始终秉持开拓创新、锐意进取的精神。企业规模和效益连续20多年处于行业领先地位,位居中国企业500强、中国制造业500强、中国民营企业500强前列。这些成绩的背后,不仅体现了娃哈哈的市场竞争力,更体现了宗庆后和宗馥莉父女卓越的管理智慧。

(一)管理增效法的实施背景与内涵

随着企业规模的不断扩大和市场环境的日益复杂,管理的重要性越发凸显。在此背景下,娃哈哈通过优化内部管理,提高生产效率和管理效益,为企业持续健康发展注入了新的活力。

管理增效法是一种以发挥企业家管理引领作用为核心,通过优化企业内部管理,提高生产效率和管理效益的方法。在娃哈哈的实践中,这一方法主要体现在以下几个方面:明确战略目标、优化组织结构、强化流程管理、提升员工素质、加强信息化建设等。

在实施管理增效法的过程中，娃哈哈注重将企业管理与市场导向相结合，充分发挥企业家在战略制定、资源配置、市场开拓等方面的引领作用。同时，通过不断优化内部管理，提高生产效率和管理效益，确保企业战略目标的顺利实现。

（二）管理增效法在娃哈哈的实践应用

1. 明确战略目标。娃哈哈在制定战略目标时，始终坚持以市场为导向，以满足消费者需求为核心。公司通过对市场环境的深入分析和预测，制定出符合自身发展实际且具有前瞻性的战略目标。同时，将战略目标细化为具体的业务指标和考核标准，确保各级员工能够清晰理解并为之努力。

2. 优化组织结构。为了提高管理效率，娃哈哈不断优化组织结构，降低管理层级，减少决策环节。公司建立了扁平化的组织结构，使得信息传递更加迅速准确，决策执行更加高效有力。同时，通过设立专项工作组、跨部门协作团队等方式，打破部门壁垒，促进内部资源的共享和协同。

3. 强化流程管理。娃哈哈注重流程管理的规范化和标准化，通过制定详细的流程管理制度和操作指南，确保各项业务流程顺畅运转。同时，引入先进的流程管理工具和方法，如六西格玛管理、精益生产等，不断优化流程设计，提高流程执行效率和质量。

4. 提升员工素质。人才是企业的核心竞争力之一。娃哈哈重视员工的培训和发展，通过建立完善的培训体系和激励机制，提升员工的业务素质和综合能力。同时，鼓励员工积极参与管理创新和技术创新活动，为企业发展贡献智慧和力量。

5. 加强信息化建设。信息化是现代企业管理的重要手段之一。娃哈哈通过加大信息化建设投入力度，建立完善的信息系统平台和数据管理体系，实现了企业内部信息的快速传递和共享。同时利用大数据、人工智能等先进技术进行数据分析和挖掘,为决策提供更加准确的数据支持。

(三)管理增效法的实施效果与启示

通过实施管理增效法,娃哈哈取得了显著的成效。首先在生产效率方面得到了大幅提升,单位时间内的产量和产值均实现了快速增长。其次在管理效益方面,企业内部管理流程更加规范化和标准化,决策效率和执行力度得到了显著提升。最后在市场竞争方面,凭借卓越的管理效能,娃哈哈在激烈的市场竞争中脱颖而出,市场份额持续扩大,品牌影响力不断提升。

娃哈哈管理增效法的成功实践,为其他企业提供了有益的启示:一是要始终坚持市场导向,以满足消费者需求为核心;二是要注重内部管理的持续优化和创新,不断提升管理效能;三是要充分发挥企业家在企业管理中的引领作用,激发员工的创新活力和工作热情;四是要重视信息化建设,运用先进技术手段提高企业管理水平。

典型案例2▶▶

安徽明光酒业：管理增效助力企业转型升级

在工业企业追求亩均效益提升的大环境下,安徽明光酒业有限公司(以下简称明光酒业)以其敏锐的市场洞察力、坚定的发展信念,以及果敢的决策执行力,成功探索出一条通过管理增效法实现企业转型升级、效益倍增的发展道路。

(一)理念先行:引领企业内部变革

明光酒业董事长华兴安认为,管理理念创新是企业发展的内生动力。公司管理团队积极引入现代化企业管理理念,推行科学的绩效管理机制。从2020年亩均税收11.24万元,到2023年亩均税收90.63万元,这一飞跃式的增长显示了管理理念变革为企业带来的巨大效益。

(二)素质提升:打造高效能管理团队

企业高层的领导力和管理水平直接决定企业的发展方向。明光酒业通过与古井贡酒公司开展深入对接学习,引入其先进的管理观念、运营模式、销售策略以及企业文化建设经验。同时,公司高层积极参与全市企业家系列培训活动,不断开阔视野,提升管理能力。他们还多次邀请深圳、杭州等发达地区的企业咨询专家到企业进行诊断,以实际行动践行了“引进来、走出去”的学习策略。

(三)绩效导向:激发员工潜能,实现企业与员工共同发展

明光酒业深知,企业的核心竞争力源于员工的创造力和执行力。为此,公司引入企业绩效管理模式,通过合理的激励机制,充分激发员工的创造性、主动性和积极性。这一变革不仅带来了产值和税收的大幅增加,企业职工工资总额也提升了20%以上,实现了企业与员工的共同发展。

(四)人才强企:酿造未来,传承匠心

在酿酒行业,人才是工艺传承的关键。明光酒业注重酿酒师传承和人才培养,通过加强与科研院所合作交流,培养出一批高素质的专业人才。坚持纯粮固态酿酒,确保产品品质,坚持用工匠精神做酒,公司拥有1位国家级白酒评委、5位国家级品酒师、2位国家级酿酒师,并有20多人获得全省酿酒技术比武的技术能手和状元,这些人才为企业的发展注入了强大的动力。同时,明光酒业调整产品结构、提升产品包装形象,确立明绿液、老明光、明光特曲等系列核心产品体系。

(五)精益求精:优化生产线管理,提升产品品质

在生产环节,明光酒业聘请专业规划设计单位对厂区进行科学规划,明确明清建筑风格,优化空间布局,实施技改。他们完成了厂房修缮、生产线改造、新建原酒储藏罐等一系列提升工程,使企业面貌一新。同时,通过调整产品结构、提升产品包装形象等措施,确保了产品品质与市场需求的完美结合。

安徽明光酒业有限公司的管理增效法实践案例充分证明了企业内部管理优化的巨大潜力。他们以实际行动诠释了什么是与时俱进的管理理念和方法,

为广大工业企业提供了宝贵的经验借鉴,具有深远的启示意义。

典型案例3▶▶

联宝科技:以“管理增效法”树立行业新标杆

管理增效法以其独特的理念和实用性,被越来越多的企业所采纳。作为中国电子信息行业的领军企业,联宝(合肥)电子科技有限公司(以下简称“联宝科技”)便是这一方法的成功实践者。

(一)背景介绍

联宝科技,由联想与仁宝两家世界500强企业合资组建,自2011年成立以来,便以惊人的速度发展壮大。其位于合肥的产业基地占地457亩,拥有业界最大的单体式厂房和先进的研发实验室。作为联想的全球最大PC研发和制造基地,联宝科技的产品销往全球,以技术领先、品质卓越、成本优势赢得了市场的广泛认可。

(二)管理增效法的实施

1.优秀的管理团队与文化。联宝科技的管理团队汇聚了两家母公司的精英,他们共同确立了以“智”“信”“赢”为核心的企业文化,以及“说到做到”的行为准则。这种文化不仅鼓励创新,还强调执行力和团队协作精神,为企业的高效运作奠定了坚实基础。

2.精细化的生产管理。联宝科技通过引进先进的生产线和自动化设备,实现了生产流程的精细化管理。每个生产环节都有严格的标准和监控措施,确保产品质量和生产效率。此外,公司还采用了精益生产等先进管理方法,不断消除浪费,提升效益。

3.人性化的员工关怀。联宝科技非常重视员工关怀,提供了完善的培训和晋升机制。通过雏鹰计划、NEO(新员工)加速系列培训、Key Talent(关键人才)项目等多种培训项目,员工的技能和能力得到了持续提升。同时,公司还推行关键岗位骨干员工轮岗制度和中层管理岗位的竞聘制度,激发了员工的积极性和创造性。此外,公司还提供了全面的员工福利和关怀措施,包括大型餐厅、员工公寓等,让员工感受到家一般的温暖。

4. 战略合作与共赢。联宝科技与全球专业检验检测认证机构 DEKRA 德凯建立了战略合作关系。这一合作不仅提升了联宝科技的产品质量和认证效率,还为其全球化战略提供了有力支持。通过与 DEKRA 德凯在电子技术产品认证、新产品研发和生产以及智能制造等技术领域的深入合作,联宝科技有效保证了全球化产品的快速上市,进一步增强了市场竞争力。

(三)成效显著

通过实施管理增效法,联宝科技取得了显著的成效。首先,公司的生产效率得到了大幅提升,产品质量稳定在行业领先水平。其次,员工满意度和忠诚度显著提高,企业凝聚力增强。再者,通过与 DEKRA 德凯等合作伙伴的战略合作,联宝科技拓展了市场渠道,提升了品牌影响力。最终,这些举措共同推动了企业亩均效益的显著提升。

(四)启示与展望

联宝科技的管理增效法实践为其他工业企业提供了宝贵的启示:优秀的企业文化和管理团队是企业成功的基石;精细化的生产管理和人性化的员工关怀能够提高生产效率和员工满意度;与优秀的合作伙伴建立战略合作关系有助于企业拓展市场和提升竞争力。展望未来,随着工业 4.0 和智能制造的深入发展,管理增效法将在更多企业中发挥重要作用。企业不仅要关注内部的管理和流程优化,还要积极寻求外部合作与创新机会,共同推动行业的进步与发展。

典型案例4▶▶

中天钢铁集团：管理增效典范 钢铁行业的领航者

中天钢铁集团有限公司，这家总部位于江苏常州的大型钢铁联合企业，凭借卓越的管理实践和持续的创新精神，充分展现了管理增效法在现代工业企业中的巨大潜力和显著成效。该企业不仅成功实现了年营业收入近2000亿元的壮举，还荣列中国企业500强，并荣获多项国家级荣誉，充分证明了管理增效法在提高工业企业亩均效益方面的重要作用。

（一）管理创新：发展的动力与突破口

中天钢铁集团深知，在当前复杂多变的市场环境下，要想实现持续、健康的发展，必须不断进行管理创新。为此，该集团秉承"三全五化"精益管理方针，通过全员、全系统、全流程的参与，以及制度化、标准化、信息化、可视化、智能化的管理手段，全面提升企业管理水平。

在这个管理方针的指导下，中天特钢炼铁厂2023年未出现非计划休、慢风，全厂设备运转率达到100%。这一成果的取得，不仅保障了企业的稳定生产，也为企业节约了大量维修和更换设备的成本。同时，能源管控中心采取工艺、技术、管理节电模式管控，实现中天常州基地用电量下降15.6%，进一步降低了企业的生产成本，提高了经济效益。

（二）赛马机制：激发内部活力与创新

为进一步激发企业内部活力，中天钢铁集团创新性引入并实施了赛马机制。该机制通过构建公平、透明的竞争平台，使企业内部各部门和项目团队得以充分展示其能力和成果，从而推动整体效能的提升。在2023年度管理创新奖现场评审会上，共有16个项目登台亮相，涵盖了管理流程创新、制度创新、设备管理创新等多个方面。这些项目不仅充分展现了各部门在创新方面的有益探索，也为企业带来了实实在在的经济效益。

例如,“基于‘增强组织活力’导向的‘思享者论坛’实践”项目通过搭建一个开放、包容的交流平台,鼓励员工积极分享自己的经验和想法,从而促进了企业内部的知识共享和创新氛围的形成。“南通二轧厂成材率提升管理创新”项目则通过改进生产工艺和管理流程,成功提高了成材率,为企业节约了大量原材料成本。

(三)数字化变革:提升管理效率与决策能力

中天钢铁集团在数字化变革方面也取得了显著成果。该集团通过构建大数据分析决策支持平台,实现了对公司整体业绩、厂部维度业绩以及业务节点绩效等多层级的管理和分析。这种数字化的管理方式不仅提高了管理效率,也为决策者提供了更为准确、全面的数据支持。

以“基于管理变革的数字化实践——领导驾驶舱”项目为例,该项目通过建立一站式的大数据分析决策支持平台,覆盖了生产、采购、营销三大核心业务。领导驾驶舱在业务场景、指标体系、定制可视化及下钻分析四个维度具有先进性,能够辅助管理层快速掌握公司运营情况,帮助决策者及时准确地把握和调整发展方向。这对于推动企业治理体系和治理能力现代化具有重要意义。

(四)全球首家金属材料深加工“灯塔工厂”:创新引领行业发展

中天钢铁集团不仅在管理上不断创新,还在技术和产品方面实现了重大突破。该集团成功打造了全球首家金属材料深加工“灯塔工厂”,这标志着企业在智能制造和金属材料深加工领域达到了世界领先水平。

“灯塔工厂”采用了先进的自动化生产线和智能化的生产管理系统,实现了从原材料到成品的全程自动化生产。这不仅提高了生产效率和质量稳定性,也为企业节约了大量人力成本。同时,“灯塔工厂”还通过引入先进的环保技术和设备,实现了绿色、低碳的生产方式,为企业的可持续发展奠定了坚实基础。

中天钢铁集团有限公司通过系统实施管理增效法,成功实现了企业亩均效益的显著提升。这不仅彰显了企业管理团队的卓越领导力和创新精神，也为其他工业企业提供了可借鉴的成功经验。在当前全球经济形势下，工业企业要想实现持续、健康的发展，必须不断进行管理创新和技术创新。中天钢铁集团的成功实践为我们提供了一个典范，也为我们指明了前进的方向。

典型案例 5 ▶▶

亨通集团：党建引领管理增效　创新驱动企业腾飞

亨通集团是中国光纤光网、能源互联网、大数据物联网、新能源新材料等领域的国家创新型企业，总部位于江苏苏州吴江区。亨通集团在创始人崔根良的领导下，始终重视党建引领，发挥企业家精神，不断探索创新，担负社会责任，为国家发展战略贡献了民企力量。

第一，亨通集团在创始之初就成立党组织，坚持党建与经营双轮驱动，形成了“跟党走正道、依法守商道、诚信讲公道，治理上轨道、发展不偏道”的指导思想。通过建立民企党委、民企纪委、民企党校等机构，亨通集团始终坚持党建与经营相结合，不断探索创新实践，形成了党建就是生产力的党建模式。这种以党建为引领的企业管理模式，为企业发展提供了坚实后盾，推动了民营企业的健康可持续发展。

第二，亨通集团聚焦“统筹型党委、堡垒型支部、旗帜型党员”党建定位，开创雁阵式党建、融入式党建、心连心党建、廉洁型党建、智能化党建等创新实践，探索出从“标准式党建”向“融入式党建”，破解党建与业务“两张皮”现象；从“精准化党建”向“智能化党建”，提升党建服务企业发展成效；从“功能型党建”向“责任型党建”，强化党建引领、企业健康发展；从“内循环党建”向“双循环党建”，推动党建优化营商环境生态。亨通集团的党建工作被全国党建研究会评为全国非公党建发挥实质作用的创新案例。亨通集团成为中央党校召开全国民企党建研讨会首个研讨样本，受到全国党建权威专家的充分肯定，被新华社、

《人民日报》、央视等中央媒体关注报道，成为全国学习参观非公党建的重要阵地及窗口。

第三，亨通集团在企业发展中始终胸怀家国情怀，将企业发展与党和国家的需要、时代的发展需要紧密相连。通过参与国家重大战略项目，如海上风电清洁能源开发项目、量子保密通信网络建设、海底光纤通信网络等，亨通集团为国家海洋强国、数字经济、网络强国等战略的实施贡献了中国方案、民企力量。同时，亨通集团始终致力于技术创新，掌握光通信产业链关键核心技术，成功打破了国外对中国市场的技术垄断，推动中国光通信走向世界，为国家科技强国战略做出了重要贡献。

第四，亨通集团的发展成就是中国民营企业遵循社会主义核心价值观、建设中国特色社会主义、推进中国式现代化的生动缩影。亨通集团及崔根良身上所具备的爱国敬业、守法经营、创新创造、回报社会、国际化视野等企业家精神素养，是我们所要呼唤、传承弘扬的优秀企业家精神。他们不忘初心、牢记使命，在新征程上敢闯敢干、不懈奋斗，必将为实现中华民族伟大复兴的中国梦做出新的更大的贡献。崔根良受聘为苏州市新一代企业家"新领导计划"导师团导师。他寄语年轻一代企业家：勤奋学习是成就事业的基石，专注与坚持是通向成功的必由之路。要传承发扬老一辈企业家艰苦奋斗、不怕苦难、永不服输的创新创业精神，不断自我锤炼、脚踏实地、勤奋刻苦，努力成为新时代受人尊敬的企业家。

综上所述，亨通集团在党建引领下，通过创新实践、技术创新、服务国家战略等方面展现了卓越的管理效能。其发展成就不仅为民营企业提供了全新思路，也为助力企业转型升级提供了坚实后盾。

六、总结与展望

管理增效法通过管理创新提高集约化管理水平，实现企业降本增效。实施过程中企业应注重管理理念的更新和管理模式的创新,将先进的管理理念和方法引入企业实践。同时要加强企业内部协同和沟通,打破部门壁垒,提高企业整体运营效率。

通过实施管理增效法,企业可以优化内部管理,提高生产效率和管理效益,从而实现企业亩均效益的提升并在激烈的市场竞争中保持竞争优势,实现可持续发展。

第10章　金融创新法

“金融创新法”，通过科技金融、绿色金融、普惠金融、养老金融、数字金融等手段，在风险管理、价格发现、资金融通等方面发挥作用，不断提高科技成果转化和产业化水平，为企业创造更大的价值。

一、理论依据

1. 金融创新理论。金融要为实体经济服务，满足经济社会发展和人民群众需要。经济是肌体，金融是血脉，两者共生共荣。从两者的辩证关系看，金融活，经济活；金融稳，经济稳。经济兴，金融兴；经济强，金融强。实施金融创新法需要借鉴金融创新理论，开发出适合工业企业的金融产品和服务。

2. 风险管理理论。风险管理理论认为，金融可以通过合约的有效安排实现创新活动的风险社会化，建立完善的风险管理体系，确保金融创新的稳健性和可持续性。实施金融创新法需要结合风险管理理论，对金融创新过程中可能出现的风险进行识别、评估和控制。

3. 产业升级理论。产业升级理论认为，金融以提供流动性资金的方式支持科技企业实现产能扩张，实现从“科技”到“产业”的良性循环。通过技术创新和产业升级,可以提高企业的竞争力和盈利能力。实施金融创新法需要与产业升级相结合,推动工业企业的技术升级和产业升级。

4. 金融学原理。量身定制的金融产品有助于满足企业不同发展阶段的融资需求,降低融资成本和提高企业效益。科技企业会经历孵化期、初创期、成长期、成熟期这几个逐步发展的阶段,不同阶段中的科技企业有着不同阶段的融资需求,需要与之相配合的金融工具。

二、实施步骤

金融创新作为经济领域的重要推动力,为工业企业提供了多元化的金融服务和解决方案。通过深入了解工业企业的金融需求,我们可以量身定制金融产品,并与其建立长期稳定的合作关系。

1. 金融需求分析。

金融需求分析是金融创新的第一步。需要与工业企业进行深入的沟通和交流,了解其实际运营情况和未来发展规划。通过对企业的融资需求、风险管理需求、流动性管理需求等进行全面分析,可以为其量身定制金融解决方案,满足其在不同发展阶段的金融需求。

2. 金融产品设计。

根据工业企业的实际需求,可以设计出一系列金融产品。例如,针对企业的融资需求,可以开发供应链金融、保理、租赁等金融产品。同时,还可以探索开发基于区块链技术的供应链金融平台,通过提高融资效率和降低融资成本,进一步满足企业的融资需求。这些金融产品将结合企业的实际情况,提供灵活多样的金融服务。

3. 金融机构合作。

为了推动金融产品的落地实施,需要与各类金融机构建立合作关系。这些机构包括银行、保险公司、证券公司等,他们拥有专业的金融知识和丰富的渠道资源。通过与这些机构合作,可以为工业企业提供更加完善的金融服务,推动金融创新的深入发展。

4. 宣传推广与培训。

为了让更多的工业企业了解并参与到金融创新中来,需要加大对金融创新的宣传推广力度。可以通过组织专题讲座、培训班等形式的活动,向企业普及金融创新知识和案例。同时,还可以利用社交媒体、专业网站等渠道进行广泛宣传,提高工业企业对金融创新的认知度和参与度。

在实施金融创新法的过程中,还需要注意以下几点:首先,要搭建银企合作交流平台,加强企业与金融机构的沟通与合作;其次,要强化金融服务和产品创新能力,不断开发符合企业需求的金融产品;再次,要加强对优质企业的信贷支持,降低其融资成本;最后,要完善企业信用评价体系和风险防控机制,降低金融风险。

总之,金融创新法的实施需要从多个方面进行综合考虑和推进。通过深入了解工业企业的金融需求、设计符合其实际需求的金融产品、与金融机构建立合作关系、建立完善的风险防范和管理体系以及加强宣传推广和培训等措施,可以推动金融创新在工业企业中的广泛应用和深入发展。在实施中还需要注意以下几点:

专业团队建设。组建专业的金融创新团队,包括金融专家、风险管理人员、技术人员等专业人才,确保金融创新方案的科学性和可行性。

法律法规遵守。在进行金融创新时,需要严格遵守相关法律法规和政策规定,确保金融创新的合法性和合规性。

数据安全保障。在运用大数据、人工智能等技术手段进行金融创新时,需要加强数据安全保障措施,确保企业数据的安全性和隐私性。

持续创新理念。保持持续创新的理念和精神,不断探索新的金融产品和服务模式,满足工业企业的多样化需求。

合作共赢原则。坚持合作共赢的原则,与金融机构和企业建立长期稳定的合作关系,实现共同发展和共赢局面。

风险意识培养。加强企业内部风险意识,培养提高企业对风险的认识和管理能力,确保金融创新的稳健发展。

三、风险控制

随着金融市场的不断深化和技术的飞速发展,金融创新日益成为推动金融行业进步的重要力量。然而,创新总是伴随着风险,如何在追求创新的同时,有效识别、评估和控制风险,成为金融机构和监管部门共同面临的挑战。

1. 建立全面风险识别机制。

梳理创新业务流程:详细分析创新金融产品的设计、研发、推广及退出等各个环节,明确可能产生风险的关键点。

构建风险评价指标体系:针对不同类型的创新金融业务,构建全面的风险评价指标体系,为风险识别提供客观依据。

2. 运用先进的风险评估方法。

引入量化评估模型:利用统计学、计量经济学等方法,构建风险评估模型,对创新金融业务的潜在风险进行量化分析。

压力测试与情景分析:通过设定极端市场条件和不利情景,测试金融机构在极端情况下的风险承受能力和应对措施。

3. 智能化风险监测与预警。

利用大数据技术:收集、整合各类金融市场数据,通过数据挖掘和分析,实时监测创新金融产品的市场动态和风险状况。

应用人工智能技术:建立基于人工智能的风险预警模型,自动识别异常交易行为和市场波动,提前预警潜在风险。

4. 完善企业信用评价体系。

深化信用信息整合：全面收集企业信用信息，包括经营情况、财务状况、履约记录等，为信用评价提供坚实基础。

构建多维度信用评价模型：综合考虑企业历史表现、行业地位、市场竞争力等因素，建立全面、客观的企业信用评价模型。

5. 强化风险防控机制建设。

健全内部控制体系：金融机构应建立完善的内部控制体系，确保创新金融业务的合规性和稳健性。

加强外部监管合作：金融机构与监管部门应建立紧密的合作关系，共同制定和执行风险管理政策，形成有效的风险防控网络。

6. 培育风险管理文化。

提升全员风险意识：金融机构应加强全员风险管理培训和教育，提升全员的风险识别和应对能力。

营造审慎创新氛围：在鼓励金融创新的同时，强调审慎经营和风险管理的重要性，确保创新与稳健发展并行不悖。

随着金融创新的不断深入和技术的快速发展，风险控制和管理将更加复杂和具有挑战性。通过建立完善的风险防范和管理体系，运用大数据、人工智能等先进技术手段进行风险监测和预警，以及完善企业信用评价体系和风险防控机制，可以有效降低金融风险，确保金融市场的健康稳定发展。

四、实施效果评估

随着金融市场的不断发展，创新成为推动金融行业前进的关键动力。在这种背景下，金融创新法为金融市场的创新活动提供了法律保障和政策引导。为确保金融创新法的实施效果，对其进行定期评估和总结显得尤为重要。

1. 融资规模评估。

金融创新方案的实施，首要关注点是其对融资规模的影响。评估应关注：

创新方案是否促进了金融市场资金供给的增加，特别是对于中小企业和创新型企业的融资支持是否增强。

对比方案实施前后，各类金融机构的融资总额、增长率和融资结构的变化，以衡量方案对金融市场的整体影响。

2. 融资成本分析。

融资成本是评价金融创新效果的重要指标，包括：

分析方案实施后企业融资成本的变化趋势，研究其对企业经营活动的影响。

探究创新方案是否能够引导金融机构降低融资成本，提高金融资源的配置效率。

3. 融资效率考查。

金融创新的目的是提高金融体系的运行效率，评估时应关注：

方案实施后金融机构处理融资申请的速度和效率是否提升。

评估新型金融工具和服务在提高资金流动性和使用效率方面的作用。

4. 企业反馈收集与处理。

为确保金融创新方案的针对性和实效性，需建立有效的企业反馈机制：

构建多元化的企业反馈渠道，通过线上问卷、座谈会等形式，确保能够及时收集企业的意见和建议。

对收集到的反馈信息进行分类整理，提取共性问题和意见，作为优化和改进金融创新方案的重要依据。

5. 方案优化与持续改进。

根据评估结果和企业反馈，对金融创新方案进行迭代优化：

针对评估中发现的问题和不足，及时调整金融创新政策和措施，确保其与实际需求的契合度。

鼓励金融机构和企业共同参与创新方案的设计和优化过程,形成政策与市场的良性互动。

通过对金融创新法实施效果的全面评估和反馈机制的建立,可以确保金融创新活动健康、有序发展。同时,这也是一个持续的过程,需要金融机构、企业和监管部门的共同努力和协作,以实现金融市场的持续繁荣和稳定。展望未来,随着科技的不断进步和金融市场的深化发展,金融创新将在更广阔的领域发挥重要作用,而有效的评估和反馈机制将是确保其成功的关键所在。

五、典型案例

典型案例1 ▶▶

安徽“亩均英雄贷”:金融创新助力企业破局

安徽在全国率先探索“亩均英雄贷”金融服务模式,强化亩均效益评价ABCD四类结果运用,优化金融要素配置,激励企业提质增效,成为助推经济高质量发展的有力抓手。2022年全省共发放“亩均英雄贷”6997笔1899.8亿元,改革创新成果获中国管理科学奖管理促进奖。

顶层设计,新模式治园区低效之“疾”。安徽省相关部门在全国第一个出台金融支持“亩均论英雄”改革省级专项政策,立足低效企业改造提升和闲置土地、低效土地治理,创新提出亩均项目贷模式,通过银行资金注入,平台思维推动,从根本上解决不会干、不敢干,但必须干的问题。2022年全省共发放项目贷219笔856.1亿元,共涉及腾退企业1657家、土地8.99万亩。中国农业发展银行安徽省分行首笔6.5亿元项目贷实施后,预计亩均税收将由3.9万元提高到10万元,这一模式已在全国农发行系统推广,并形成了可复制、可推广的典型做法。

量体裁衣,新品类纾企业融资之“困”。量身定制契合企业发展需要的系列金融产品,对A类企业可纯信用贷款、白名单企业可中长期贷款。鼓励银行机构有效运用亩均效益评价结果,合理考虑企业技术、人才、市场前景等“软信息”,将相关因素纳入授信评价体系。全省各市县纷纷建立“亩均英雄白名单”制度。2022年,全省共发放企业贷款6778笔1043.7亿元,涉及纯信用贷款3696笔575.5亿元,中长期贷款530笔269亿元。民生银行马鞍山分行对一家A类企业一周内实现放款4000万元,利率优惠100BP以上,为企业降低融资成本40余万元。

多方联动,新机制赋改革创新之“能”。安徽省相关部门组建亩均改革工作专班,建立任务清单、调度清单、需求清单,实行清单化推进、闭环式管理。安徽省地方金融监管部门将开展“亩均论英雄”改革配套金融服务纳入金融机构服务地方实体经济发展评价内容。银行等金融机构创新举措,研究制定“亩均英雄贷”支持政策,规范便利业务操作。2022年中国农业银行安徽省分行提供信贷资金逾300亿元,计划每年新增贷款不低于300亿元。中国建设银行安徽省分行按照亩均税收超全省平均水平部分,与企业土地面积相乘后,以80%折算成信用贷款额度,最高可达3000万元。

创新服务,新路径解三方链接之“难”。政银企三方合作共赢,解决地方经济发展缺地、银行缺项目、市场主体缺资金等难题。建立“亩均英雄贷”结对服务制度,9家省行联系16个重点县区。成立全国第一个“亩均论英雄”改革服务联盟,为更好推行“亩均英雄贷”提供全方位支持。组建战略咨询专家库,与中国科学技术大学开展“亩均英雄贷”理论研究。将“亩均论英雄”改革相关课程纳入省委党校主体教学,解读“亩均英雄贷”金融服务模式。推动“亩均英雄贷”扩量,中国农业发展银行安徽省分行与安徽省当涂县、全椒县的园区开展“整园推进”金融服务,重点解决低效用地问题。

（转载于“中国发展网”2023年4月8日）

典型案例2▶▶

犀牛之星：金融创新为企业创造更大价值

犀牛之星作为新三板领域的互联网信息门户、投资平台，紧跟时代步伐，积极探索金融创新之道，致力于为企业创造更大的价值，提高企业整体效益。

（一）融资手段：创新融资方式，扩大企业规模

犀牛之星自成立以来，一直以其独特的融资手段和前瞻性的战略布局，不断推动企业规模扩大。其一直致力于融资手段的创新，通过多种渠道实现资金来源的多元化，为企业发展提供了强大的资金支持。

截至目前，犀牛之星已成功吸引了包括IDG资本、清科集团、高榕资本、浙商创投、东方富海、微众享、九宇资本、丰厚资本、凡星资本、启赋资本、源政投资、唐古拉投资等十多家知名风投机构的投资，融资金额逾千万人民币。这使得公司在业务拓展、技术研发和市场推广等方面拥有了更大的发展空间。在犀牛之星的引领下，新三板生态圈正在逐渐形成，已覆盖新三板独立用户30万人。

此外，犀牛之星并未满足于此，它积极探索股权融资、债券融资等新型融资方式，不断拓宽融资渠道。公司通过发行股票、债券等方式进行融资，这不仅为公司发展提供了资金支持，也提高了公司的资本运作效率。

除了获得风投机构的投资外，犀牛之星还积极与投资人建立互动关系，通过互联网思维实现双方快速匹配，实现了企业与投资人的完美对接，实现了双方的高效互动。这样的互动模式，既增强了公司与投资人的沟通效率，也为公司提供了更多元的资金来源。

作为一家富有创新精神和前瞻性的企业，犀牛之星一直在努力拓展业务领域，不断提升自身实力。无论是多元化的融资手段，还是互联网思维的运用，都表明了犀牛之星在不断追求创新和进步，通过探索新型融资方式，为企业发展

注入新的活力,为投资者带来更多回报。

(二)服务新三板企业:利用优势,提供全方位服务

犀牛之星作为新三板专业的互联网信息门户、投资平台,拥有强大的技术团队和丰富的互联网从业经验。公司成员均来自各大互联网知名企业,了解互联网发展趋势,具备敏锐的市场洞察力。犀牛之星致力于用互联网思维服务企业,为新三板企业提供全方位的服务。

新三板信息资讯:犀牛之星为新三板企业提供全面、及时的市场信息,涵盖企业公告、股票行情、行业分类等多个维度。同时,公司还开设新三板基础知识培训,旨在帮助企业深入了解新三板市场运作机制,从而更好地把握投资机遇,实现可持续发展。

精准匹配:犀牛之星通过大数据分析和云计算技术,为新三板企业库中的挂牌企业及拟挂牌企业与投资人之间搭建精准匹配的平台。企业可根据自身融资需求发布融资信息,投资人则可根据投资意向选择合适的项目。这种模式大大提高了融资效率,降低了融资成本。

全方位服务:犀牛之星还为新三板企业提供精品投行服务,如推荐挂牌、收购兼并等。同时,公司还提供新三板数据增值服务,如自选股添加、投资人脉拓展、模拟盘交易等特色功能,满足投资者多元化的需求。

(三)融资效果显著,业务板块不断壮大

通过金融创新手段和全方位的服务,犀牛之星取得了显著的融资效果和企业发展。根据公开数据,自成立以来,公司总融资金额已超过千万人民币。同时,犀牛之星 APP 的用户数量也在迅速增长,覆盖了大量的新三板投资者、企业、券商、银行、律师、会计、财务顾问等参与各方。这些用户形成了新三板生态圈,为犀牛之星提供了丰富的客户资源和服务对象。

在业务发展方面,犀牛之星旗下的各个业务板块正在不断壮大,展现出强大的品牌优势和服务特色。犀牛之星 APP 已成为新三板独立用户首选的信息

平台之一,其强大的信息聚合能力和专业的数据分析,使得众多投资者和新三板企业对其青睐有加。此外,犀牛之星APP还提供了一系列的投资工具和咨询服务,进一步提升了其在市场中的竞争力。

犀牛学院为企业提供了一系列新三板相关的专业培训课程。这些课程涵盖了新三板基础知识、市场分析、投资策略等多个方面,为新三板投资者和企业提供了丰富的知识和技能支持。据统计,犀牛学院已经培训了数千名新三板投资者和企业,成为新三板市场中的一股重要力量。

犀牛媒体凭借其丰富的媒体资源和专业的传播手段,成功帮助众多企业提升了品牌知名度和美誉度,为企业的发展注入了新的动力。

犀牛会务为企业提供一站式会务服务,包括会议策划、场地租赁、设备租赁、礼仪服务等多个方面。犀牛会务凭借其专业的服务水平和丰富的会务经验,帮助众多企业成功举办了会议,受到了广大企业和与会者的好评。

总之,通过融资手段的创新、利用自身优势服务新三板企业等方面,犀牛之星在新三板市场已经形成了自己的品牌优势和服务特色。通过旗下各业务板块的持续壮大,犀牛之星已然成为推动新三板市场繁荣发展的一支重要力量。未来,公司将继续秉持创新精神,为新三板生态系统的健康发展贡献更多智慧和力量。

典型案例3 ▶▶

华远高科电缆：领跑行业的金融创新先锋

在全球经济大潮中,工业企业作为经济发展的重要支柱,不断寻求机遇并应对挑战。在这个变革与竞争并存的时代,如何通过金融创新推动企业持续发展,成为众多企业关注的焦点。华远高科电缆有限公司凭借在金融创新上的积极探索和实践,成功应对市场竞争、融资难题和运营成本压力,成为行业的领军企业。

(一)华远高科行业实力与技术创新并重

华远高科电缆有限公司自成立以来,就始终坚持以国标质量、科技创新、节能环保、利国惠民为企业宗旨。多年来,公司深耕电缆行业,积累了丰富的生产经验和技术实力。其产品不仅种类繁多,包括防火电缆系列、电力电缆系列以及其他特种电缆系列等,而且品质优良,深受市场欢迎。

华远高科电缆有限公司的产品在各个领域都有广泛的应用。无论是电力、冶金、石油、化工等重工业领域,还是能源、工矿、建筑、地产等基础设施建设领域,甚至是机场、交通、通信等关键领域,都能看到华远高科电缆的身影。其中,公司产品成功应用于北京行政服务中心、亚洲基础设施投资银行总部等重大工程的案例,更是充分展示了其在高端市场的强大竞争力。

除了过硬的产品质量,华远高科电缆有限公司还十分注重科技创新和自主研发。公司拥有完善的研发体系和一流的研发团队,不断推出具有自主知识产权的新产品和新技术,为公司的持续发展提供了强大的动力。同时,公司还积极与国内外知名高校和科研机构开展合作,引进国际先进的生产技术和管理理念,进一步提升了公司的科研实力和管理水平。

(二)金融创新法在华远高科的深入实践

面对复杂多变的市场环境和不断升级的行业需求,华远高科电缆有限公司深刻认识到金融创新对企业发展的重要性。因此,公司积极践行金融创新法,通过一系列金融创新举措,有效推动了企业的快速发展。

首先,华远高科电缆有限公司充分利用政府搭建的银企合作交流平台,与多家金融机构建立了紧密的战略合作关系。这些金融机构不仅为公司提供了丰富的融资渠道和多样化的金融服务,还帮助公司优化了融资结构,降低了融资成本。同时,通过与金融机构的深度合作,公司还成功引入了“量体裁衣”“量身定制”的金融产品,有效满足了企业在不同发展阶段的融资需求。

其次,华远高科电缆有限公司在金融创新法的指导下,成功实施了柔性矿物绝缘体防火电缆项目。该项目总投资2.5亿元,其中固定资产投资2.2亿元,铺底流动资金3000万元。为了确保项目的顺利推进,公司通过中行、建行、农商行等分阶段融资的方式,有效保障了企业流动资金及建设资金需求。这一金融创新举措不仅为项目的成功实施提供了有力的资金保障,还进一步提升了公司的市场竞争力和品牌影响力。

此外,华远高科电缆有限公司还积极探索其他金融创新途径。例如,公司通过与供应链金融、互联网金融等新兴金融业态的合作,成功拓展了融资渠道和融资方式。同时,公司还积极参与资本市场运作,通过发行债券、股权融资等方式筹集资金,为公司的快速发展提供了强大的资本支持。

(三)金融创新助力华远高科实现可持续发展

金融创新法的实施为华远高科电缆有限公司带来了显著的成效。首先,在经营业绩方面,公司纳税额逐年增长,显示出强劲的发展势头。随着国家"新基建"政策的深入实施和5G、特高压等领域的快速发展,华远高科电缆有限公司凭借优质的产品和服务赢得了市场认可,订单量持续增长。预计未来几年内,公司的年均增幅预计将超过30%,有望实现跨越式发展。

其次,在产品结构优化和升级方面,金融创新法的实施为华远高科电缆有限公司提供了有力的支持。通过金融创新和资本运作,公司成功引入了先进的生产技术和设备,进一步提升了产品的质量和性能。同时,公司还加大了对新产品和新技术的研发投入力度,推出了一系列具有市场竞争力的新产品和新技术,进一步丰富了公司的产品线和技术储备。

最后,在品牌影响力提升方面,金融创新法的实施也为华远高科电缆有限公司带来了积极的影响。通过与金融机构的深度合作和资本市场的运作,公司的知名度和影响力得到了显著提升。越来越多的客户和合作伙伴开始关注和认可华远高科电缆有限公司的产品和服务,为公司的未来发展奠定了坚实的基础。

总之,金融创新法在华远高科电缆有限公司的深入实践取得了显著成效。未来,随着市场环境的不断变化和行业竞争的日益激烈,华远高科电缆有限公司将继续坚持金融创新的发展理念,积极探索和实践新的金融创新途径和方式,为公司的可持续发展和行业地位的进一步提升奠定坚实基础。

典型案例4▶▶

滁州惠科光电:金融创新 驱动企业跨越式发展

金融创新,作为现代企业发展的助推器,已逐渐成为企业在激烈市场竞争中保持优势的关键。特别是在全球经济一体化的大背景下,如何通过金融工具和机制的创新来适应瞬息万变的市场环境,解决融资难题,降低运营成本,进而提升企业的市场竞争力和经济效益,已经成为众多企业共同面临的课题。滁州惠科光电科技有限公司(以下简称“滁州惠科”)正是在这样的背景下,通过金融创新的手段,成功实现了企业的跨越式发展,其经验和做法无疑为其他工业企业提供了宝贵的借鉴。

(一)滁州惠科光电科技有限公司概况

滁州惠科,自2017年成立以来,凭借独特的市场定位和技术优势,在薄膜晶体管液晶显示器件生产领域迅速崭露头角。公司注册资本160亿元,项目总投资240亿元,占地1200亩。作为一家高新技术企业,滁州惠科不仅拥有国内单体最大的洁净厂房,更在技术研发和人才战略上走在了行业前列。公司的产品采用先进的A-Si技术,主要面向大尺寸超高清显示面板市场,广泛应用于电视、显示器、笔记本电脑等领域。在短短几年时间里,滁州惠科凭借其卓越的产品质量和创新能力,赢得了市场的广泛认可和客户的信赖。

(二)滁州惠科的金融创新实践

面对市场竞争、融资难题和运营成本压力,滁州惠科积极探索金融创新之路,通过创新运用一系列金融工具和机制,有效提升了企业的竞争力。

1. 股权融资与政府支持。

滁州惠科在成立之初，便通过股权融资的方式筹集了大量资金。其中，滁州市同创建设投资有限责任公司和滁州皖鹏新兴产业投资二号基金合伙企业（有限合伙）分别实缴出资额15亿元和16亿元，成为公司的重要股东。这两大股东的加入，不仅为滁州惠科提供了稳定的资金来源，更在政策和资源上给予了企业强有力的支持。特别是滁州市政府的参与，使得滁州惠科在项目审批、土地租赁、税收优惠等方面享受到了诸多便利。这种股权结构的创新，不仅降低了企业的融资成本，还增强了企业的市场信誉和抗风险能力。

2. 对外投资与产业链整合。

为了进一步拓展业务范围和提升市场竞争力，滁州惠科积极开展对外投资活动。截至目前，公司已对外投资2家企业，涉及显示面板的上下游产业链。通过对外投资，滁州惠科不仅拓宽了业务范围，实现了产业链的纵向整合，还降低了生产成本，提高了整体竞争力。这种金融创新，使得滁州惠科能够在激烈的市场竞争中保持领先地位，同时也为行业内的其他企业提供了有益的启示。

3. 知识产权的金融化运用。

作为一家高新技术企业，滁州惠科十分重视技术研发和知识产权保护。截至目前，公司已拥有246条专利信息，涵盖了显示面板的生产工艺、设备研发、材料应用等多个领域。这些专利成果不仅为公司的产品创新和市场拓展提供了有力支撑，还被滁州惠科巧妙地运用到了金融领域。通过专利权质押融资等方式，滁州惠科成功地将知识产权转化为金融资产，为企业的发展注入了新的活力。这种金融创新，不仅盘活了企业的无形资产，还提高了融资效率和资金利用率。

4. 行政许可与市场准入。

在企业的发展过程中，行政许可和市场准入是不可避免的问题。滁州惠科深知这一点，因此在成立之初便积极开展行政许可的申报工作。经过不懈的努力，公司目前已拥有22项行政许可，涉及环保、安全、质量等多个方面。这些行政许可的获取，不仅证明了企业的合规性和技术实力，也为企业打开了更多的市场准入门槛。通过这些许可，滁州惠科能够更容易地参与国内外的招投标项目，获取更多的市场机会。这种金融创新的做法，使得滁州惠科在市场竞争中占据了有利地位，也为企业的长远发展奠定了坚实基础。

（三）金融创新对滁州惠科的影响

滁州惠科的金融创新实践，对企业的发展产生了深远的影响。首先，股权融资和政府支持为企业提供了充足的资金保障和政策支持，使得企业能够专注于技术研发和市场拓展，而无须过分担忧资金问题。其次，对外投资和产业链整合提高了企业的市场竞争力和抗风险能力，使得企业能够在激烈的市场竞争中保持领先地位。再次，知识产权的金融化运用加速了企业的技术进步和产品升级，为企业的发展注入了新的活力。最后，行政许可的获取为企业打开了更广阔的市场空间，使得企业能够参与更多的国内外项目合作和市场竞争。

回顾滁州惠科的金融创新历程，我们可以发现其成功关键在于紧密结合企业实际和市场环境，灵活运用多样化金融工具和机制进行创新。这些创新不仅解决了企业的融资难题和运营成本压力，还提高了企业的市场竞争力和经济效益。对于其他工业企业而言，滁州惠科的经验无疑具有重要的参考价值。

典型案例5 ▶▶

华米信息科技：金融创新铸就企业强大基石

安徽华米信息科技有限公司（以下简称“华米科技”）是一家专注于智能可穿戴设备的领军企业，主要产品包括小米手环、AMAZFIT智能手表等，业务遍及全球多个国家和地区。华米科技实施金融创新法，成功应对了市场竞争、融资难题及运营成本等挑战，实现了企业竞争力的提升和亩均效益的最大化。

(一)金融创新法实践

1. 金融产品创新。面对工业企业融资难的问题,华米科技积极与金融机构合作,开发了一系列创新金融产品。公司早在2014年1月就获得了小米科技及顺为资本的联合投资,成为小米生态链的唯一一家聚焦于智能可穿戴产品的公司。随后,公司华米科技又宣布获得3500万美元B轮融资,估值超3亿美元。公司通过与银行合作推出供应链金融产品,利用自身在供应链中的核心地位,为上下游企业提供融资支持,有效缓解了供应链中的资金压力。同时,华米科技还积极探索股权融资、债券融资等直接融资方式,为企业发展拓宽了资金来源。

2. 金融服务创新。华米科技注重提升金融服务水平,通过引入先进的金融科技手段,优化金融服务流程。例如:利用大数据、人工智能等技术手段,建立了智能化的风险评估模型,提高了信贷审批效率;通过线上服务平台,为企业提供了更加便捷、高效的金融服务体验。

3. 金融市场创新。华米科技积极拓展金融市场,通过上市、发债等方式融入资本市场,进一步提升了企业的知名度和品牌影响力。同时,公司还积极发行企业债券,优化了债务结构,降低了融资成本。

(二)成效分析

通过实施金融创新法,华米科技取得了显著的成效:

1. 融资难题得到缓解。通过金融产品创新和服务创新,华米科技成功获得了多家金融机构的支持,融资难题得到有效缓解。据报道,公司已获得数亿美元的融资额度,为企业发展提供了充足的资金支持。

2. 运营成本降低。金融服务创新和金融市场创新帮助华米科技降低了运营成本。智能化的风险评估模型和线上服务平台提高了金融服务的效率和质量,减少了人力和物力的投入;同时,上市和发债等资本市场运作方式为企业筹集了低成本资金,降低了融资成本。

3. 竞争力提升。通过金融创新实践,华米科技不仅获得了资金支持,还提升了品牌影响力和市场竞争力。与金融机构的紧密合作增强了公司在行业内的地位和话语权;上市和发债等资本市场运作进一步提升了企业的知名度和品牌影响力。

华米科技的金融创新实践为其他工业企业提供了有益的借鉴和启示。一是积极拥抱金融创新是工业企业发展的必由之路。面对市场竞争和融资难题,工业企业应主动寻求与金融机构的合作,通过金融产品创新和服务创新获取更多的资金支持。二是注重金融科技的应用。工业企业应充分利用大数据、人工智能等先进技术手段提升金融服务的智能化水平,提高金融服务效率和质量。三是拓展资本市场融资渠道。工业企业应积极拓展资本市场融资渠道,如上市、发债等,为企业发展筹集低成本资金,优化债务结构,降低融资成本。四是保持创新精神和敏锐的市场洞察力。工业企业在金融创新过程中应不断挖掘新的商业模式和市场机会,与时俱进保持竞争优势。

六、总结与展望

金融创新法通过搭建银企合作交流平台,强化金融服务和产品创新能力,加强对亩均效益评价优质企业的信贷支持。实施过程中,金融机构应根据企业实际情况和需求,开发“量身定制”的产品,满足企业不同发展阶段的融资需求。同时,要加强金融风险防控,确保金融创新的稳健发展。

未来,随着技术的不断进步和监管政策的不断完善,金融创新法下的风险控制将走向更加精细化、智能化的发展道路。

第 11 章　循环利用法

采用资源节约型、环境友好型技术和绿色、低碳、循环、可持续的生产方式是发展新质生产力的必然选择。“循环利用法”，通过构建绿色低碳循环经济体系，实现资源的最大化利用和废弃物的最小化排放，循环利用资源和能源，降低生产成本，为工业企业创造更大的价值。

一、理论依据

1. 循环经济理论。循环经济理论强调资源的循环利用和废弃物的减量化、无害化、资源化，通过构建循环型工业体系，实现经济发展与环境保护的良性循环。实施循环利用法需要借鉴循环经济理论，构建工业企业内部和外部的循环经济系统。

2. 工业生态学理论。工业生态学理论认为，工业企业应该模仿自然生态系统的运行方式，实现资源的循环利用和废弃物的自然化处理。实施循环利用法需要结合工业生态学理论，优化工业企业的生产流程和产品设计，降低资源和能源的消耗。

3. 可持续发展理论。可持续发展理论认为，经济发展应该与环境保护和社会进步相协调,实现可持续发展。实施循环利用法需要遵循可持续发展理论,确保工业企业的经济效益、环境效益和社会效益相统一。

4. 企业成本理论。循环利用可以降低企业成本和对环境的影响,符合可持续发展的要求。

二、实施步骤

当前,我国工业企业在循环经济方面取得了一定的成绩,但仍存在一些问题和挑战。首先,资源利用效率不高,废弃物排放量大,导致环境污染严重。其次,循环经济意识不强,缺乏有效的政策支持和激励机制。最后,循环经济技术和装备水平相对较低,制约了循环经济的发展。因此,实施循环利用法具有重要的现实意义和紧迫性。

1. 资源循环利用。对工业企业的生产过程进行梳理和分析,找出可以循环利用的资源。例如,废水、废气、废渣等可以进行再生利用或无害化处理。通过建立循环利用系统,将废弃物转化为有价值的资源,降低生产成本和提高经济效益。

2. 能源高效利用。对工业企业的能源消耗情况进行监测和分析,找出能源利用效率低下的环节。通过采用节能技术和设备、优化生产流程等方式,提高能源利用效率,降低能源消耗成本。同时,可以探索开发可再生能源利用技术,如太阳能、风能等,进一步降低对传统能源的依赖。

3. 产品绿色设计。在产品设计阶段考虑循环经济理念,优化产品设计方案。通过使用环保材料、简化产品结构、提高产品可拆卸性等方式,降低产品制造过程中的资源和能源消耗。同时,可以考虑开发绿色产品和服务,满足市场和消费者的绿色需求。

4. 循环经济产业链构建。与上下游企业建立合作关系,共同构建循环经济产业链。通过实现资源共享、废弃物协同处理等方式,降低整个产业链的成本和风险。同时,可以与科研机构合作开发循环经济技术和装备,提高循环经济的科技含量和竞争力。

5. 争取政策法规支持。加强与政府部门的沟通和合作,争取相关的政策法规支持。可以申请与循环经济相关的资金支持、税收优惠等政策,降低循环经济的成本和风险。同时可以参与制定相关的法规和标准,推动循环经济的规范化和法治化进程。

6. 宣传推广与培训。加大对循环经济的宣传推广力度,提高公众和企业对循环经济的认知度和参与度。可以组织专题讲座、培训班等形式的活动向公众和企业普及循环经济知识和案例,同时可以与媒体合作开展宣传报道,扩大循环经济的影响力和示范效应。

为确保资源的高效利用和环境的持续改善,实施循环利用法必须遵循一系列严谨的操作方法:

废物分类。在生产过程中不可避免地会产生各种废物。要实现高效的回收利用,首先需要对这些废物进行细致的分类。分类可以依据废物的性质、来源、处理难度以及再利用潜力等多个维度进行。通过科学的分类,可以确保各类废物得到适当的处理,从而达到资源化、减量化和无害化的目标。

技术创新。随着科技的进步,越来越多的新技术和新工艺被应用到废物处理领域。研发和应用这些创新技术是实现废物再利用和资源化的关键。例如,某些高级氧化技术、生物处理技术等能够有效地降解有毒有害废物,同时回收其中的有价值的成分。

循环产业链。单纯的废物处理并不足以实现资源的最大化利用。因此,构建企业内部乃至跨企业的循环产业链显得尤为重要。通过产业链上下游的紧密合作,可以确保废物的产生、回收、再利用形成一个闭环,从而实现资源的高效循环和价值的最大化。

环保法规须遵守。任何生产和处理活动都必须在法规的框架下进行。为确保废物处理和循环利用活动的合法合规,企业必须严格遵守国家和地方的环保法规和政策要求。这不仅可以避免因违规操作带来的法律风险,还能够提升企业的社会形象,获得社会和消费者的认可。

遵循上述实施步骤,并结合企业的实际情况,可以确保循环利用法的高效实施,为构建资源节约型、环境友好型社会做出积极的贡献。在实施中还需注意以下事项:

1. 加强组织领导。

成立专门的循环经济工作领导小组。在政府层面,由发改、生态环境、工业和信息化等相关部门组成,负责全面指导、协调和监督循环利用法的实施。在企业层面,由企业主要负责人牵头,相关部门组成。

制定实施方案:领导小组需根据地方实际和企业情况,制定具体的循环利用法实施方案,明确短期和长期目标,以及实现这些目标的路径和措施。

明确部门职责:政府和企业相关部门要明确在循环经济工作中的职责和任务,形成工作合力,确保循环利用法的顺利实施。

2. 完善制度建设。

建立健全管理制度:制定和完善循环经济相关的管理制度,包括资源回收、再利用、废弃物处理等方面的规定,为循环经济的发展提供制度保障。

制定操作规范:针对各类企业和行业,制定详细的循环经济操作规范,确保企业在资源利用和废弃物处理等方面达到国家标准。

加强法规宣传和培训:通过广泛宣传和培训,提高企业和公众对循环利用法的认识和理解,增强其参与循环经济的自觉性和主动性。

3. 建立激励和约束机制。

财政政策激励:通过财政补贴、税收优惠等措施,鼓励企业开展循环经济实践,提高资源利用效率。

绿色金融支持:引导金融机构加大对循环经济项目的信贷支持力度,降低企业融资成本,推动绿色产业的发展。

约束机制:建立严格的监管和惩罚机制,对违反循环利用法规定的企业和个人进行处罚,确保法规的严肃性和权威性。

三、风险控制

在当下经济快速发展的背景下,资源短缺和环境问题日益突出,循环经济的发展模式受到了广泛关注。作为循环经济的重要手段之一,循环利用法在工业企业中得到了广泛应用,为提升亩均效益发挥了重要作用。然而,在实际操作过程中,该方法也面临着诸多风险。

(一)风险识别

1. 技术风险:循环利用技术的不成熟可能导致资源回收效率低下,甚至产生新的环境问题。

2. 市场风险:市场需求的波动和原材料价格的不稳定可能影响循环利用的经济效益。

3. 法规政策风险:相关法规政策的变化可能对循环利用产业的发展产生重大影响。

4. 社会舆论风险:公众对循环经济的认知度和接受度可能影响企业的形象和声誉。

(二)风险控制策略

1. 加强技术研发,提高资源回收效率。企业应加大科技投入,积极引进和研发先进的循环利用技术,提高资源回收效率。同时,应建立严格的技术评估机制,确保新技术在实际应用中的可行性和安全性。

2. 强化市场分析,降低市场风险。企业应密切关注市场动态,及时掌握市场需求和原材料价格的变化趋势。通过建立完善的市场预警机制,企业可以合理调整生产计划和营销策略,降低市场风险。

3. 关注法规政策动向，确保合规经营。企业应加强与政府部门的沟通联系，及时了解相关法规政策的变化情况。在此基础上，企业应调整自身发展战略和业务模式，确保在法规政策允许的范围内开展循环利用业务。

4. 加强公众沟通，提升企业形象。企业应积极开展循环经济知识的普及宣传活动，提高公众对循环经济的认知度和接受度。同时，企业应加强与利益相关方的沟通与合作，争取更多的支持和理解。在此基础上，企业可以通过开展社会责任实践和环保公益活动等方式，积极履行社会责任，提升企业形象和声誉。

5. 完善内部管理体系，提高风险防范能力。企业应建立健全内部管理体系，包括风险管理、内部控制和合规管理等方面。通过完善内部管理体系，企业可以规范自身经营行为，降低违法违规风险。同时，企业应定期开展风险评估和审计活动，及时发现并解决潜在风险问题。

6. 加强国际合作与交流，引进先进经验和技术。企业应积极参与国际循环经济领域的合作与交流活动，引进国际先进经验和技术成果。通过与国际同行开展深入合作与交流，企业可以不断提升自身在循环经济领域的竞争力和影响力。

总之，循环利用法在提升亩均效益方面具有巨大潜力，但同时也面临着诸多风险挑战。为了实现可持续发展目标并创造更大的价值，工业企业需要采取一系列风险控制策略来应对这些挑战。通过加强技术研发、市场分析、法规政策关注、公众沟通、内部管理体系建设以及国际合作与交流等方面的努力与实践，循环利用法将为企业带来更加稳健和可持续的发展前景。

四、实施效果评估

随着全球资源日益紧缺和环境问题日益严重，循环经济作为一种新的经济发展模式，受到了广泛关注。循环利用法是循环经济理念在工业企业中的具体应用,旨在通过资源和能源的高效循环利用,实现企业经济效益和环境效益的双提升。

1. 循环利用法的基本原则与实践

循环利用法遵循减量化、再利用、资源化三大原则,通过改进生产工艺、提高资源利用效率、减少废弃物排放等手段,实现工业企业内部的物质循环和能量高效利用。在实践层面,这涉及企业从产品设计、原材料采购、生产制造到产品销售、废弃物回收处理等各个环节的全过程管理。

2. 实施效果评估方法与指标体系

为科学评估循环利用法的实施效果,要根据实际构建一套综合评估指标体系,包括资源消耗指标、能源利用指标、废弃物排放指标、经济效益指标等。通过定量分析和定性评价相结合的方法,对各项指标进行权重赋值和综合评价,以全面反映循环利用法对提升亩均效益的贡献。

3. 挑战与对策。尽管循环利用法在提升亩均效益方面表现出色,但在实施过程中仍面临诸多挑战,如技术瓶颈、政策制约、市场接受度等。为应对这些挑战,我们提出以下对策:一是加强科技研发,破解关键技术难题;二是完善政策法规,提供有力制度保障;三是加强宣传教育,提高公众认知度和参与度。

五、典型案例

典型案例 1 ▶▶

金龙鱼粮油：循环经济推动者　引领行业绿色转型

益海嘉里金龙鱼粮油食品股份有限公司(以下简称“金龙鱼粮油”),位于上海市浦东新区,作为中国重要的农产品和食品加工企业,一直致力于推动循环经济发展,强调资源的最大化利用和废弃物的最小化排放,以实现工业企业的亩均效益最大化。通过提高资源和能源利用效率,降低生产成本,公司不仅在粮油行业取得了显著成就，同时也为中国乃至世界粮油产业转型升级树立了典范。

金龙鱼粮油，在全国拥有70多个已投产生产基地、100多家生产型企业，并新建多个生产基地，主要涉足油籽压榨、食用油精炼、专用油脂、油脂科技、水稻循环经济、玉米深加工、小麦深加工、大豆深加工、食品原辅料、中央厨房、粮油科技研发等产业。公司旗下拥有多个知名品牌，产品涵盖了小包装食用油、大米、面粉、挂面、调味品、食品饮料、餐饮产品、食品原辅料、饲料原料、油脂科技等诸多领域，同时，在国内建立了网点广泛、点面结合、渠道畅通的营销网络，为广大消费者提供全方位服务。

金龙鱼粮油在循环经济方面的探索和实践，体现在多个方面。首先，公司在粮油领域的科技创新方面取得了显著成就，研发出了“水稻循环经济、小麦精深加工、大豆精深加工、玉米精深加工、棕榈油精深加工、油脂副产品绿色加工利用”等新型循环经济产业模式。这些模式实现了粮食资源的高效综合利用，带动传统农业和农产品由粗放种植向精准生产转变，由初级加工向精深加工转变，由资源消耗型向高效利用型转变，促进了农业产业的精准定位、价值提升和产业链延伸。这些举措不仅有效减少了化石能源使用，推动了绿色低碳发展，也助力了实现“碳达峰、碳中和”目标。

其次，金龙鱼粮油依托其先进的研发中心，围绕粮油技术与产品研发、新产品及技术咨询、产品技术服务、科技合作与交流、粮油食品专业人才培育等方面进行创新研发。公司致力于改善当前的粮油食品加工技术和产品质量，开发绿色和白色生物技术，引领先进消费理念，支持更健康生活。同时，研发中心也专注于为粮油企业提供转型升级的解决方案，以达到不断优化资源、减少能源消耗、环境友好的可持续发展目标。

金龙鱼粮油的循环经济模式在粮油行业具有引领示范作用，也为中国乃至世界粮油产业转型升级树立了典范。公司的循环利用模式不仅理论基础扎实，更在实践中取得了显著成效。金龙鱼粮油的成功经验可操作、可复制，对中国乃至世界粮油产业转型升级具有引领、示范作用。

综上所述，金龙鱼粮油的循环经济典型案例展现了企业在循环经济领域的积极探索和实践。公司的成功经验为粮油行业的可持续发展树立了榜样，同时也为其他行业提供了宝贵的借鉴。益海嘉里金龙鱼粮油食品股份有限公司的创新实践和卓越成就，将持续推动中国粮油食品行业的可持续发展，为构建资源节约型、环境友好型社会贡献力量。

典型案例2▶▶

安徽九洲工业：循环利用法的行业标杆　效益与环境共进

在当今追求可持续发展、绿色环保的时代背景下，企业如何平衡环保责任与经济效益已成为一个重要课题。安徽九洲工业有限公司（以下简称“九洲工业”），作为积极响应国家绿色发展号召的先锋企业，通过其前瞻性的循环经济理念和创新的资源循环利用实践，为这一课题提供了富有启发性的解答。

（一）循环经济理念：九洲工业的绿色基因

循环经济，作为一种以资源节约和循环利用为特征、与环境和谐的经济发展模式，正逐渐成为全球经济发展的新趋势。九洲工业自成立之初，就敏锐地洞察到了这一趋势，并将循环经济理念深深植入了企业的发展基因中。在九洲工业看来，循环经济不仅是一种环保理念，更是一种创新的发展模式和竞争优势。因此，企业在产品设计、生产流程、废弃物处理等各个环节都始终坚持节约、回收、再利用的原则，力求实现资源的最大化利用和废弃物的最小化排放。

（二）循环利用法：九洲工业的绿色实践

九洲工业在循环经济理念指导下，形成了一套独具特色的废弃物处理和资源化利用方法。这一方法的核心在于通过技术创新和设备升级，将生产过程中的废弃物转化为可再利用的资源，从而实现废弃物的减量化、无害化和资源化，从而构建了一个高效的循环利用体系。

资源的再生利用:九洲工业通过引进国际领先的技术和设备,对生产过程中的废品、边角料等进行精细化处理,将其转化为高质量的再生材料。这些再生材料不仅性能稳定、质量可靠,而且价格较低,为企业节约了大量原材料成本。同时,通过资源的再生利用,九洲工业也成功打破了原材料供应的瓶颈,为企业的持续发展提供了有力保障。

废弃物的减量化处理:在生产过程中,九洲工业始终坚持源头控制、过程优化和末端治理相结合的原则,通过改进生产工艺、提高设备效率、优化物料配比等措施,实现了废弃物的减量化。同时,企业还建立了严格的废弃物管理制度和监测体系,确保废弃物的产生、储存、运输和处理都符合环保要求。

废弃物的无害化与资源化:对于无法避免的废弃物,九洲工业采用了先进的无害化处理技术,如高温焚烧、生物降解等,确保废弃物不对环境和人体健康造成危害。同时,企业还积极探索废弃物的资源化利用途径,如将废弃物作为原料生产新型建材、将废弃物中的有用成分提取出来进行再利用等,从而实现了废弃物的变废为宝。

(三)节能措施与技术创新:九洲工业的绿色动力

在循环经济理念的指导下,九洲工业不仅在废弃物处理上取得了显著成效,还在节能措施与技术创新方面做出了积极努力。

厂区布置与节能设计:九洲工业的厂区布置充分考虑了节能因素,建筑物自然采光和自然通风的设计,减少了日常照明和通风的能耗。同时,企业还合理安排生产设备的位置和流向,使得能源在传输过程中的损耗降到最低。

先进设备与节能技术:为了提高能源利用效率,九洲工业引进了行业内最领先的超大吨位窑炉和全球最先进的生产线。这些设备采用了先进的节能技术,如热工系统优化、余热回收等,使得企业在生产过程中能够最大限度地降低能源消耗。

(四)综合节能效果与行业影响:九洲工业的绿色成果

通过实施循环利用法和一系列节能措施,九洲工业在能源消耗和废弃物排放上取得了显著的成效。据统计,企业的综合能耗指标和废弃物排放指标均达到了国内同行业先进水平。这不仅为企业节约了大量成本,提高了经济效益,也为环境保护做出了积极贡献。

九洲工业的成功实践在行业内产生了广泛的影响。越来越多的企业开始关注并学习九洲工业的循环经济理念和循环利用法,将其作为自身绿色转型和可持续发展的重要参考。同时,九洲工业也积极参与行业交流和合作,通过分享经验、推广技术等方式,推动整个行业的绿色发展和进步。

综上所述,安徽九洲工业有限公司通过其前瞻性的循环经济理念和创新的循环利用实践,展示了企业如何在追求经济效益的同时,积极履行社会责任、保护环境、实现可持续发展。九洲工业的成功经验不仅为企业自身带来了可观的经济效益和社会效益,更为中国制造业的绿色转型和可持续发展提供了宝贵的借鉴和启示。

典型案例3 ▶▶

安徽金禾实业:资源高效循环　实现经济与环保双赢

安徽金禾实业股份有限公司(以下简称"金禾实业")自成立以来,始终秉持绿色、环保、可持续的发展理念,是一家集研发、生产、销售于一体的创新型化工企业。公司主要产品包括甜味剂安赛蜜、三氯蔗糖和香料麦芽酚等,服务于食品饮料、日用消费、医药健康等多个领域。通过高效循环利用资源,不仅提升了企业的经济效益,更为社会的环境保护事业做出了显著贡献。

(一)金禾实业的循环经济实践

金禾实业深知,在资源日益紧缺、环境压力日益增大的今天,走循环经济之路是企业生存和发展的必然选择。因此,公司按照"减量化、再使用、资源化"

的原则，对生产过程中的原料、能源、废弃物等进行了全面的管理和优化。

在原料方面，金禾实业通过技术创新和工艺改进，实现了原料的高效利用。例如，在生产甜味剂的过程中，公司采用了先进的生产技术和设备，将原料的利用率提高到了极致。同时，公司还注重副产品的开发和利用，将原本可能被废弃的副产品转化为有价值的产品，进一步提高了资源的利用效率。

在能源管理方面，金禾实业采取了全面而系统的措施。公司建立了完善的能源管理体系，对能源消耗实施严格的监控和管理。通过设备升级、工艺优化等措施，公司成功降低了能源消耗量，提高了能源利用效率。此外，金禾实业还积极利用可再生能源，如太阳能、生物质能等，进一步减少了对传统能源的依赖，降低了碳排放量。

在废弃物处理方面，金禾实业更是下足了功夫。公司建立了完善的废弃物处理系统，对生产过程中产生的废弃物进行了分类处理。对于可回收的废弃物，公司进行了回收和再利用；对于不可回收的废弃物，公司则通过焚烧、填埋等方式进行了无害化处理。同时，公司还与第三方环保企业合作，将部分难以处理的废弃物转化为可再利用的资源，实现了废弃物的减量化和资源化。

（二）金禾实业的循环经济成果

金禾实业的循环经济实践取得了显著的成果。首先，在经济效益方面，通过高效循环利用资源，公司成功降低了生产成本，提高了产品竞争力。2022 年度，公司实现营业收入 72.50 亿元，净利润 16.95 亿元。这一优异成绩的取得，与公司在循环经济方面的持续努力和创新密不可分。

其次，在环境效益方面，金禾实业的环保措施也得到了社会的广泛认可。公司的废弃物排放量大幅减少，能源消耗量有效降低，碳排放量也得到了有效控制。

此外，金禾实业还荣获了多项荣誉称号，如国家高新技术企业、国家知识产权示范企业等。这些荣誉的获得，不仅是对公司在科技创新和知识产权保护方面的肯定,也是对公司在循环经济实践方面的认可。

(三)金禾实业循环经济实践的启示与借鉴

金禾实业的循环经济实践为其他企业提供了宝贵的启示。首先,企业需要树立绿色、环保、可持续的发展理念,将循环经济作为企业发展的重要战略。其次,企业需要注重技术创新和工艺改进,提高原料、能源、废弃物的利用效率。最后,企业需要建立完善的资源管理体系和废弃物处理系统,确保资源的最大化利用和废弃物的最小化排放。

同时,政府和社会各界也应给予企业更多的支持和鼓励。政府可以通过政策引导、财政支持等方式,推动企业走循环经济之路。社会各界则可以通过宣传教育、舆论监督等方式,提高企业的环保意识和责任感。

总之,安徽金禾实业股份有限公司的循环经济实践充分展示了循环经济理论在实际操作中的有效性。通过技术创新和管理升级,金禾实业实现了资源的最大化利用和废弃物的最小化排放,提高了企业的经济效益和环境效益。这一案例为其他工业企业提供了宝贵的经验,也为社会的可持续发展提供了有力支持。

典型案例4 ▶▶

深圳润颉生物科技有限公司:促进绿色生产力发展的典范

深圳润颉生物科技有限公司(以下简称“润颉生科”)通过其创新自研产品“活性蛋白肽氨基酸肥”,为我国坚定不移走生态优先、绿色发展之路提供了一个典型案例。该公司充分践行循环经济理念,成为促进绿色生产力发展的典范。

(一)循环经济理念的创新实践

1.“变废为宝”的积极探索。润颉生科的“活性蛋白肽氨基酸肥”生产过程充分体现了循环经济理论的应用。该公司巧妙地将沿海地区食品加工过程中产生的鱼虾等废弃物,以及养殖场的病亡动物作为原料,通过无害化处理和生物降解,将这些本应成为环境负担的废弃物转化为高价值的农业投入品。这一做法不仅实现了“变废为宝”,还大大减少了废弃物排放,为构建绿色低碳循环经济体系做出了积极贡献。

2. 生态学理论的实际运用。润颉生科的生产模式体现了工业生态学理论的核心思想。通过模仿自然生态系统的运行方式,公司建立了一个高效的资源循环利用系统。其独家低温酶解工艺不仅确保了产品的高质量,还最大限度地保留了原料中的有效成分,减少了能源消耗和废弃物产生。这种生产方式优化了整个生产流程,实现了资源的高效利用和废弃物的最小化排放。

3. 可持续发展理念的贯彻。润颉生科的发展战略充分体现了可持续发展理论的核心理念。公司通过生产环保型肥料,不仅创造了经济效益,而且可有效改善农业生产对环境的影响。“活性蛋白肽氨基酸肥”的应用,有效减少了化学肥料的使用,改善土壤质量,提高作物产量和品质,实现了经济效益、社会效益和生态效益的统一。

4. 企业成本理论的实际应用。从企业成本理论角度来看,润颉生科的做法不仅降低了自身的生产成本,而且为农业生产提供了一种更经济、更高效的肥料选择。通过废弃物再利用,公司大大降低了原料成本,同时由于产品的高效性,在农业生产应用过程中也能获得更高的投入产出比,实现了双赢。

(二)生物科技产品的创造应用

润颉生科的"活性蛋白肽氨基酸肥"富含18种植物可吸收的高活性氨基酸,并添加了多肽、抗菌肽和天然壳聚糖。这种全面的营养配方不仅为植物提供了全面的营养支持,还增强了植物的抗病能力。产品的研发成功,离不开其雄厚的科研实力和广泛的产学研合作。润颉生科与国内10多所农业类大学及专家研究院建立了紧密的合作关系,确保了产品研发的科学性和先进性。

1. 绿色双减效果。润颉生科的“活性蛋白肽氨基酸肥”的使用,显著减轻了对土壤和植物的毒副作用，改善了土壤质量。这不仅降低了肥害，还提高了土壤肥力，为可持续农业发展奠定了基础。此外，"活性蛋白肽氨基酸肥"不仅为植物提供营养，还能活化土壤养分，促进根际微生物的繁殖和生长，提高土壤保水保肥能力。同时，它还能钝化重金属元素，减轻对土壤和植物的毒副作用，从根本上改善土壤质量。

2. 显著的增产效果。经广泛试验应用表明，"活性蛋白肽氨基酸肥"在多种作物的应用中展现出显著的提质增产效果。例如在苜蓿种植上，鲜草亩产提升39.95~640.32千克（增幅6.93%~36.04%）；在饲用燕麦种植上，鲜草亩产提升252.5千克（增幅21.16%），干草亩产提升31.56千克（增幅37.55%）；在棉花种植上，亩产提升15.56千克（增幅15.25%）；在板蓝根种植上，亩产提升35.9千克（增幅11.8%）；在水稻种植上，亩产提升88.6千克（增幅14.66%）；在番茄种植上，亩产提升108.6千克（增幅13.56%）。这些数据充分证明了产品在提高作物产量方面的显著效果，为农民增收提供了有力支持。

3. 提高作物品质。除了产量的提升，"活性蛋白肽氨基酸肥"还能提高作物品质。例如，产品的使用使得苜蓿的相对饲料价值（RFV）和粗蛋白（CP）含量有所提升；甜菜糖分含量有所提升；小麦、水稻千粒重有所增加；玉米淀粉含量有所提升；番茄可溶性固形物、红黄比、VC含量有所提升等，这些提高对作物品质具有重要意义。此外，还能显著提高作物对干旱、高温、淹涝、盐胁迫等不良环境的耐受能力。特别是其中的小分子肽具有清除部分有害菌、抗氧化、抗重金属毒害的能力，对抵抗作物病害有显著作用。

（三）绿色生产力发展前景广阔

新质生产力本身就是绿色生产力。润颉生科采用资源节约、环境友好型技术和绿色、低碳、循环、可持续的生产方式，高度契合新质生产力的要求。

1. 广阔的市场前景。目前，全国牧草市场保有量达447万公顷（约6700万亩），市场容量合计1670亿元，其中氨基酸肥每年市场容量达70亿元。主要种植区域分布在甘肃、宁夏、新疆、青海、内蒙古、四川、贵州、广西、湖北、江苏、福建等地。润颉生科根据国务院办公厅国办发〔2020〕31号文件的要求,加快生物饲料开发应用,研发推广新型安全高效饲料添加剂,发展绿色生产力,符合国家政策导向。

2. 旺盛的市场需求。随着人民生活水平的不断提高,居民对牛肉和牛奶制品的需求持续增加。2022年我国牛奶产量为3931.63万吨,同比增长6.8%;需求量为4026.96万吨,同比增长5.8%。这种持续增长的需求为润颉生科的产品提供了广阔的市场空间。

3. 战略性市场布局。润颉生科的"活性蛋白肽氨基酸肥"在牧草行业龙头企业田园牧歌经过近2年的试验和使用,取得了显著效果。基于在甘肃、宁夏、内蒙古等地的成功经验,润颉生科将按照发展规划,沿胡焕庸线,向西北、东北和华中广大地区辐射,将来占据现有牧草产区60%以上的使用覆盖。这一战略性布局将为润颉生科的快速发展奠定坚实基础。

润颉生科的成功案例充分证明,通过科技创新和循环经济理念的结合,企业可以在创造经济价值的同时,实现环境保护和资源节约的目标。这种发展模式不仅符合国家的可持续发展战略,也为其他企业提供了宝贵的经验。

(资料来源:深圳润颉生物科技有限公司及其相关检测报告)

典型案例5 ▶▶

安徽界首高新区:构建绿色低碳循环经济体系

安徽阜阳界首高新技术产业开发区(以下简称"界首高新区")自2016年成立以来,坚持贯彻"绿水青山就是金山银山"的发展理念,以资源循环利用产业为支柱,构建了一个绿色低碳的循环经济体系,拥有"国家级绿色园区""国家新型工业化产业示范基地""国家动力电池循环利用特色产业基地""国家绿色产业示范基地"等国家级荣誉20余项。通过实施循环利用法,界首高新区实现了经济效益与环境效益的双赢。

（一）循环经济体系的构建

1. 产业链整合。界首高新区以资源循环利用产业为核心，构建了完整的产业生态系统。园区内形成了以新能源、新材料、新装备、新服务为主导，体育、纺织为特色的产业格局。这种多元化的产业结构为实施循环利用法提供了广阔的空间。例如，在新能源领域，园区引进了动力电池回收利用企业，与上游的电池生产企业和下游的新能源汽车制造商形成了闭环。废旧电池经过回收处理后，可以提取有价金属如锂、钴、镍等，这些材料再次用于生产新的电池，大大降低了原材料成本，同时减少了环境污染。

2. 废弃物资源化利用。园区积极推动废弃物的资源化利用。以纺织产业为例，园区引进了先进的纺织废料回收技术，将废旧纺织品通过分拣、清洗、粉碎等工序，转化为再生纤维，用于生产新的纺织品或其他产品。这不仅降低了企业的原材料成本，还减少了废弃物的处理压力。相关统计资料显示，2023年园区纺织废料回收利用率达到85%，年处理量约2万吨，为企业节省原材料成本约1.5亿元，同时减少了约1.7万吨的碳排放。

3. 能源梯级利用。界首高新区还注重能源的梯级利用。园区建立了集中供热系统，利用高温蒸汽首先满足高能耗企业的需求，余热再用于低能耗企业和园区办公区域的供暖。这种能源梯级利用方式提高了能源利用效率，减少了能源浪费。2023年，通过能源梯级利用，园区整体能源利用效率提高了20%，年节约标准煤约5万吨，相当于减少二氧化碳排放15万吨。

（二）数字化赋能循环经济

1. 工业互联网平台建设。界首高新区建立了先进的工业互联网平台，通过工业物联中心和工业大数据中台，实现了园区内企业、设备、资源的全面连接和数据共享。截至2023年底，平台已服务110多家企业，接入设备超过1750台。平台的建立为实施循环利用法提供了强大的数据支撑和决策依据。例如，通过分析企业生产数据，平台可以精准预测废弃物产生量，优化回收和处理流程，提高资源循环利用效率。

2. 智能化生产管理。依托工业互联网平台，园区企业实现了生产过程的智能化管理。以某新材料企业为例，通过实时监控生产线的运行状态，企业可以及时调整生产参数，减少原材料浪费，提高产品质量。该企业通过智能化改造，原材料利用率提高了8%，年节约成本约2000万元。

3. 供需精准对接。平台还提供了供需对接服务，实现了园区内企业之间的资源共享和互补。例如，某塑料制品企业的废料可以成为另一家企业的原材料。通过平台的智能匹配，2023年园区内企业间的废弃物交易量达到5万吨，创造经济价值约3亿元。

（三）成效与展望

1. 经济效益。2023年园区总营业收入达392.65亿元，同比增长15%。其中，循环经济相关产业营收占比超过60%。

2. 环境效益。园区内资源循环利用率达到85%，比2016年提高了30个百分点。废水回用率达95%，固体废弃物综合利用率达98%。

3. 社会效益。园区带动就业2万余人，其中循环经济相关岗位占40%。园区的成功实践为周边地区提供了可复制的经验。

界首高新区的实践证明，循环利用法不仅是一种环保理念，更是推动经济高质量发展的有效途径。通过产业链整合、废弃物资源化、能源梯级利用等措施，结合数字化技术和政策创新，可以实现经济效益、环境效益和社会效益的协同提升，为构建绿色低碳循环经济体系提供了有力支撑。

（资料来源：安徽省工业和信息化厅《安徽省制造业数字化转型案例选编》，2024年7月）

六、总结与展望

循环利用法将废品变为可利用材料，既有利于环境保护，又可以降低企业成本。实施过程中，企业应关注废物处理和循环利用技术的发展动态和政策导向，及时引进和应用新技术、新工艺。同时，要加强企业内部循环产业链的构建和管理，实现废物的最大化利用和价值提升。

循环利用法对于提升亩均效益具有显著作用，表现在资源消耗降低、能源利用效率提高、废弃物排放减少以及经济效益提升等方面。然而，实施过程中存在的挑战也不容忽视，需要综合施策加以应对。

展望未来，随着科技进步和制度创新的不断推进，循环利用法将在工业企业中发挥更大的作用，为实现可持续发展做出重要贡献。

第 12 章 “腾笼换鸟”法

“腾笼换鸟”法，注重有为政府与有效市场的结合，通过对低效土地和厂房进行置换，引进高产出项目和企业，实现土地资源的优化配置和高效利用，提高工业企业亩均效益。

一、理论依据

1. 土地资源优化配置理论。土地资源是有限的，应通过市场机制和政府引导，实现土地资源的优化配置，提高土地利用效率。

2. 产业升级理论。产业升级是提高经济发展质量和效益的重要途径，应通过引进高技术、高附加值产业，推动产业结构优化升级。

3. 可持续发展理论。可持续发展要求经济、社会、环境三者协调发展，腾笼换鸟法旨在实现土地资源的高效利用，同时降低对环境的负面影响，符合可持续发展理念。

4. 经济转型理论。土地利用效率是经济发展的关键因素之一，优化土地资源配置是实现经济转型的重要手段。

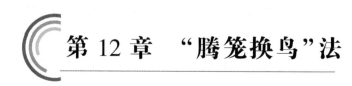

二、实施步骤

1. 土地资源评估。首先,需要对现有土地资源进行全面而深入的评估。这一过程不仅涉及土地的利用效率和产出效益,还包括环保状况、基础设施配套性、交通便利性等多个维度。通过专业的评估团队,运用GIS地理信息系统、遥感技术等现代手段,对土地的实际使用情况进行精确测绘,同时结合区域经济发展规划,对土地的潜在价值和未来发展前景进行预测分析。在此基础上,识别出那些产出低效、环保不达标、产能过剩的土地和厂房,作为“腾笼换鸟”的对象。

2. 招引高产出项目。根据土地资源评估的结果,结合区域产业发展规划,制定有针对性的招商引资方案。这一方案应当明确指出所需引进项目的产业类型、投资规模、技术水平和环保要求等关键指标。通过政策引导和市场机制,激励低效企业主动退出,为高产出、高技术含量、高附加值的项目和企业腾出空间。同时,政府部门或工业园区管委会应当提供包括办证费用减免、金融贷款支持等在内的政策激励,吸引具有强大市场竞争力和创新能力的企业入驻。

3. 合同签订。在招引项目的过程中,与潜在投资者进行充分的沟通和谈判是至关重要的。这一阶段需要明确双方的权利和义务,包括但不限于土地使用权转让、投资额度、建设期限、环保责任等。签订投资合同时,应确保合同的法律效力和执行力,为双方提供一个清晰、公正的合作框架。

4. 项目落地。在合同签订后,政府部门和相关机构应积极配合投资者,协助其完成土地购置、规划审批、厂房建设等一系列前期工作。在此过程中,要确保项目建设符合规划要求和环保标准,同时协调解决可能出现的土地征用、拆迁补偿等问题,确保项目能够按计划顺利实施。

5. 后续服务。项目落地后,政府部门和服务机构应继续提供全方位的后续服务。这包括但不限于政策咨询、融资支持、人才培训、技术创新、市场拓展等方面。通过建立健全的服务体系,帮助企业解决在生产经营过程中遇到的困难和问题,促进企业快速成长和产业链的健康发展。

三、风险控制

在实施腾笼换鸟法引入新项目的过程中,风险控制是确保项目顺利进行和长期稳定发展的关键。

1. 法律风险控制。政府在招商引资和项目落地过程中,应严格遵循《中华人民共和国合同法》《中华人民共和国土地管理法》等相关法律法规,确保所有合同条款的合法性和有效性。在签订新项目合同前,应由专业法律团队进行审查,确保合同中的权利义务明确,风险分担合理。同时,政府还应设立法律顾问团队,为项目提供全程的法律咨询和服务,以防范潜在的法律纠纷。

2. 市场风险控制。在项目前期,政府应联合第三方市场研究机构对新项目的市场前景进行深入的市场调研和评估。例如:某地引进新能源汽车项目时,根据评估报告显示,随着新能源汽车行业的快速发展,以及智能制造技术的不断进步,新项目在未来五年内的市场需求增长率预计将达到年均20%。此外,政府还应积极为新项目提供市场拓展支持,包括行业展会参展、商务洽谈等,以增强其市场竞争力和盈利能力。

3. 技术风险控制。为了确保“腾笼换鸟”新项目技术的先进性和可行性,政府可以引入国内外的技术专家进行评审,并与知名高校和科研机构建立合作关系,共同进行技术研发和创新。同时,政府还可以设立技术风险基金,用于应对技术升级换代和意外技术故障的风险。

4. 环境风险控制。环保是各地园区“腾笼换鸟”法实施的重要考量之一。在项目评估阶段,政府要对新项目的环保状况进行严格的审查,确保其生产过程中的废气、废水、废渣等排放符合《中华人民共和国环境保护法》等环保标准和要求。此外,政府还应要求新项目建立完善的环境管理体系,定期进行环境影响评估,并向社会公开环保信息。

5. 社会风险控制。新项目的引入,对园区的社会经济发展具有重要影响。政府在项目实施过程中,应充分考虑项目对当地就业、居民生活和社会稳定的影响。为了确保项目符合社会公共利益和道德标准,政府可以设立社会影响评估小组,对项目可能产生的正面和负面影响进行全面评估,并通过公开听证会、社区座谈会等形式,广泛听取社会各界的意见和建议。同时,政府还应为受影响的居民提供就业培训和安置服务,确保项目的社会效益最大化。

通过上述风险控制措施的实施,政府及园区可以确保新项目的顺利进行和长期稳定发展,为区域经济转型升级和可持续发展提供有力保障。

四、实施效果评估

为确保腾笼换鸟法的实施效果,不仅需要在政策实施前进行周密的规划和预测,还需要在政策实施后定期进行细致的效果评估。这种评估是一个多维度、动态的过程,涉及土地利用、经济产出、环境保护和社会效益等多个方面。

1. 土地利用效率。土地资源是有限的,提高土地利用效率是实现可持续发展的关键。在实施“腾笼换鸟”法后,可以通过 GIS(地理信息系统)技术对比引进项目前后的土地使用情况,包括土地覆被类型、土地使用强度等。例如,假设在政策实施前,某地区的土地利用效率为每公顷产值 5 万元,而在引进某高科技企业后,该地区的土地利用效率提升至每公顷产值 10 万元,这表明“腾笼换鸟”法对土地资源优化配置做出了显著贡献。

2. 产出效益。产出效益是衡量经济发展的重要指标。可以通过财务分析方法,对比引进项目前后的营业收入、净利润、投资回报率等财务指标。例如,某地引进的“智能制造集团”在投产后,年营业收入从 2 亿元增长到 5 亿元,净利润率从 10%提升到 15%,投资回报期从 5 年缩短到 3 年,这些数据直观地反映了腾笼换鸟法对经济发展的积极影响。

3. 环保状况。环境保护是现代社会发展的重要组成部分。可以通过环境监测站点收集的数据，评估引进项目的废气排放、废水排放、固体废物处理等环保指标是否达到了预设的环保标准。例如，某地新引进的“绿色能源项目”采用了先进的废气净化技术，将原本的 SO_2 排放量从每年 1000 吨降低到 200 吨，显著改善了当地的空气质量。

4. 社会效益。社会效益是评估政策影响的重要维度。可以通过社会调查、统计数据分析等方法，评估引进项目对当地就业、税收、居民生活水平等方面的影响。例如，某地引进的“高端装备制造企业”在当地创造了 1000 个就业岗位，年税收贡献增加到 5000 万元，同时带动了周边服务业的发展，提高了居民的就业率和收入水平。

综上所述，实施效果评估是一个系统工程，需要综合运用多种方法和技术，收集和分析大量数据。通过这些评估指标的定期检测和分析，可以全面了解“腾笼换鸟”法的实施效果，为政策的调整和优化提供科学依据。同时，这也有助于提升政府的公信力和透明度，增强公众对政策的信任和支持。

五、典型案例

典型案例 1 ▶▶

合肥经开区：资源重整引领产业蜕变

面对区域竞争压力和经济发展转型需求的双重挑战，合肥经济技术开发区（以下简称“合肥经开区”）积极实施“腾笼换鸟”策略，通过优化土地资源配置，引进高产出项目和企业，成功推动了区域经济的持续健康发展。

（一）背景介绍

随着中国经济步入新常态，传统发展模式难以适应新的发展需求。为此，合肥经开区积极探索新的发展路径，于 2016 年 12 月 1 日出台了《合肥经济技术开发区促进工业企业增效升级的若干政策(试行)》等四个文件。这些政策以“亩均论英雄”为核心理念,对占地工业企业实施科学有效的动态评价,并制定差异化扶持政策,旨在提高工业企业的亩均效益,促进区域经济的转型升级。

(二)政策实施

在政策实施过程中,合肥经开区采取了多种措施,确保“腾笼换鸟”法的顺利实施。

1. 建立科学有效的评价机制。合肥经开区构建了以亩均税收为核心指标的工业企业绩效综合评价体系,对占地工业企业进行科学有效的动态评价。通过这一机制,经开区能够及时了解企业的运营状况,为政策制定和调整提供数据支持。

2. 实施差异化的扶持政策。根据评价结果,合肥经开区对A类企业实施了一系列的扶持政策,包括税收优惠、资金扶持、土地供应等,鼓励其继续扩大生产规模,提高亩均效益。同时,对低效企业采取限制措施,促使其进行整改或退出市场。

3. 建立兼并重组激励机制。为了进一步盘活低效存量资产,合肥经开区建立了兼并重组激励机制,鼓励和引导符合条件的区内外龙头优势企业通过参股、控股、收购、兼并、合资、合作、合并等形式对区内低效企业进行并购重组。这一措施有效地促进了资源要素的整合和优化配置,带动了区域产业的升级。

(三)实施成效

合肥经开区组织开展2016—2018年度三次占地工业企业绩效综合评价工作。评价结果显示,328户占地工业企业亩均税收从17.7万元提升至22.41万元;A类企业数量从67户增至85户,其亩均税收从30.14万元提升至32.64万元;低效企业占地面积比例从30.2%降至17.7%。2020年,经开区A类企业克服新冠疫情等外部风险不利影响,在国家全面推行减税降费的前提下,将亩均税收进一步提升至34.11万元。

济钢日力项目是合肥经开区"腾笼换鸟"法实践中的一个典型案例。由于国内产能严重过剩和市场等原因,济钢日力的327亩土地和10.7万平方米地上建筑物长期处于低效利用或闲置状态。到2017年8月底,企业面临9800万元的大额抵押贷款到期无法转贷的困难,资金压力持续加大,如不能按期偿还,企业可能走向破产清算。

为了盘活低效用地,合肥经开区积极采取市场化运作方式,鼓励和引导海尔集团对济钢日力的全部土地和厂房进行收购。海尔集团在此基础上建设了年产300万台滚筒洗衣机和150万套中央空调等高端家电智能工厂项目。这一项目有效整合和盘活了327亩低效土地等资源要素,化解和淘汰了过剩落后产能,实现了资源的高效利用和产业结构的优化升级。

合肥经开区的"腾笼换鸟"策略实践表明,通过优化土地资源配置、引进高产出项目和企业,可以有效地提高工业企业的亩均效益和区域经济的竞争力。该政策通过科学有效的评价机制、差异化的扶持政策和兼并重组激励机制等措施促进了资源要素的整合和优化配置,带动了区域产业的升级。同时,"腾笼换鸟"法也为其他类似地区提供了可借鉴的经验和启示:在经济发展转型过程中应积极探索和实践新的发展模式和政策措施,以适应新的发展需求并推动经济的持续健康发展。

典型案例2▶▶

安徽当涂县:"八维模式"激活土地再生

安徽当涂县作为一个典型的工业县,长期以来面临着如何提高土地资源利用效率的问题。为了提高工业企业亩均效益,当地政府积极推行"腾笼换鸟"法,旨在通过对低效土地和厂房进行置换,引进高产出项目和企业,实现土地资源的优化配置和高效利用。当涂县按照"一企一地一策"的思路,采取了一系列举措,通过自主改造、收储出让、司法拍卖、"腾笼换鸟"、闲置调查、分割转让、存储处置、租赁重组等八种模式，成功实现了低效闲置土地的再盘活再利用。

1. 自主改造模式。当涂县通过建立企业退出倒逼机制和配套激励扶持政策，鼓励企业自主改造，增资扩产。例如，安徽长江物流有限责任公司码头工程项目改造前长期将地块作为堆料场、物流区使用，土地利用粗放，产出效益低。通过下达相关通知书，督促企业追加投资，提高土地利用强度。该公司成功改造后土地利用强度明显提升。另外，马鞍山鑫恒晟企业管理有限公司智能产业园项目二期搁置，通过“引导续建”的方式成功帮助企业招商融资，消除企业顾虑，实现了土地的有效利用。

2. 收储出让模式。当涂县仔细梳理暂时没有投资意愿的企业，与企业协商签订《项目终止协议》，确定拟再开发利用土地存储期限为一年。以这种方式成功处置了低效工业用地，如马鞍山绿洲高新技术创业服务有限责任公司的标准化厂房二期地块长期闲置，通过协商收储出让，成功引进了新的企业入驻，实现了土地的再盘活。

3. 司法拍卖模式。当涂县加强针对性招商，落实二次招商引入项目优惠政策，鼓励有投资意向的企业参与司法拍卖。通过司法拍卖成功处置了低效、闲置工业用地，如安徽徽铝铝业有限公司破产导致土地用而未尽，通过司法拍卖程序以底价收回土地使用权，重新调整规划后将原徽铝铝业建设用地重新推向市场，实现了土地的再利用。

4. “腾笼换鸟”模式。当涂县主动参与企业协商处置事宜，给予政策优惠、帮助办理手续，鼓励企业通过转让引进等方式盘活低效闲置土地和厂房。通过这种方式成功处置了低效闲置工业土地，实现了土地的再盘活。

5. 闲置土地调查模式。当涂县对企业用地、建设、税务等情况进行全面排查，建立低效企业用地和闲置土地台账。通过开展闲置土地调查，成功认定了闲置土地，并进行了相应的处理，实现了土地资源的再利用。

6. 分割转让模式。当涂县通过分割转让方式处置了低效工业用地，帮助引进新的企业入驻，实现了土地资源的再盘活。

7. 存储处置模式。当涂县摸排停产和半停产企业，选择双方认可的第三方机构对企业资产进行评估，将有转让意愿的企业纳入存储名单，优先安排招商引资企业入驻，实现了土地资源的再利用。

8. 租赁重组模式。制定闲置厂房企业名单目录，建立企业厂房面积、用途和结构等信息详细台账，做好分类宣传，引导企业招租优质企业落户。

以上八种模式的成功案例充分展示了当涂县在推行“腾笼换鸟”法过程中的丰硕成果。当涂县政府为提高土地资源利用效率、促进经济发展做出了积极的探索和努力。同时，这些案例也为其他地区提供了宝贵的经验和借鉴，为推动全国土地资源的优化配置和高效利用贡献了力量。

（备注：本条案例改编自《开展“亩均论英雄”改革推动制造业提质扩量增效（2021）》）

典型案例 3 ▶▶

安徽明光经开区：换羽高飞　重塑产业格局

安徽明光经济开发区曾以传统制造业作为经济支柱。然而，随着经济发展和产业升级，区域内部分低效、高耗能的企业已不适应新时代发展要求。为提高土地资源利用效率并优化产业结构，安徽明光经济开发区决定实施“腾笼换鸟”战略。

（一）实施过程

1. 评估与筛选：安徽明光经济开发区管委会成立专项工作组，对区域内的工业企业进行全面评估，筛选出一批亩均效益低、能耗高、环保不达标的企业。

2. 政策制定与激励：出台一系列优惠政策，包括税收减免、财政补贴、融资支持等，鼓励相关企业搬迁或转型升级，并提供相应搬迁补偿。

3. 引进新项目:通过国内外招商引资,成功吸引一批智能制造高科技企业入驻,这些企业专注于智能制造和高端电子产品的研发与生产。

4. 土地整治与基础设施建设:对原有低效企业的土地进行整治和环境修复,同时升级配套基础设施,为新项目落地提供良好条件。

(二)案例成果

新项目的引入,不仅提高了明光经济开发区的亩均产值,还带动了一系列相关产业的发展,如智能硬件供应、新能源材料研发等。此外,新入驻企业与高校和研究机构建立合作关系,推动产学研一体化的发展,提升了开发区的创新能力和核心竞争力。

(三)社会影响

“腾笼换鸟”战略的成功实施,实现了土地资源的优化配置和高效利用,为地区可持续发展奠定坚实基础。这不仅优化了产业结构,还提升了环境质量和居民的生活水平,为明光经济开发区的长远发展注入新的活力。

典型案例 4 ▶▶

佛山市某经济开发区:空间再造　赋能新产业

广东省佛山市某经济开发区的转型升级是中国制造业转型的一个缩影。在全球经济一体化和国内经济结构调整的大背景下,该开发区勇于自我革新,对原有的传统制造业园区进行了深度规划。在政府的引导下,一些环保不达标、能耗高、附加值低的企业被搬迁出园区。这些企业在政府的政策引导和经济补偿下,有的选择了转型升级,有的则搬迁至其他地区。例如,原本以生产传统塑料制品为主的某塑业有限公司在政府的扶持下,转型为生产生物降解塑料的高新技术企业,产品远销欧美市场。

腾出的土地和厂房经过环境整治和基础设施改造后,成为高科技企业的新家园。例如,某新材料科技有限公司就是在这样的环境下入驻的,该公司专注于研发和生产新型太阳能电池材料，其亩均税收和营业收入是原企业的5倍，有效提升了园区的整体经济效益。

典型案例5▶▶

广东省某老工业基地：破旧立新　产业焕新生

广东省某老工业基地，曾是中国沿海的重要工业区，但随着时间的推移，产业结构单一、工业企业效益低下的问题日益凸显。面对这一局面，当地政府采取了果断措施，实施了“腾笼换鸟”计划，对老旧工业区进行全面的改造升级。政府不仅提供政策支持，还给予资金扶持，引导企业进行产业升级或转型。例如，广东某机械制造厂在政府的引导下，成功转型为广东某智能机器人科技有限公司，该公司专注于智能装备的研发和制造，产品远销国内外。

同时，该基地吸引了一批具有高技术含量和市场竞争力的企业入驻，如浙江某超纤新材料有限公司，该公司专注于研发和生产高性能纤维材料，其产品被广泛应用于航空航天、军事装备等领域，大幅提升了土地的经济效益。

六、总结与展望

“腾笼换鸟”法不仅仅是一种土地资源的优化配置手段，更是一种推动区域经济结构调整、产业升级和可持续发展的重要策略。实施过程中，应注重与城市规划、园区规划、产业发展规划的衔接，确保引入项目符合地区发展方向。同时，要关注环保和可持续发展，避免引入高污染、高能耗项目。展望未来，我们应继续关注土地资源优化配置和产业升级的发展趋势，结合实际有效提升土地资源的使用效率，为推动经济高质量发展做出更大贡献。

第 13 章　节能降耗法

“节能降耗法”,是工业企业采取有效的节能降耗措施,优化能源消费结构,提高能源利用效率,降低单位产品能耗,从而达到提升亩均效益、增强企业市场竞争力的目的。

一、理论依据

1. 资源稀缺性理论。资源是有限的,随着工业化的推进,能源和原材料的消耗速度加快,节能降耗成为应对资源稀缺的有效手段。通过技术创新和管理优化,工业企业可提高资源利用效率,实现经济增长与资源消耗的脱钩。

2. 环境经济学理论。节能降耗不仅减少能源消耗,还降低了污染排放,是环境经济学中外部性内部化的具体实践,有助于企业实现环境与经济双赢。

3. 技术创新理论。技术进步是推动经济发展的核心动力。在节能降耗方面,新技术的研发和应用能够显著提高能源利用效率和生产效率,从而降低成本,增强企业竞争力。

4. 经济学原理:经济学“成本效益分析”表明,通过降低能耗,企业可以减少成本支出,从而在市场价格不变的情况下增加利润。

二、实施步骤

工业企业是我国经济发展的重要支柱，但在生产过程中，大量的能源消耗和浪费问题不容忽视。为了响应国家节能减排政策，提高企业经济效益，工业企业需要积极实施节能降耗法。

（一）实施方法

1. 能源审计与评估。

工业企业需要对现有设备和工艺进行全面的能源审计和评估。这一步骤的目的是了解企业当前的能源消耗状况，识别出高能耗环节和节能潜力点。在审计过程中，应对企业的生产线、设备、工艺等各个方面进行深入调查，收集大量的能耗数据。通过对这些数据的分析，可以建立详细的能耗数据库，为后续的节能技术改造提供有力支持。

2. 节能技术改造。

在能源审计和评估的基础上，工业企业需要引进先进的节能技术和设备，对现有生产线进行技术改造。例如，可以采用高效电机、LED照明、变频器等节能设备，替换传统的高能耗设备。同时，可以引进节能锅炉、热回收系统等先进技术，提高能源利用效率。通过对工艺流程和生产流程的优化，可以减少能源浪费，降低能源消耗。在这一步骤中，企业需要充分考虑技术改造的成本和收益，选择最合适的节能技术方案。

3. 能源管理体系建设。

为了确保节能工作的有效实施，工业企业需要建立完善的能源管理体系。这一体系应包括各级能源管理职责的明确、能源管理制度的制定、考核标准的设定等方面。通过这一体系的建设，可以形成全员参与、全过程管理的节能工作模式，确保各项节能措施得到有效执行。同时，企业应建立能源消耗统计和分析制度，定期对能耗数据进行汇总和分析，及时发现和解决能源消耗异常问题。

4. 员工培训与意识提升。

员工是企业节能降耗工作的关键。因此，工业企业需要加强员工节能意识培训，提高全员节能降耗的自觉性。通过开展各种形式的节能知识培训和竞赛活动，可以使员工更加深入地了解节能降耗的重要性，掌握节能操作技能。同时，企业应营造良好的节能文化氛围，鼓励员工积极参与节能降耗工作，提出宝贵的意见和建议。

5. 监测与持续改进。

为了确保节能降耗工作的持续推进和成果巩固，工业企业需要建立能源消耗在线监测系统。该系统可以实时掌握企业能耗状况，为管理层提供决策支持。通过对在线监测数据的分析，企业可以及时发现能源消耗异常情况，采取相应的措施进行调整和优化。此外，企业应定期对节能降耗效果进行评估，总结经验教训，不断完善和改进实施方案。

在实施节能降耗法的过程中，工业企业还需要注意以下几点：一是强化组织领导，确保各项工作得到有效落实；二是加强与其他企业的交流合作，共享节能技术和经验；三是积极争取政府政策和资金支持，降低节能改造成本；四是注重宣传引导，提高社会对工业企业节能降耗工作的关注度和支持度。

工业企业实施节能降耗法是一项长期而艰巨的任务。但只要企业充分认识到节能降耗的重要性，积极采取有效措施并持续改进，就一定能够实现节能减排的目标，为企业和社会的可持续发展做出贡献。

（二）实施原则及保障措施

1. 实施原则。

实施节能降耗法应遵循以下原则，以确保节能降耗工作的顺利进行。

科学性原则。在实施节能降耗法时，企业应以科学的理论和方法为指导，全面分析自身的能耗状况。这包括对企业能源结构、用能设备、生产工艺等方面的深入了解。通过收集大量数据，运用统计分析等方法，找出企业的节能潜力所在，为制定节能降耗措施提供科学依据。

实用性原则。节能降耗法的实施不能脱离企业的实际情况。企业在制定节能降耗措施时，应充分结合自身的生产规模、技术水平、经济条件等因素，确保措施的切实可行。同时，措施应具有针对性，着重解决企业能耗高的关键环节和突出问题，以实现最佳的节能效果。

经济性原则。实施节能降耗法是为了降低企业的生产成本，提高经济效益。因此，在选择节能降耗项目时，企业应在确保节能效果的前提下，优先选择投资少、见效快的项目。这样可以迅速回收投资，降低财务风险，同时激发企业持续推进节能降耗工作的积极性。

持续性原则。节能降耗是一项长期而艰巨的任务，企业应建立长效机制，确保节能降耗工作的持续推进。这包括完善节能管理制度，设立专门的节能管理机构，加强节能宣传教育，提高全员节能意识等。此外，企业还应定期对节能降耗工作进行评估和总结，及时调整措施，以适应不断变化的市场环境和技术发展。

2. 保障措施。

政策引导：政府出台相关优惠政策，鼓励工业企业开展节能降耗工作。

资金支持：设立节能降耗专项资金，支持企业进行节能技术改造和能源管理体系建设。

技术支撑：建立节能技术服务平台，为企业提供技术咨询、方案设计等支持。

监督检查：加强对企业节能降耗工作的监督检查，确保各项措施的有效实施。

三、风险控制

1. 技术风险。新技术在应用过程中可能存在不稳定、不成熟等问题。控制措施包括加大技术研发投入、完善技术测试和应用流程，确保技术的可靠性和稳定性。

2. 经济风险。节能降耗可能带来短期内成本增加的问题。控制措施包括进行全面的成本效益分析、制定长期的经济效益评估机制，以及争取政策支持和资金补贴。

3. 管理风险。节能降耗涉及企业生产管理的多个环节，管理不善可能影响实施效果。控制措施包括建立完善的管理制度、加强员工培训、提高节能意识、确保各项措施的有效执行。

4. 市场风险。市场对绿色产品的认知和接受程度可能影响企业产品的销售。控制措施包括加强市场调研、了解消费者需求、积极开展绿色营销、提高产品的市场竞争力。

5. 法律法规风险。节能降耗涉及多个法律法规和政策要求。控制措施包括建立健全的法律法规遵从体系、加强与政府部门的沟通和合作、确保企业活动合法合规。

四、实施效果评估

工业企业实施节能降耗法，预期可以达到系列效果：企业能源消耗显著降低，单位产品能耗下降明显；企业经济效益提升，亩均效益得到提高；企业绿色发展水平提升，环保形象得到改善；推动行业节能技术进步，为工业绿色发展做出贡献。具体可以按照以下内容开展效果评估：

1. 能源利用效率提升。通过对比实施前后的能源消耗数据，评估节能降耗措施对能源利用效率的提升效果。具体指标可包括单位产品能耗、综合能耗等。

2. 污染物排放减少。监测和分析实施节能降耗措施前后污染物排放的变化情况，以评估节能降耗措施对环境质量的改善效果。具体指标可包括废气、废水、固体废弃物等的排放量和排放浓度。

3. 经济效益改善。综合分析节能降耗措施对企业经济效益的影响,包括成本节约、产值增加、利润率提升等方面。具体指标可包括节能投资回报率、节能效益占企业总效益的比例等。

4. 技术创新与升级。评估企业在实施节能降耗过程中技术创新和升级的情况,包括新技术、新工艺、新设备的研发和应用等。具体指标可包括专利申请数、科技成果转化率等。

5. 社会与环境效益增强。评估节能降耗措施对社会和环境带来的综合效益,包括提高就业、改善民生、提升企业形象等方面。具体指标可包括提供就业岗位数量、社会认可度、品牌价值提升度等。

五、典型案例

典型案例1▶▶

广东中易达:节能降耗领域的领航者

在全球能源日益紧张、环保要求不断提高的背景下,广东中易达环境科技有限公司(以下简称“中易达”)凭借其创新的节能降耗解决方案,成为众多工业企业信赖的合作伙伴。作为一家集节能科技产品研发、工程施工及维修维保、EMC节能投资建设运营于一体的综合性企业,中易达积极响应国家节能减排政策,助力客户优化能源消费结构、提高能源利用效率,取得了显著成效。

(一)合作背景

某知名大型电子制造企业,作为中易达的长期合作伙伴,在生产规模和市场份额不断扩大的同时,面临着能耗高、能源利用效率低的挑战。这不仅影响企业的经济效益,也制约其可持续发展战略的实施。

(二)深入诊断,精准识别问题

中易达专家团队通过对该企业进行全面的能源审计和实地调研,精准识别了以下问题：

1. 照明系统。传统荧光灯能耗高，光效低，导致电费支出高昂。

2. 空压机系统。设备陈旧、单位能耗高，后干燥处理系统气损严重，机站运行压力与生产使用压力不匹配，管道布局不合理，空气质量不达标，存在多方面浪费现象。

3. 中央空调系统。主机设备设计时能效比差、机组运行多年后效率下降，能耗增加，维护费用增加，中央空调全年运行无系统智能控制，浪费严重。

4. 能源管理平台。缺乏专业的能源管理平台和系统管理软件平台，无法实时检测和反馈信息，传统人员管理信息和效率严重滞后。

（三）创新方案，全面优化能源利用

针对上述问题，中易达提出了以下创新性解决方案：

1. 照明系统升级。采用最新研发的 LED 高效节能灯管，配合智能照明控制系统，实现精细化管理和节能控制。

2. 空压机系统改造。通过对传统的空压机系统调研和分析，对硬件和智控软件进行全面升级改造，以稳定的运行、智能化管理、最优化的能耗，让系统全面升级，大大提高能源利用效率。

3. 中央空调系统优化。主机房系统改造升级，对水泵水塔及末端进行智能化控制，实现精准控制和节能运行。

4. 建立能源管理体系。协助企业建立专业的能源管理操作平台和完善的能源管理制度，通过定期审计和能效对标，推动节能降耗工作。

（四）成果显著，助力企业绿色发展

经过中易达的系统改造措施，该企业取得了令人瞩目的节能降耗成果：

1. 照明系统能耗降低 40%~60%。LED 灯管与智能控制系统的应用，显著提高了照明质量，同时大幅降低能耗。

2. 空压机系统能效提升 20%~40%。设备更新与系统治理等措施，有效减

少了能源浪费。

3. 中央空调系统能耗降低20%~50%。系统优化与智能控制的结合，为企业节省了大量电费支出。

4. 能源管理体系初步建立。企业能源管理水平得到显著提升，为未来的绿色发展奠定了坚实基础。

（五）经验总结与展望

中易达在实施节能降耗项目中积累了以下成功经验：

1. 深入调研与精准诊断。全面了解企业能源利用现状，为制定针对性解决方案提供依据。

2. 技术创新与设备升级。积极引进和推广先进节能技术，为企业提供高效、可靠的节能产品和服务。

3. 建立长效机制。协助企业完善能源管理体系，确保节能降耗工作的持续开展。

展望未来，中易达将继续紧跟政府环保节能政策导向，不断创新节能技术和服务模式，为更多工业企业提供优质的节能降耗解决方案，共同推动工业绿色转型和可持续发展。

典型案例2▶▶

明光瑞尔竞达：节能降耗助力　效益提升显著

明光瑞尔竞达科技股份有限公司（以下简称“瑞尔公司”）自成立以来，始终立足行业前沿，以科技创新为导向，专注于高性能新型耐火材料的研发与生产。瑞尔公司董事长徐瑞图深度思考资源日益紧缺、环境保护日益重要的现实，将节能降耗视为企业持续发展的内在需求和履行社会责任的重要途径。通过一系列创新举措，瑞尔公司在节能降耗、提升效益方面取得了显著成果。

（一）瑞尔公司节能降耗法的创新实践

通过引进国际先进的生产设备和技术，公司对生产线进行了全面升级，使得能源消费更加合理、高效。例如，公司引进了高效节能的电机和变频器，这些设备能够根据实际需求调整能源输出，有效避免能源浪费。同时，公司建立了完善的能源管理制度，通过能源管理系统实时监控各生产环节的能源消耗情况，及时发现并解决能源浪费问题。

在提高能源利用效率方面，瑞尔公司同样不遗余力。公司注重从生产工艺和流程入手，通过技术创新和改造，降低单位产品的能耗。例如，公司采用了先进的热处理技术，这一技术能够在保证产品质量的同时，大大降低能源消耗。此外，公司还对产品进行了优化设计，使得产品在使用过程中能够更加节能、环保。这些举措不仅降低了生产成本，也提高了产品的市场竞争力。

在研发高性能新型材料方面，瑞尔公司始终保持行业领先地位。公司拥有一支专业的研发团队，持续投入研发力量，开发具有自主知识产权的高性能新型耐火材料。这些新材料具有优异的耐磨、耐高温、耐侵蚀等性能，能在高温、腐蚀等恶劣环境下长期稳定运行。新材料的成功研发和应用，不仅提高了产品的使用寿命和性能稳定性，也降低了维修成本和能源消耗，为企业带来了可观的经济效益和环境效益。

（二）节能降耗带来的多重效益

通过深入实施节能降耗法，瑞尔公司取得了显著的效益提升。

首先，在经济效益方面，通过降低能源消耗和减少废弃物排放，公司降低了生产成本，提高了资源利用效率，从而实现了亩均效益的显著提升。例如，公司占地39.3亩，2021年和2022年的亩均税收分别达到了43.7万元和64.8万元，在同行业中处于领先水平。

其次，在环境效益方面，瑞尔公司的节能降耗法符合当前社会对绿色、环保、可持续发展的要求。通过减少能源消耗和废弃物排放，公司降低了对环境的影响。这一举措提升了企业的环保形象,为企业赢得了广泛的赞誉和认可。

最后,在社会效益和企业发展方面,节能降耗法同样发挥了重要作用。随着全球对环保和可持续发展的关注度不断提高,越来越多的客户开始关注企业的环保和社会责任表现。瑞尔公司实施节能降耗法,不仅满足了客户对环保产品的需求,也提升了企业的市场竞争力。同时,这一举措还为企业带来了更多的商业机会和合作伙伴,为企业的长期发展奠定了坚实基础。例如,瑞尔公司已经成为Saint-Gobain(法国)、NDK(日本Nippon Electrode Company, Ltd.)和Cobex Carbon Group(波兰)等世界知名公司的全球合作伙伴,这些合作不仅提升了企业的国际地位,也为企业带来了更多的商业机会和发展空间。

瑞尔公司作为法国圣戈班集团的中国代理,不仅向世界展示了中国制造的水平和能力,也积极向中国钢铁企业推荐世界先进的高炉长寿技术与产品以及高效节能、安全环保的专业冶金技术与装备。这些技术和装备的引进和应用,不仅提高了中国钢铁企业的生产效率和产品质量,也降低了能源消耗和环境污染,为推动中国钢铁行业的绿色可持续发展做出了积极贡献。

(三)瑞尔公司的未来发展展望

展望未来,瑞尔公司将继续深化节能降耗法的实践,不断探索更加高效、环保的节能降耗技术和方法。随着科技的不断进步和环保要求的不断提高,工业企业将面临更加严峻的挑战和更多的机遇。瑞尔公司将紧跟时代步伐,不断创新和升级自身的技术和产品,为实现经济与环境的双赢做出更大的贡献。

同时,瑞尔公司还将积极拓展国际市场,与更多的国际知名企业建立合作关系,共同推动全球耐火材料行业的绿色可持续发展。通过与国际先进企业的合作和交流,瑞尔公司将不断提升自身的研发能力和创新水平,为全球客户提供更加优质、环保的产品和服务。

总之,明光瑞尔竞达科技股份有限公司通过实施创新的节能降耗措施,在提升亩均效益、增强企业市场竞争力的同时,积极推动绿色可持续发展。这一实践不仅为瑞尔公司带来了显著的经济效益和社会效益,也为其他工业企业提供了可借鉴的经验和启示。

典型案例3▶▶

同兴环保科技:科技引领节能　降耗增效双丰收

同兴环保科技股份有限公司(以下简称“同兴环保”)作为国内知名的减污降碳整体方案提供商,通过其创新的节能降耗法,为工业企业的绿色发展树立了典范。

(一)同兴环保介绍

同兴环保成立于2006年,是深交所上市企业(股票代码:003027),专注于为工业企业提供除尘、脱硫脱硝等环保工程总承包(EPC)服务,并在低温SCR脱硝催化剂的生产及二氧化碳捕集与资源化利用(CCUS)等领域拥有核心技术。多年来,公司凭借其强大的技术实力和丰富的行业经验,累计为20多个行业的数千家企业提供了高效的环保解决方案,赢得了广泛的市场认可。

(二)节能降耗法的实施路径

1. 能源消费结构优化。

同兴环保通过深入分析工业企业的能源消费结构,发现其中存在的能源浪费和低效利用问题。以某钢铁企业为例,同兴环保发现其高炉煤气放散量大、热风炉效率低等问题,有针对性地提出了高炉煤气余压余热回收、热风炉高效燃烧等技术改造方案,从而大幅降低了企业的能源消耗和生产成本。

2. 能源利用效率提升。

在提高能源利用效率方面,同兴环保注重技术创新和装备升级。公司自主研发的低温SCR脱硝催化剂,在降低氮氧化物排放的同时,可大幅提高催化剂的使用寿命和活性,减少企业因更换催化剂而产生的额外成本。此外,公司还积极推广余热余压回收、电机系统节能等先进技术和装备,帮助企业实现能源的高效利用。

3. 单位产品能耗降低。

通过综合运用各种节能技术和手段,同兴环保成功帮助多家企业降低了单位产品能耗。以某造纸企业为例,同兴环保为其设计了全厂能源管理系统和智能化控制方案,实现了生产过程的全自动控制和能源消耗的实时监控。经过改造后,该企业吨纸综合能耗降低了15%,显著提升了企业的经济效益和市场竞争力。

(三)节能降耗法的实践成果

1. 经济效益显著提升。通过实施节能降耗法,同兴环保的客户普遍实现了能源消耗的大幅降低和生产成本的优化。据统计,截至2023年底,公司累计为客户节约标准煤超过100万吨,减少二氧化碳排放250万吨以上,为客户创造经济效益数十亿元。

2. 绿色可持续发展能力增强。除了经济效益外,节能降耗法的实施还显著提升了企业的绿色可持续发展能力。同兴环保的客户中,有多家企业成功创建为国家级绿色工厂或绿色供应链管理示范企业,实现了经济效益和环境效益的双赢。

同兴环保科技股份有限公司通过其创新的节能降耗法,不仅帮助工业企业实现了显著的节能降耗成果,也为中国制造业的绿色可持续发展提供了可复制、可推广的经验。展望未来,随着工业4.0和智能制造的深入推进,以及国家对环保政策的持续完善,节能降耗法将在更广泛的领域发挥更大的作用,为推动中国工业的绿色转型做出更大的贡献。

典型案例4▶▶

宁波钢铁:践行“节能降耗法” 行业典范展实力

宁波钢铁有限公司(以下简称“宁波钢铁”),作为浙江省重点用能单位,其吨钢能耗控制已跻身全国第一方阵,这得益于公司积极实施的节能降耗法。该方法不仅优化了能源消费结构,提高了能源利用效率,还有效降低了单位产品能耗,从而显著提升了公司的亩均效益和市场竞争力。

(一)深化节能理念,普及节能知识

宁波钢铁通过内网、微信公众号、电子显示屏等多种宣传方式,积极传播节能理念、普及节能知识。这种全方位的宣传方式,确保了每一位员工都能深入理解和参与到节能行动中来。此外,公司还开展了专项能源监察活动、节能监察随手拍活动以及能源管理知识网上竞答等,进一步强化了员工的节能意识和技能。

(二)开展丰富多样的节能活动

宁波钢铁通过多元化活动推动节能降耗。例如:工会及团委组织的月度"降本增效之星"评选活动,鼓励员工提出并实践节能创新点子;开展"童心绘低碳"儿童绘画作品征集活动,让下一代也参与到节能行动中来;积极参与政府组织的各类能源管理培训及节能技术交流,不断提升公司的节能技术和管理水平。

(三)运用先进节能技术,提高能源利用效率

在技术和设备方面,宁波钢铁同样舍得投入。公司投资158亿元建设的浙江云计算数据中心采用最先进的节能技术,其能耗指标PUE1.25远低于全国平均水平(1.5),达到了国内先进水平。此外,宁钢还积极运用现代管理理念,科学组织节能生产。例如,EMS能源管理中心通过采用自动化、信息化技术和集中管理模式,实现了对企业能源系统的动态监控和数字化管理。近年来,宁波钢铁通过深入开展对标挖潜,扎实推进节能减排装备技术、资源综合利用技术等的研发和应用,加快淘汰落后高能耗设备,狠抓装备提升和工艺优化。新高炉的建成投产和2号高炉的智能化改造升级都是这一努力的成果。新高炉采用了最新冶炼工艺和技术装备以及最先进的节能降耗技术,显著降低了高炉

生产运行成本,环境除尘满足特别排放要求。

(四)加大余能余热回收力度,实现能源合理配置

为实现能源的合理配置和提高能源效率,宁波钢铁加大余能余热回收力度。例如,2019年8月烧结余热利用项目建成投产,全年可以生产蒸汽共约18.8万吨,节约标准煤1.9万吨,减少二氧化碳排放2.46万吨。2020年4月焦化厂上升管余热回收项目建成投运,每年可回收荒煤气余热产生蒸汽11.45万吨,每年可节约标煤1.05万吨,减少二氧化碳排放2.61万吨。这些项目的实施不仅提高了能源利用效率,还显著减少了温室气体的排放。

(五)实现废水“零排放”,达到行业领先水平

在废水处理方面,宁波钢铁同样表现卓越。公司新建污水深度处理系统,对生活污水、雨排及生产废水处理后可以回用,达到节能减排的目的。对照《钢铁行业清洁生产评价指标体系》,宁波钢铁的生产废水已实现“零排放”,三项主要污染物指标全部达到一级指标要求,处于行业领先水平。

(六)奋力推进超低排放,实现“高清洁”生产

宁波钢铁致力于推进超低排放以实现“高清洁”生产。自2017年启动第二轮环境提升三年行动计划以来,公司已累计投资13.9亿元,实施除尘设施升级改造,包括烟气脱硫脱硝、转运站除尘改造等33个环保项目。除尘设施已达到钢铁行业特别排放限值标准,主要污染物排放强度明显下降,解决了多项民众关心的环保问题。数据显示,宁波钢铁主要污染物排放强度明显下降,其中氨氮排放下降97%,化学需氧量下降82%,颗粒物下降25%,二氧化硫排放下降20%,氮氧化物下降9%,降尘量下降50%,厂区环境质量明显改善。

宁波钢铁已在积极规划碳达峰方案及碳减排技术路线,拟定减碳路径。公司积极推进集团内部产业链协同和优势互补,强化协同运作,积极推进钢铁产业链延伸,开展多维度、深层次的合作。在固废处置方面,宁波钢铁是国内首家实现冶金渣全部综合利用的钢铁企业,各类含铁固废通过冷压造球及压块工艺

全部返回生产系统,实现了含铁资源100%综合利用。此外,公司还在积极推进社会废弃物、污染物的协同处置,助力无废城市建设,实现社会效益、经济效益相统一。

宁波钢铁有限公司通过深入实施节能降耗法,在能源利用、环保排放和循环经济等方面都取得了显著成效。公司的吨钢能耗控制已跻身全国第一方阵,实现了高质量的转型发展,不仅提升了自身的经济效益和市场竞争力,也为推动行业乃至全社会的绿色低碳发展树立了典范。

典型案例5▶▶

铜陵泰富特种材料：数字化赋能　打造节能降耗典范

铜陵泰富特种材料有限公司(以下简称“铜陵泰富”)作为一家大型焦化企业,近年来积极探索数字化转型,构建了“平台+应用”的工业互联网解决方案,成功实现了降本增效、减污降碳,为行业树立了节能降耗的典范。

(一)痛点分析:传统模式下的困境

铜陵泰富作为中信泰富特钢集团战略资源保障基地,拥有年生产能力250万吨炼焦化工、年吞吐能力800万吨港口物流、综合发电能力200兆瓦热电能源三大业务板块,其生产规模和能源消耗量巨大。然而,传统生产模式也面临着诸多挑战:

1. 生产线布局分散,信息孤岛严重。铜陵泰富的生产线布局分散,包括焦化、储运、动力等多个分厂,各部门信息系统之间缺乏有效连接,形成了信息孤岛,导致应急响应效率低下,生产管理难以协同。

2. 高能耗高排放,环境压力巨大。焦化行业属于高能耗、高排放行业,铜陵泰富面临着能源消耗量大、污染排放高的现实问题,这不仅增加了生产成本,也对环境造成了压力。

3. 数字化管理能力低下,难以应对市场变化。传统生产模式依赖人工操作和经验积累,缺乏数据分析和智能决策能力,难以适应市场快速变化和竞争加剧的挑战。

(二)数字化赋能:构建工业互联网解决方案

为了破解传统模式的困境,铜陵泰富积极探索数字化转型,采用水土云工业互联网平台作为智能制造数字化核心中枢,以“平台+应用”的架构模式,构建了针对焦化行业痛点的全流程工业互联网解决方案。

1. 焦化一体化系统,实现信息化4.0管理。铜陵泰富通过集成或云化迁移现有信息化系统,打通数据库底层,打破企业管理和信息孤岛,完成生产、经营、环保、安全数据的全流程采集与整合,实现了信息化4.0管理。

实时监控:建立覆盖焦化各工序的焦化一体化系统,实现生产动态实时可视化监控,为生产管理和决策提供数据支撑。

智能辅助:以智能化辅助现场生产与决策,降低人工操作误差,提高生产效率和安全性。

精益生产:促进焦化精益生产,优化生产流程,降低生产成本,提高生产效益。

2. 精细化生产管控系统,提高生产效率。铜陵泰富围绕一体化生产计划,基于智能调度指挥进行生产组织及应急管理,打通产供销业务流程,为管理决策提供及时、全面、科学的信息支撑。

优化流程:建立能源管理系统和统一的环保管理系统,覆盖全厂能源数字化管理,实现能源的综合监视、基础能源管理等功能。

降低成本:通过优化生产流程和资源配置,降低能耗和排放,实现降本增效。

风险控制:提高能源利用率,降低环保超标风险,为企业环境绩效升级提供信息化支撑。

3. 移动端生产协同,实现共享共用。铜陵泰富整合了碎片化应用,推动了信息跨部门跨层级共享共用,形成丰富的信息资源库,达到全流程全要素的大协同管控目标。

协同管理:实现储运、炼焦、化产、动力各工序全流程集中管控及智慧管控,打破部门壁垒,提高协作效率。

信息共享:建立统一的信息平台,实现信息资源的共享共用,提高信息透明度和决策效率。

问题解决:及时发现和解决生产过程中的问题,提高生产效率和产品质量。

(三)成效显著:打造节能降耗典范

通过数字化改造,铜陵泰富取得了显著的成效:

1. 流程优化助转型。企业通过工艺机理建模、大数据回归分析、人工智能,建设总计37个智能应用,用于设备及工序的自动化、信息化。实现优化并固化298个生产流程及工序,打破组织壁垒,提高工作效率和质量,实现人均劳动效率提升163%,工时节省66000小时/年,相对用工数降低35%。

2. 降耗增效显成效。通过原料成本优化、吨焦生产成本优化,降低吨焦煤气消耗2.37立方米,干熄焦烧损率降低0.558%,蒸汽产率提升0.0247%,预计可实现超2000万元/年的经济效益。实施能源优化模型,实现对全厂核心能源介质(主要包括水、发电、焦炉煤气、蒸汽)消耗/回收的计量、统计分析及优化,煤气利用率提升至99.8%,吨焦能源综合效益提升2元。通过智能配煤方案对焦煤质量进行实时预测,平均准确率达94%。

铜陵泰富的成功案例,证明了数字化赋能可以有效推动工业企业节能降耗、绿色发展。未来,企业将继续深化数字化转型,为实现"碳达峰、碳中和"目标贡献力量,为建设人与自然和谐共生的现代化贡献力量。

(资料来源:安徽省工业和信息化厅《安徽省制造业数字化转型案例选编》,2024年7月)

六、总结与展望

节能降耗法不仅有助于降低企业运营成本，提高经济效益，同时也是企业履行社会责任、保护环境的重要体现。通过引入先进的节能技术和设备，企业可以在保证正常生产的同时，显著减少能源消耗。此外，优化生产流程和提高员工节能意识，可以从源头上减少能源浪费，为企业创造长期的节能效益。

节能降耗是工业企业实现可持续发展的必由之路。本办法旨在为企业提供一套科学、实用、经济的节能降耗方法体系，帮助企业降低成本、提高效益、增强市场竞争力。同时，通过企业的实践探索和经验积累，为推动工业绿色发展、建设美丽中国贡献力量。

第 14 章　工业旅游法

工业旅游是一种集工业、文化、旅游于一体的新兴产业形态，是工业与旅游业相互融合发展的产物。“工业旅游法”，是通过开发工业旅游资源，打造工业旅游品牌，吸引更多的游客前来参观、体验和学习，推动产业融合创新，提升体验经济价值，从而增加企业的收益和利润，提高工业企业的亩均效益。

一、理论依据

1. 产业融合理论。工业旅游作为产业融合的一种形式，结合了工业和旅游业的优势。依据产业融合理论，不同产业间的交叉融合可以产生新的增长点，推动产业结构优化升级，从而提高企业的整体效益。工业旅游能够吸引游客参观，促进工业企业与服务业的融合，实现资源的高效配置。

2. 利益相关者理论。该理论认为企业的发展需要平衡各方利益相关者的需求和期望。工业旅游能够增强企业与社区、消费者之间的沟通与联系，使得企业不仅关注生产效益，还能提升其品牌形象和社会责任感，从而创造更多的商业机会。

3. 体验经济理论。体验经济强调消费者对于个性化、参与性强的体验的追求。工业旅游提供了一种让消费者直接参与工业生产过程、体验产品制造的独特方式,满足了消费者的好奇心和求知欲,从而增加了产品的附加值和企业的收益。

4. 多元化经营理论。企业通过工业旅游可以拓展业务领域,减少对单一业务的依赖,从而降低经营风险。

二、实施步骤

随着旅游业的快速发展,工业旅游作为一种新兴的旅游形态,逐渐受到人们的关注和喜爱。工业旅游不仅能让游客近距离接触和了解工业生产的过程,还能展示企业的文化和历史,促进产业发展和城市经济的繁荣。为了规范和推动工业旅游的发展,工业旅游法实施步骤如下:

(一)工业旅游资源调查与评估

1. 对工业企业的历史、文化、生产工艺、设备设施等进行深入挖掘和整理,形成翔实的工业旅游资源档案。

2. 组建专家团队,科学评估工业旅游资源的价值、特点和优势,明确开发潜力和市场前景。

3. 根据评估结果,确定工业旅游资源的开发重点和方向,为后续的规划设计提供科学依据。

(二)工业旅游线路规划与设计

1. 结合工业旅游资源的分布和特点,规划合理的旅游线路,确保游客能够充分体验工业生产的魅力和企业文化。

2. 设计具有特色和吸引力的旅游产品,如主题游、深度游等,满足游客多样化的需求。

3. 在线路规划和产品设计过程中,充分考虑游客的需求和兴趣,确保旅游线路的安全、舒适和便捷。

（三）工业旅游设施建设与完善

1. 加强工业企业内部的旅游设施建设，如游客接待中心、导览标识、卫生间、休息区等，提升游客的旅游体验。

2. 完善旅游服务设施，包括导游服务、餐饮住宿、交通等，提高游客的满意度和舒适度。

3. 加强与周边旅游景点的合作，形成旅游产业链，提高整体效益，促进区域旅游发展。

（四）工业旅游宣传与推广

1. 制作精美的宣传资料，包括海报、手册、折页等，充分展示工业旅游的魅力和特色。

2. 拍摄高质量的宣传片，通过电视、网络等媒体进行广泛传播，提高工业旅游的知名度和影响力。

3. 加强与旅行社、OTA（在线旅游）等机构的合作，拓宽客源市场，吸引更多游客前来参观体验。

4. 积极参与各类旅游展会和论坛，与国内外同行交流经验，提升工业旅游的品牌形象和市场竞争力。

（五）工业旅游产品开发与创新

1. 根据市场需求和游客需求，开发具有特色和创意的工业旅游产品，如工艺品、纪念品、体验活动等。

2. 加强与文化创意产业、科技产业等的融合，推动工业旅游产品的创新和升级，提高产品的附加值和市场竞争力。

3. 鼓励企业开展定制化服务，为游客提供个性化的工业旅游体验，满足游客的不同需求。

（六）工业旅游管理与运营

1. 建立完善的工业旅游管理制度和运营机制，明确各部门的职责和权限，确保旅游活动的规范、安全和有序。

2. 加强员工培训和管理，提高服务质量和水平，为游客提供优质的旅游服务。

3. 加强与政府部门的沟通和合作，争取政策支持和资金扶持，为工业旅游的发展创造良好的外部环境。

4. 建立游客反馈机制，及时收集和处理游客的意见和建议，不断改进和优化工业旅游产品和服务。

通过实施以上步骤，可以有力地推动工业旅游的发展，提升工业企业的品牌形象和市场竞争力。同时，工业旅游的发展也将为城市带来新的经济增长点和就业机会，促进区域经济的繁荣和发展。

三、风险控制

1. 安全风险。工业企业通常涉及重型机械和复杂流程，游客的参观可能带来安全隐患。

控制措施：制定严格的安全管理制度和应急预案，对游客进行必要的安全教育和装备配备，确保游客在专业人员指导下进行参观。

2. 知识产权保护风险。工业旅游可能涉及企业核心技术和知识产权的泄露。

控制措施：在参观前与游客签订保密协议，对涉及核心技术的区域进行限制访问或采取适当的遮蔽措施，加强对员工的保密教育和管理。

3. 环境影响风险。大量游客的涌入可能对企业的生产环境和周边生态环境造成影响。

控制措施：对游客数量进行合理限制和分流规划，加强环境监测和保护措施，确保旅游活动在环境承载能力范围内进行。

4. 品牌形象风险。不恰当的旅游活动可能损害企业的品牌形象。

控制措施：精心设计和规划旅游线路和活动内容，确保与企业文化和品牌形象相契合；建立游客反馈机制，及时调整和完善旅游服务。

5. 经济收益不稳定风险。工业旅游受季节、市场需求等多种因素影响，可能导致经济收益的不稳定。

控制措施：实施多元化旅游产品设计和定价策略，开发不同时段和针对不同客户群体的旅游产品；加强市场调研和预测，灵活调整经营策略。

四、实施效果评估

工业旅游法一方面能提高工业企业的知名度和美誉度，通过工业旅游的开发和推广，让更多的人了解和认识工业企业的历史、文化和价值，提高企业的知名度和美誉度。另一方面，能增加企业的收益和利润，通过吸引更多的游客前来参观、体验和学习，增加企业的门票收入、产品销售收入等收益来源从而提高企业的利润水平。实施效果评估如下：

1. 经济效益评估。通过对比实施工业旅游前后的企业财务数据，如销售额、利润等的变化来评估经济效益。同时考察工业旅游对企业市场份额、品牌价值等长期效益的影响。

2. 社会效益评估。评估工业旅游对社会就业、社区发展等方面的贡献。考察工业旅游是否增强了企业与社区的联系，是否提升了企业的社会形象和社会责任。

3. 环境效益评估。评估工业旅游对环境保护和资源利用的影响。考察企业是否在工业旅游开发中实现了资源的节约利用和环境的改善。

4. 游客满意度评估。通过游客调查和反馈来了解游客对工业旅游产品的满意度和需求。这将有助于企业不断完善和优化工业旅游产品和服务质量。

5. 综合效益评估。综合考虑经济、社会、环境和游客满意度等多方面的评估结果，对工业旅游法的实施效果进行全面评价，为企业的决策提供科学依据。

工业旅游法还需要以下保障措施：

1. 组织保障。公司成立专门的工业旅游开发和管理团队，负责实施方案的制定和执行。明确各部门和人员的职责和任务，确保工作的高效推进。

2. 资金保障。制定详细的资金预算和来源计划，确保实施方案的顺利推进。积极争取政府部门的资金支持和优惠政策，降低企业运营成本。

3. 技术保障。加强与科研机构和高校的合作，引进先进的技术和设备，提高工业旅游的科技含量和创新水平。加强对员工的培训和管理，提高服务质量和水平。

4. 法律保障。遵守相关法律法规和政策规定，确保工业旅游活动的合法性和合规性。加强与政府部门的沟通和合作，争取政策支持和法律保障。

5. 风险评估与应对策略。对实施过程中可能出现的风险进行预测和评估，制定相应的应对策略和措施。加强与相关机构和部门的合作，共同应对可能出现的风险和挑战。

五、典型案例

工业旅游作为一种新兴的旅游形态，正在全球范围内受到越来越多的关注。它将传统的工业生产与现代的旅游业相结合，为游客提供了一种全新的旅游体验。

典型案例1▶▶

古井集团：融合工业旅游　打造白酒文化新标杆

古井集团，一家以传统酿酒工艺闻名的大型企业集团，已成功荣膺全国首批工业旅游示范点，这无疑是对其深厚的历史文化底蕴和精湛的酿酒工艺的肯定。作为文化和旅游部认定的示范基地，古井集团不仅展示了中华酒文化的悠久传承，更通过创新的工业旅游模式，让游客亲身体验古井贡酒的独特魅力。

(一)古井集团的工业旅游创新实践

1.深入挖掘历史文化资源。古井贡酒的历史可以追溯到1800多年前,196年,魏武帝曹操将家乡亳州的“九酝春酒”进献给汉献帝刘协,这便是古井贡酒的前身。在漫长的历史长河中,古井人始终秉承传统工艺,将“老五甑”操作法与现代酿酒技术相结合,创造出独特的古井贡酒工艺。古井集团通过深入挖掘这些历史文化资源,让游客在游览过程中感受到浓厚的酒文化氛围。

2.展示独特的酿酒工艺。在古井集团的酿酒车间,游客可以目睹那一条条窖池、一口口热气腾腾的蒸锅,伴随着浓郁的酒香,让人们更能够切身感受到古井贡酒作为名酒的魅力所在。通过现场参观和讲解员的详细解说,游客可以了解到酿酒的每一个环节和工序,从而对古井贡酒的品质有更深刻的认识。

3.打造酒文化博物馆。为了全面展示古井和中国酒文化概貌,古井集团在1992年建成了古井酒文化博物馆。这座被中国科学院称作“中国酒文化第一馆”的博物馆,本身就是一个艺术杰作。博物馆内汇集了从原始社会一直到近代各个时期的酒器,从材质可分为陶器、瓷器、青铜器、金器、银器、漆器、木器、玉器、石器等。透过这些酒器的演变,游客可以直观地了解到中国酒文化的源流和发展历程。

4.提供丰富的旅游体验活动。除了参观酿酒车间和博物馆外,古井集团还为游客提供了丰富的旅游体验活动。例如,游客可以在专业人员的指导下亲手尝试酿酒过程,还可以参加品酒课程学习如何品鉴美酒;此外,游客还可以在古井园内欣赏到美丽的园林风光和古朴的建筑风格。这些活动不仅增强了游客的参与感和体验感,还加深了他们对古井贡酒文化的理解和认同。

(二)工业旅游对古井集团的积极影响

1.提升品牌知名度和美誉度。通过工业旅游的方式,古井集团成功地吸引了大量游客前来参观和体验。这些游客不仅来自全国各地,还来自海外不同国家和地区。他们在游览过程中亲身感受到了古井贡酒的魅力和品质,从而对古井品牌产生了深刻的印象和好感。这种口碑传播,无疑提升了古井品牌的知名度和美誉度。

2. 拓展市场销售渠道。工业旅游不仅为古井集团带来了品牌效应,还为其拓展了市场销售渠道。许多游客在参观过程中被古井贡酒的独特风味所吸引,成为潜在的消费者。他们在游览结束后,可能会选择购买古井贡酒作为礼品或自用,这无疑为古井集团带来了更多的销售机会和市场份额。

3. 推动当地经济发展。作为全国工业旅游示范点之一,古井集团吸引了大量游客前来参观游览,这不仅为当地旅游业带来了繁荣,还为相关产业,如餐饮、住宿、交通等带来了发展机遇。这些产业的发展,进一步拉动了当地经济的增长,为当地居民提供了更多的就业机会和收入来源。

通过运用工业旅游法,古井集团成功地将自身打造成为一个集历史文化展示、酿酒工艺传承和旅游体验于一体的综合性旅游目的地。这不仅提升了古井品牌的知名度和美誉度,还拓展了市场销售渠道,并推动了当地经济的发展。展望未来,随着工业旅游的不断发展和完善,以及消费者对深度文化体验需求的不断增长,古井集团的工业旅游将迎来更加广阔的发展空间和更加美好的未来。

典型案例 2 ▶▶

安庆集贤时空文创园：工业遗产的华丽转身典范

工业旅游,这一融合工业文化、历史与现代元素的新兴旅游模式,正日益受到大众青睐。它通过对工业遗产的保护与再利用,为游客呈现了一种独特而富有深度的文化体验。在安庆市,集贤时空文创园就是这样一个典型的工业旅游项目,由中国乡土艺术协会副会长、安庆市文化名人朱林寿先生精心设计打造,通过对废弃的白鳍豚水泥厂进行文创改造,不仅实现了工业遗产的有效保护和利用,还使其成为安庆乃至安徽省的文化地标。

(一)集贤时空文创园项目概述

坐落于安庆市的集贤时空文创园,占地约15.93公顷,总建筑面积达64700平方米。这个庞大的文创园区,是在废弃的白鳍豚水泥厂的基础上改造而成的。白鳍豚水泥厂曾是安庆市的重要工业遗产,它见证了安庆工业的发展历程。然而,随着时代的变迁和产业的转型,这座水泥厂逐渐退出了历史舞台,留下了空旷的厂房和破旧的设施。

为了保护和利用好这份宝贵的工业遗产,安庆市决定对其进行文创改造。经过精心规划和设计,集贤时空文创园应运而生。园区保留了水泥厂的部分原貌,如高耸的烟囱、宽敞的厂房等,同时融入了现代设计元素,使整个园区既保留了工业特色,又充满了现代气息。

集贤时空文创园的功能布局以游客需求为导向,精心设计了艺术展览、非遗传承、美食体验、特色民宿及休闲购物等多元化功能区,为游客提供丰富多样的文化体验和旅游服务。游客可以在这里欣赏到各种艺术作品,了解非遗文化的传承和发展,品尝到地道的美食,体验到舒适的民宿,享受到便捷的购物和休闲服务。

(二)工业旅游法的实践与应用

集贤时空文创园项目的实施,是工业旅游法在实践中的具体应用和生动体现。工业旅游法强调对工业遗产的保护和再利用,注重文化与旅游的深度融合。在集贤时空文创园项目中,这些理念得到了充分的贯彻和体现。

首先,在保护工业遗产方面,项目团队对原有建筑进行了细致的修缮和加固工作。他们保留了水泥厂的工业特色和历史痕迹,如斑驳的墙面、老旧的机器设备等,使这些元素成为文创园区的重要组成部分。同时,他们还通过现代设计手法的融入,为这些工业遗产注入了新的生命力。例如,在厂房内部设置了现代化的展览空间和艺术作品展示区,使游客能够在欣赏工业遗产的同时,感受到现代艺术的魅力。

其次,在融入文化创意方面,文创园区的设计理念是将文化创意与工业遗产相结合。园区内的八大园区各承载不同的文化主题,如望乡园区展示了当地的乡土文化和民俗风情;东方园区则体现了东方的艺术美学和传统文化;此外还有国际园区、未来园区等,分别展示了不同国家和地区的文化特色以及未来科技的发展趋势。通过这些文化主题的展示,文创园区为游客提供了多元化的文化体验和学习交流的机会。

最后,在提升旅游体验方面,文创园区在功能布局上做了精心的规划。各个功能区之间既相互独立又相互联系,形成了一个完整的旅游服务体系。游客可以根据自己的兴趣和需求选择不同的功能区进行参观体验。同时,文创园区还配备了完善的基础设施和公共服务设施,如宽敞的停车场、整洁的道路、便捷的供配电系统等,确保游客能够享受到舒适便捷的旅游服务。

(三)集贤时空文创园的经济与社会效益

集贤时空文创园的建成开放对于当地经济和社会的发展产生了积极而深远的影响。在经济方面,文创园区的开发吸引大量游客前来参观体验消费,带动当地旅游业的繁荣发展;同时也促进了相关产业的融合发展,如餐饮、住宿、交通等;此外还创造了大量就业机会和税收收入,为当地经济发展注入了新的活力。在社会方面,文创园区的建设提升了安庆市的城市形象和文化品位,促进了工业文化的传承和发展,丰富了当地居民的文化生活,提高了公众对工业文化的认识和理解,增强了社会凝聚力和归属感。

展望未来,随着工业旅游法的进一步推广和应用以及人们对文化旅游需求的不断增长和升级,集贤时空文创园将迎来更加广阔的发展前景和机遇。集贤时空文创园一方面可以进一步完善和提升文创园区的功能和服务水平,另一方面可以加强与周边地区的合作和联动发展;同时还可以积极拓展国际市场和合作渠道,最终将集贤时空文创园打造成为国内外知名的工业旅游目的地和文化交流平台。

综上所述,安庆集贤时空文创园堪称工业遗产保护与再利用的典范。它不仅在保护工业遗产、融合文化创意、优化旅游体验等方面取得了卓越成就,更为当地经济和社会的发展带来了积极而深远的影响。未来随着工业旅游法的进一步推广和应用以及人们对文化旅游需求的不断增长和升级,相信集贤时空文创园将继续保持其独特的魅力和活力,为更多游客带来更加丰富多样的文化体验和旅游享受。

典型案例3▶▶

明龙酒业：小酒厂借助工业旅游实现跨越式发展

安徽明龙酒业有限公司(以下简称"明龙酒业"),虽然规模不大,但凭借深厚的文化底蕴和精湛的酿酒工艺,在众多酒厂中独树一帜。这家小酒厂,凭借其独特的工业旅游法,实现了品牌文化的有效传播,成为一个集酒类生产、文化传承和旅游体验于一体的综合企业。

(一)深挖文化内涵,打造特色品牌

明龙酒业非常清楚,一个品牌的生命力,往往来源于其背后所承载的文化内涵。因此,企业在打造工业旅游项目时,首要的任务就是深入挖掘自身的历史和文化资源。通过整理和陈列古老的酿酒器具、珍贵的历史文献和照片,明龙酒业为游客呈现出一幅幅生动的酿酒历史画卷。游客在参观的过程中,不仅能够亲身感受到明龙酒业对文化的尊重和传承,还能够对明龙酒业的产品产生更深刻的认识和了解,从而进一步提升企业的品牌形象。

此外,明龙酒业还充分利用现代科技手段,如虚拟现实、增强现实等,为游客打造沉浸式的文化体验。游客可以通过这些科技手段,亲身体验到酿酒的全过程,感受到酿酒文化的魅力。这种创新的文化传播方式,不仅让游客在参观的过程中获得了更多的乐趣,也让明龙酒业的文化内涵得以更广泛的传播。

（二）开放生产现场，展示透明工艺

在工业旅游中，明龙酒业采取了大胆的策略，将生产现场向游客全面开放。这种透明的生产方式，让游客有机会亲身感受酿酒的每一个环节，从原料的选择、发酵过程到蒸馏提纯等各个步骤，都能够在明龙酒业的酿酒工艺展示区得到直观的展示。

为增进游客对酿酒工艺的理解，明龙酒业配备了专业解说员，详细讲解各酿酒环节的技术要点和注意事项。游客在参观的过程中，不仅可以亲眼看到酿酒师傅们精湛的酿酒技艺，还可以通过解说员的讲解，对酿酒工艺有更深入的了解。这种开放式的生产方式，展示了明龙酒业对品质的自信，增强了游客对产品的信任感，也为企业的品牌建设打下了坚实的基础。

（三）创新旅游体验，提升游客参与度

在明龙酒业的工业旅游项目中，创新始终是一个重要的关键词。为了让游客更深入地体验酿酒文化，明龙酒业推出了多种互动项目，让游客在参观的过程中能够有更多的参与感。

在品酒体验区，游客可品鉴明龙酒业自酿的各种美酒，领略酒液的醇厚与芳香。为了满足不同游客的需求，明龙酒业还特意准备了多种不同类型的酒品，包括白酒、红酒、果酒等，让游客在品尝的过程中能够有更多的选择。

此外，明龙酒业还定期举办酿酒工艺培训课程和酒文化讲座。这些课程和讲座内容丰富、形式多样，注重与游客的互动和交流。游客在参加这些活动和课程的过程中，不仅可以学习到酿酒的基本知识和技巧，还可以与酿酒师傅和其他游客进行深入的交流和探讨，分享自己的感受和体验。这种创新的旅游体验项目不仅提升了游客的参与度，也让明龙酒业在文化传承和品牌建设上取得了显著的成效。

（四）合作共赢，实现经济效益与社会效益双重提升

明龙酒业的工业旅游项目不仅为企业带来了可观的收入，也促进了当地经

济的发展。通过与当地农户合作建立绿豆生产基地,明龙酒业实现了原料品质的提升,也为当地农民提供了稳定的收入来源。这种合作模式不仅保证了明龙酒业原料的品质和供应稳定性,还带动了当地农业的发展,实现了企业与农户的双赢。

同时,明龙酒业的工业旅游项目还带动了当地相关产业的发展。随着游客数量的不断增加,酒店、餐饮、交通等相关产业也得到了快速的发展。这些产业的发展不仅为当地创造了更多的就业机会,也提高了当地的经济水平。这种共赢的模式使得工业旅游成为明龙酒业发展的新动力,也成为推动地区经济发展的重要引擎。

在合作与交流方面,明龙酒业积极与国内外知名旅游机构建立合作关系,引进先进的旅游管理经验和模式。通过合作与交流,企业可以学习到更多的先进经验和做法,推动工业旅游的创新发展。此外,企业还积极探索工业旅游与环保、教育等领域的融合发展。例如,与环保机构合作,推广绿色酿酒技术和理念;与教育机构合作,开展酿酒文化和工艺的教育推广活动。这种跨领域的合作将为工业旅游的发展带来更多的可能性。

此外,明龙酒业还积极参与社会公益事业,通过捐赠资金、支持教育等方式回馈社会。这些举措不仅提升了企业的社会形象,也增强了员工和消费者的认同感。

明龙酒业将继续深化工业旅游法的实践,为企业和地区经济的发展注入新的活力。企业将进一步完善旅游设施和服务水平,提升游客的旅游体验。例如,计划增设更多的互动体验项目,让游客能够更深入地了解酿酒文化和工艺,同时,将加强对旅游从业人员的培训和管理,提高服务质量和水平。这一典型案例充分展示了工业旅游法在推动企业发展和社会进步方面的巨大潜力。

典型案例4▶▶

山西某煤矿：工业旅游法引领老矿区焕发新生机

位于山西省某重工业城市的煤矿，曾经是当地经济的支柱。然而，随着矿产资源的逐渐减少和环保要求的提高，煤矿面临转型压力。为了寻找新的发展方向，该煤矿决定利用废弃的矿井和矿区，开发工业旅游项目。

经过精心规划和改造，煤矿建设了矿山博物馆、井下探险体验区、矿工生活体验区等。在矿山博物馆里，游客可以了解到矿山开采的历史、技术和文化；在井下探险体验区，游客可以身着矿工服，戴上安全帽，深入矿井内部，亲身体验矿工的工作环境；在矿工生活体验区，游客可以参观矿工的宿舍、食堂等生活设施，深入感受矿工的日常生活。

该煤矿的工业旅游项目不仅让游客了解到了矿业文化的独特魅力，也为煤矿企业带来了新的经济增长点。更重要的是，这一项目为当地经济的转型和可持续发展提供了新的思路和动力。

典型案例5▶▶

福建某食品加工厂：观光工厂谱写新篇章

福建某食品加工厂是一家以生产传统特色食品而闻名的企业。为了将食品生产的透明度和旅游相结合，该企业创新性地推出了观光工厂项目。

在观光工厂项目中，游客可以通过透明的参观通道，直接观察到食品生产的每一个环节。从原料的挑选、清洗到加工、包装等各个流程都清晰可见。这不仅让游客对食品的生产过程有了更加直观的了解，也增强了他们对产品的信任感。此外，观光工厂还设有品尝区和购物区。在品尝区，游客可以品尝到新鲜出炉的食品；在购物区，游客可以购买到心仪的特色食品作为纪念或馈赠亲友。

食品加工厂的观光工厂项目不仅提高了企业的知名度和美誉度,还促进了产品的销售。通过这一项目,企业成功地将工业生产与旅游业相结合,实现了经济效益与社会效益的双赢。

六、总结与展望

工业旅游法将传统的工业生产与现代的旅游业相结合,挖掘工业旅游的多种功能,如教育、娱乐、文化等。通过开放工厂参观、提供工艺体验和产品 DIY 等活动,企业可以让游客亲身感受工业生产的魅力,从而增加企业收入和土地综合效益。同时,工业旅游也有助于提升企业的品牌知名度和社会形象,为企业的长期发展注入新的活力。

第 15 章　战略合作法

实施“战略合作法”，是新质生产力理论在企业层面的具体实践路径。战略合作法，通过与行业内外的优势企业建立战略合作关系，实现资源共享、优势互补，提升企业的综合竞争力；通过加快产品和服务的市场拓展，提高市场占有率；通过合作创新，加速新产品的研发和技术的应用。

一、理论依据

1. 资源基础理论。资源基础理论强调企业应通过获取和控制有价值的、稀缺的、难以模仿和不可替代的资源来保持竞争优势。寻求战略合作能够使企业接触到外部资源，如技术、品牌、市场渠道等，从而弥补自身资源的不足，实现资源的优化配置和互补。

2. 协同效应理论。协同效应理论认为，当两家或多家企业合作时，能够创造出比单独行动更大的价值。通过建立战略合作关系，工业企业可以在研发、生产、销售等各环节实现协同，降低成本，提高效率和创新能力，进而提升市场竞争力。

3. 动态能力理论。动态能力理论强调企业在面对环境变化时应具备整合、构建和重构内外部资源的能力。寻求战略合作有助于企业适应市场变化，通过与合作伙伴共同学习、知识共享，提升动态能力，实现持续竞争优势。

4. 经济学原理。战略合作可以实现资源共享和优势互补，降低企业成本，提高市场竞争力。企业可以通过优化价值链的各个环节来提升整体价值。

二、实施步骤

当今全球经济一体化的大背景下，企业与企业之间的合作已成为推动业务增长、提高市场竞争力的关键手段。为确保合作的成功和高效，制定并执行一套科学合理的战略合作法显得尤为重要。

（一）实施方法

1. 战略合作方向确定。初步阶段，企业必须了解自身的长期发展规划和市场定位，从而确定从哪些领域或方面寻求战略合作，这有助于企业明确目标，避免盲目寻找。

2. 合作伙伴筛选与评估。企业应对潜在合作伙伴进行全面、深入的调研。这包括但不限于评估其市场地位、技术优势、资源储备、企业文化及合作意愿等，确保双方合作的基础稳固。

3. 合作框架制定。当确定合作伙伴后，双方应共同制定合作框架，细化合作内容。这一步骤涉及明确合作目标、基本原则、合作范围、预期成果以及合作期限等，为双方未来的工作提供明确指导。

4. 签订合作协议。合作框架确定后，双方应在法律和专业人士的协助下，签订具有法律约束力的战略合作协议，确保双方权益得到充分保障。

5. 合作机制建立与执行。协议签订后，双方应共同建立高效、灵活的合作机制。这包括成立决策、执行及协调机构，确保合作项目的顺利进行和日常合作事务的有效管理。

6. 合作项目推进。依据协议和合作机制，双方开始推进具体的合作项目，如共同研发、市场开拓等。此阶段需要双方紧密配合，确保资源的最优配置和项目的顺利进行。

7. 合作效果评估与调整。合作项目开展后，应定期对合作成果进行评估。通过预设的评估标准和机制，及时发现问题，调整合作策略和项目方向，确保合作持续有效。

（二）关键措施

为确保战略合作法的顺利实施和合作成果的最大化，以下关键措施必不可少：

1. 战略规划强化。企业应制定长远、全面的战略规划，明确自身发展目标及合作在其中的作用，确保每一项合作都与企业整体战略相契合。

2. 合作伙伴关系管理。建立和维护与合作伙伴的良好关系至关重要。企业应设立专门的合作伙伴关系管理部门或人员，负责日常的沟通与协调工作，及时解决合作过程中的问题和误解。

3. 内部管理优化。随着合作的深入，企业可能面临新的管理挑战。因此，调整和优化内部管理结构、流程以及企业文化，以适应和支撑战略合作的需要，变得尤为重要。

4. 知识产权保护。在涉及技术研发等核心领域的合作中，知识产权保护不容忽视。双方应明确知识产权的归属、使用和保护方式，避免未来可能出现的法律纠纷。

5. 风险分担机制确立。任何合作都存在不确定性和风险。通过建立风险分担机制，如设立风险共担基金、明确风险应对责任等，可以有效降低单一方面临的风险，提高合作的稳定性和成功率。

综上所述，寻求战略合作法的实施不仅需要明确的步骤和流程，更需要一系列关键措施的支持和保障。只有这样，企业才能在全球化的市场竞争中通过战略合作实现共赢和持续发展。

三、风险控制

1. 合作伙伴选择风险。

风险描述:选择不合适的合作伙伴可能导致资源不匹配、合作效率低下甚至合作失败。

控制措施:建立科学的合作伙伴评估机制,包括对企业实力、资源优势、文化契合度等方面的全面评估,确保选择合适的合作伙伴。

2. 合作关系管理风险。

风险描述:合作关系管理不善可能导致沟通不畅、信任缺失、合作破裂等问题。

控制措施:建立完善的合作关系管理机制,包括定期沟通会议机制、合作进度监控机制、冲突解决机制等,确保合作关系稳定高效运行。

3. 知识产权保护风险。

风险描述:在合作过程中,知识产权被侵犯或商业机密被泄露可能给企业带来重大损失。

控制措施:签订严密的知识产权保护协议,明确知识产权归属和使用权限;同时加强内部知识产权管理,提高员工知识产权保护意识。

四、实施效果评估

1. 资源共享效果。

评估方法:分析合作前后资源利用效率的变化,包括原材料采购、生产设备利用、销售渠道拓展等方面。

预期成果:通过资源共享,实现资源的高效利用,降低生产成本和市场开拓成本。

2. 优势互补效果。

评估方法：比较合作前后双方在各自优势领域的表现变化，如技术创新能力、品牌影响力等。

预期成果：通过优势互补，提升双方在各自领域的竞争力，共同开拓更广阔的市场空间。

3. 市场竞争力提升效果。

评估方法：分析合作前后市场份额、客户满意度、盈利能力等关键指标的变化。

预期成果：通过战略合作，提高市场竞争力，实现市场份额的扩大和盈利能力的提升。

综上所述，寻求战略合作法是提高工业企业亩均效益的有效途径。在实施过程中，企业应充分理解其理论依据，有效防范和控制风险，并对实施效果进行科学评估，以确保战略合作能够为企业带来长期稳定的竞争优势和经济效益。

五、典型案例

典型案例 1▶▶

明光酒业与古井贡酒：携手共铸酒业新辉煌

在白酒行业竞争日益激烈的背景下，企业如何突破发展瓶颈，实现持续、健康的发展？明光酒业与古井贡酒的战略合作，为我们提供了一个成功典范。2021 年 1 月 10 日，在滁州、亳州两市协同推进下，在明光市委、市政府全力牵线和帮扶下，明光酒业与古井贡酒正式达成战略合作，开启了安徽两大名酒双赢发展的新篇章。同时也成为政府用市场逻辑谋事、用资本力量干事，推动有效市场和有为政府更好结合，探索实现高质量发展的新路径、新案例。

（一）背景情况

安徽明光，酿酒历史悠久，境内出产的高粱曲酒在南宋建炎二年（公元1128年）就被尊为御酒，1865年由李鸿章牵线经“海上丝绸之路”实现首次出口。1949年8月，在4家私人酿酒糟坊基础上组建了安徽省明光酒厂，并在改革开放之初以驰名中外的明光绿豆为原料成功研制出高端明绿液酒。1987年，明光酒厂年产达12003吨，居全省同行业之首，后又连续4年被列入中国500家工业企业榜单，成为国家大型一档企业，1993年最高实现利税9400多万元。1998年下半年开始，受内外因素影响，明光酒厂生产经营逐步陷入连年亏损，直至2005年推行政策性破产改制。改制后的明光酒业由国有企业变更为私营企业，至2019年投资方持续投入8500多万元实施技改，企业经营状况逐步好转，产值、税收呈上升趋势，2019年、2020年税收突破5000万元。但受国内白酒行业竞争日趋激烈、企业生产经营和管理模式创新不足等影响，明光酒业在产值、税收、市场拓展等多方面已基本接近企业发展的“天花板”，难以依靠自身力量突破当前的瓶颈。鉴于企业发展困境，明光市委、市政府积极主动作为，先后多次组织相关部门深入企业调研指导，与企业共同达成转型发展思路，并锁定古井贡酒为优选合作对象，最终促成双方战略合作。

（二）主要做法及创新点

1. 深入调研定方向。围绕“工业强市”战略，市领导高位推进，带队到企业集中调研，帮助企业理清发展思路、发展目标、推进举措。其后，市经信局等部门组织专题调研组，先后8次入企与干部职工交流座谈、思考谋划，并最终形成《关于重振明酒雄风的思考》调研报告，明确了“内强自身、外求合作”的做大做强路径。

2. 精准帮扶解难题。坚持问题导向，发挥政府部门主动服务、精准服务企业能动性，开展系列帮扶活动，做到能现场解决的立即办，需要联合推进的快交办。目前已办事项有：为企业固投项目协调担保事宜，推进解决生产用气问题，强化企业知识产权和商标权保护，完成厂区东大门拓宽，解决企业高科技人才公寓和研发费用归集、技改政策享受、绿色工厂申报等。

3. 考察培训拓思路。2019年11月，市领导率企业相关人员及市直相关部门赴古井酒业等地，专题学习考察先进管理观念、管理模式、销售模式、企业文化建设等。2020年，在多次的全市企业家系列培训中，明光酒业高管人员均受邀参训，进一步拓展了企业发展思维和经营理念。

4. 规划改造强硬件。指导企业聘请专业规划设计单位，对厂区进行重新科学规划，明确"明清建筑风格"，优化空间布局，实施必要技改，完成厂房修缮、生产线改造，新建原酒储藏罐，经提升改造，企业面貌一新，原酒生产能力、产品档次全面提升。

5. 推动合作寻伙伴。根据明光酒业寻求外向合作意愿，考虑古井贡酒发展实力和其近年与黄鹤楼酒战略合作积累的价值样本和丰富经验，积极向上争取支持。经滁州市政府主要领导牵线，促成了古井集团决策层到明光考察交流，初步洽谈合作意向。

6. 确定合作大原则。在明光酒业寻求对外战略合作的过程中，充分考虑到明光广大老百姓对明光酒的深厚历史情结，并吸取之前与某酒业讨论合作中的路径与经验教训，政府明确了对外合作中的"三不变三变"的原则，"三不变"即明光酒业公司名称不变，明光酒和明绿液的品牌不变，明光酒业公司酿酒的骨干队伍不变，这是战略合作的基本前提；"三变"即股权结构变化、管理团队变化、销售渠道变化，这是战略合作的必要性。"三不变"与"三变"，体现了守正与创新的辩证关系，是稳中求进、以进促稳的生动阐释。

7. 高层推动谈合作。滁州市政府把并购工作作为支持明光酒业转型、推进地方经济提质的重大事项，时任滁州市市长的许继伟，利用在北京参加全国两会的契机，与同为全国人大代表的古井集团董事长梁金辉商谈合作，成为明光酒业与古井合作的最大推动力量，并明确牵头领导和相关部门责任，全力支持配合古井集团对明光酒业开展并购。

8. 促成携手话共赢。古井集团、明光酒业和明光市政府三方成立联合工作组，经各方通力协作，顺利完成并购的尽职调查、清产核资和合作谈判等事项，达成了古井集团出资 2 亿元收购明光酒业 60%股权的合作意向。古井集团履行相应报批程序后，签署股权转让协议，完成工商变更和资产交割，管理权限平稳交接，生产经营平稳过渡，明光酒业正式成为古井集团控股子公司，双方合作发展踏上新起点。

9. 出台政策重扶持。根据古井与明光酒业合作需求，明光市政府专项出台《关于扶持明光酒业做大做强的合作协议》，从项目用地、人才引进、项目申报、金融扶持以及税收产值、技改上台阶等方面予以全面支持。

（三）取得的成效

明光酒业与古井贡酒的战略合作，既是实现双方在产品开发、品牌提升、市场拓展等方面互融互补、互促互进的重要举措，也有力开启了徽酒发展的新格局。

一是产品互补。明光酒业作为中国白酒明绿香型的开创者，其明绿液酒系列产品独具的“绿豆香型”，为古井名酒家族再添新锐，有利于补充其优质产能，拓展全新市场。

二是品牌协同。古井贡酒作为中国老八大名酒，在深推品牌全国化和产品高端化过程中，将老明光酒、明绿液酒作为大众酒市场的拳头产品，弥补了古井贡酒走向高端化之后大众酒的品牌空间，将进一步充实其品牌势能和发展动能，持续提升品牌含金量，并在行业更高层面释放名酒优势和价值担当。

三是市场共拓。明光酒在皖东地区的传统市场优势，与古井的市场布局和渠道资源形成互补，既强化了其对安徽全域的市场深耕，又利于明光酒全国化布局的推进，逐步实现“省内全布局、融入长三角、走向全国化”的市场发展规划。与此同时，双方战略合作对促进明光乃至滁州及周边地区特产、旅游、文化等资源的输出,也发挥相应影响力。

四是成果共享。明光酒业依托古井贡酒优势资源实现全方位突破,产值税收逐年显著提升。2021年即战略合作的第一年,明光酒业就实现了纳税额倍增,达到1.04亿元,到2023年,纳税额达到2.92亿元,年度增幅90%,是战略合作前的580%。企业职工工资总额也上调了20%以上,对稳定地方就业、带动地方消费起到直接促进作用。当前,明光酒业正积极扩大产能,4年税收累计将突破10亿元。

(四)借鉴意义

推进明光酒业与古井贡酒进行战略合作,是滁州、亳州两地协同贯彻落实省政府关于安徽白酒产业高质量发展部署的具体措施,对于新时代背景下政府部门如何运用市场逻辑谋事、借助资本力量干事,推动有效市场和有为政府更好结合,加快构建新发展格局提供了有益探索和深入思考机会。

一是要充分运用市场的逻辑谋事。明光酒厂曾经拥有的“古老大、明老二”辉煌地位,及随后不适应经济转型陷入低谷直至破产改制,后又逐步恢复发展却面临市场瓶颈的历史证明,完全依靠政府干预,无法实现资源合理高效配置。明光市在充分调研基础上,充分发挥市场在资源配置中的决定性作用,引导企业走“内强自身、外求合作”发展路径,为战略合作奠定了思想基础,积累了资源条件。

二是要充分运用资本的力量干事。明光酒业合作前曾在拓展融资渠道、引入管理理念等方面作出探索并取得一定成效,但资本始终是限制发展的一项主因。明光市注重发挥资本的力量,促成了战略合作,2亿元的并购注资及后续的投入,为企业做大做强注入了全新动能,企业原股东利润分成的大幅提升即是明证。

三是要更好发挥政府的职能作用。针对企业发展中遇到的困难和问题,明光市切实发挥政府职能作用,树牢“企业和企业家是我们自己人,为自己人办事就是办自己的事”的理念，从企业需求出发，一企一策制定帮扶方案，实行市领导和帮扶责任单位联系包保，在全省率先提出“企业吹哨、部门报到”机制。一系列帮办服务和不断创优的营商环境，让“明光服务”品牌影响力不断提升，在促进本土企业做大做强的同时，也吸引更多的外地企业家选择明光、投资明光，有效市场和有为政府高效结合的作用愈发凸显。

典型案例 2 ▶▶

长虹美菱：战略合作铸就共赢典范

长虹美菱股份有限公司（以下简称“长虹美菱”）作为中国家电行业的重要参与者，通过实施战略合作法，与行业内外的优势企业建立了战略合作关系，实现了资源共享和优势互补，有效提升了企业的综合竞争力。

（一）长虹美菱的战略合作背景

长虹美菱的前身分别为四川长虹和合肥美菱，两大家电巨头在 2005 年 11 月进行战略重组，开启了家电行业的强强联合新篇章。合并后的长虹美菱继承了双方在家电制造领域的技术积累和市场资源，形成了更为强大的市场竞争力。

（二）长虹美菱的战略合作实施

长虹美菱在战略合作方面采取了多项措施，包括与国内外企业建立合作关系、推动技术创新和产品研发、优化营销策略等。

1. 与国内外企业建立合作关系。

通过与国内外的优势企业建立合作关系，实现了资源共享和市场拓展。例如，长虹美菱与国内的零部件供应商建立了稳定的合作关系，确保了产品质量和供应链的稳定性。同时，公司还与国外的技术企业合作，引进先进的制造技术和管理经验，提升了产品的国际竞争力。

2. 推动技术创新和产品研发。

长虹美菱高度重视技术创新和产品研发,建立了国家级企业技术中心和工业设计中心。公司不断推陈出新,如推出备受市场青睐的M鲜生系列冰箱,成功实现了产品的差异化。通过不断的技术迭代和产品创新,长虹美菱的产品在市场上获得了良好的口碑和销量。

3. 优化营销策略。

长虹美菱通过整合营销资源,提高了市场资源获取能力。2019年2月,公司成立了长虹·美菱中国区营销总部,实现了从单一品类营销到全品类整合营销的转型。通过面向渠道和用户体验服务的营销策略,公司提升了品牌影响力和市场占有率。

(三)长虹美菱战略合作的显著成效

长虹美菱的战略合作取得了卓越成效,在多个方面实现了质的飞跃。公司的主导产品美菱冰箱成为国家出口免验产品,销量连续三年保持快速增长。同时,公司的市场占有率和品牌价值也得到了显著提升。

1. 市场占有率的提升。长虹美菱通过战略合作,实现了产品线的全面覆盖和市场的深度拓展。据统计,公司的冰箱、洗衣机等产品在国内市场的占有率均有所提升,其中冰箱产品的市场占有率提升了5%以上。

2. 品牌价值的增长。长虹美菱的品牌价值得到了持续增长。根据最新的品牌价值评估报告,长虹美菱的品牌价值较合并前增长了30%,成为中国最有价值品牌之一。

3. 经济效益的提升。长虹美菱的经济效益也得到了显著提升。公司的年度报告显示,合作后的长虹美菱实现了营业收入和税收的持续增长,其中营业收入增长了20%,税收增长了15%。

长虹美菱股份有限公司通过实施战略合作法,成功实现了资源的高效整合与优势互补,显著提升了企业的综合竞争力。公司的战略合作不仅加快了产品和服务的市场拓展,提高了市场占有率,还通过合作创新,加速了新产品的研发和技术的应用,实现了亩均营业收入和亩均税收的持续增长。长虹美菱的成功案例为其他企业提供了宝贵的经验,展示了战略合作在提升企业竞争力方面的重要作用。

典型案例3 ▶▶

临涣焦化：国企强强联手　共创行业新标杆

临涣焦化股份有限公司(以下简称"临涣焦化"),坐落于安徽省淮北市,注册资本金6亿元。作为国内知名的独立焦化企业之一,临涣焦化以优质炼焦煤资源为基础,通过技术创新和战略合作,实现了资源的高效利用和产业链的延伸。公司主要产品包括焦炭、甲醇、粗苯、硫铵、焦油等,广泛应用于钢铁、化工等领域。

在激烈的市场竞争中,临涣焦化意识到单一依靠内部资源难以实现持续快速发展。因此,公司决定实施战略合作法,通过与行业内外的优势企业建立战略合作关系,实现资源共享、优势互补,共同提升市场竞争力。

1. 寻找战略合作伙伴。

临涣焦化在选择战略合作伙伴时,注重寻找具有互补性资源和优势的企业。例如,与拥有先进煤化工技术的企业合作,可引入创新技术,提升产品质量;与拥有完善销售渠道的企业合作,可扩大市场份额,提高品牌知名度。战略合作伙伴的选择为临涣焦化的发展提供了有力支撑。

2. 构建合作机制。

为确保战略合作的顺利实施,临涣焦化与合作伙伴共同制定合作方案,明确合作目标、合作内容、合作期限等关键要素。同时,双方建立定期沟通机制,及时解决合作过程中出现的问题和困难。在股份组成上,淮北矿业持有51%的股份,为控股股东,上海焦化、南京钢铁、杭州钢铁、五矿发展分别持有15%、

14%、10%、10%的股份。

3. 资源共享与优势互补。

临涣焦化股份有限公司，是国有大型企业集团强强联合的典范，充分发挥了各股东方在资源、产业、规模、人才、技术、市场等多方面的优势。淮北矿业拥有华东地区优质焦煤资源；上海焦化是目前煤化工、煤资源综合利用较为悠久的企业之一，具有煤化工技术优势；南京钢铁和杭州钢铁是正在兴起的两个大型钢铁集团，对焦炭有市场需求，为临涣焦化主要产品提供了稳定的市场需求；五矿发展是焦炭行业出口的优秀企业，在国内、国际两个市场都具有很大竞争优势。通过战略合作，临涣焦化与合作伙伴实现了资源共享和优势互补。例如，在技术方面，合作伙伴为临涣焦化提供了先进的煤化工技术和设备支持；在市场方面，临涣焦化借助合作伙伴的销售网络和品牌影响力，成功开拓了新的市场领域。

通过战略合作，临涣焦化取得了显著的成效。一是在技术创新上，通过战略合作，临涣焦化成功引入了先进的煤化工技术和设备，推动了企业的技术创新。新技术的应用不仅提升了产品质量和生产效率，还降低了生产成本和能源消耗。例如，采用先进的焦炉煤气净化技术，使得硫铵等化工产品的产量和质量得到显著提升。二是在市场拓展上，借助战略合作伙伴的销售网络和品牌影响力，临涣焦化成功开拓了新的市场领域。公司产品不仅在安徽、江苏、浙江等省的大型钢铁企业中广受欢迎，还拓展至福建、江西等地。此外，通过合作伙伴的国际化渠道，临涣焦化的产品成功打入国际市场，进一步提升了公司的市场地位。三是在产业链延伸上，战略合作推动了临涣焦化的产业链延伸。公司与合作伙伴共同投资建设了粗苯精制工程、煤焦油深加工等项目，实现了对炼焦副产品的综合利用。这些项目的建成投产不仅提高了资源利用效率，还为企业带来了新的经济增长点。

典型案例4 ▶▶

中国宝武：战略协同 领航世界一流企业新征程

中国宝武钢铁集团有限公司（以下简称“宝武”）作为中央直接管理的国有重要骨干企业，始终致力于实施战略协同，通过与行业内外的优势企业建立战略合作关系，实现资源共享、优势互补，共同提升市场竞争力。这种战略合作法不仅能促进资源共享和优势互补，提升企业的综合竞争力，还能加快产品和服务的市场拓展，提高市场占有率，通过合作创新，加速新产品的研发和技术的应用。2022年，宝武资产规模达1.32万亿元，钢产量1.3亿吨，营业总收入1.2万亿元，员工总数26.23万人。宝武在2023年公布的《财富》世界500强排行榜中位列44位，继续位居全球钢铁企业首位。

中国宝武钢铁集团有限公司在过去的几年里取得了令人瞩目的成就。宝武在推进供给侧结构性改革方面取得了显著成果。宝武聚焦主责主业，构建以钢铁制造产业为基础，先进材料产业、绿色资源产业、智慧服务产业、不动产业务、金融业务等相关产业协同发展的“一基五元”格局，并以此为基础强化产业生态圈建设，构建新型低碳冶金现代产业链。这一系列举措为宝武在行业内树立了良好的声誉，也为其未来的发展奠定了坚实的基础。在实施战略合作法方面，宝武不断寻求与行业内外的优势企业建立战略合作关系。例如，宝武先后与马钢集团、太钢集团、新钢集团、中钢集团实施联合重组，成为重庆钢铁实际控制人，托管重钢集团、昆钢公司，从而跻身全球规模最大、最具影响力的钢铁企业行列。

这些战略合作关系不仅为宝武带来了资源共享和优势互补的机会，也为其加快产品和服务的市场拓展，提高市场占有率提供了有力支持。同时，通过合作创新，宝武得以加速新产品的研发和技术的应用，实现亩均营业收入和亩均税收的持续增长。

在这一过程中,宝武不仅注重与同行业企业的合作,还积极寻求与其他领域的企业建立战略合作关系。例如,宝武在先进材料产业与其他行业的协同耦合方面取得了显著成就,为用户提供了综合材料解决方案。同时,依托科技赋能,宝武的绿色资源产业、智慧服务产业通过构建产业生态圈模式加强与制造业及相互间的协同支撑,以数字产业化加快推进产业数字化转型,实现智慧服务创造价值。这些战略合作关系为宝武带来了更多的创新机会,也为其在不同领域的发展提供了更广阔的空间。

除了与企业的合作,宝武还注重与金融机构的合作。产业金融业务聚焦供应链金融、生态圈金融,为实体产业提供金融服务,发挥杠杆作用,为主业发展提供协同支撑。这种金融合作不仅为宝武提供了资金支持,也为其在市场上的竞争提供了更多的优势。

总的来说,中国宝武钢铁集团有限公司通过实施战略合作法,与行业内外的优势企业建立战略合作关系,实现资源共享、优势互补,共同提升市场竞争力。这种战略合作法为宝武带来了丰厚的回报,也为其未来的发展奠定了坚实的基础。在未来,宝武将继续秉持"诚信、创新、绿色、共享"的价值观和"钢铁报国、开放融合、严格苛求、铸就强大"的企业精神,不断拓展战略合作空间,实现更高质量的发展目标。

典型案例5▶▶

黄山昊宇机电与羚羊工业互联网平台:云端合作共创未来

黄山昊宇机电科技有限公司(以下简称"黄山昊宇机电"),作为一家专注于碳化硅密封材料研发、制造和销售的高新技术企业,近年来在航天、航空、核工业等多个领域取得了显著成绩。然而,随着企业规模的不断扩大,传统生产管理模式面临诸多挑战,如生产效率低下、流程不顺畅、软件选择成本高等问题。为突破发展瓶颈,黄山昊宇机电积极探索转型升级之路,最终选择了与羚羊工业互联网平台开展战略合作。通过云端部署数字化软件,企业成功实现了生产效率提升、成本降低和管理水平升级,为可持续发展注入新的动力。

（一）战略合作的具体实施

黄山昊宇机电与羚羊工业互联网平台的合作,主要体现在以下几个方面:

1. 选择合适的数字化软件。黄山昊宇机电通过参加经信主管部门举办的数字化软件服务包推广应用培训会,了解到羚羊工业互联网平台提供的丰富软件资源,并根据自身需求,选择了绿舟轻MES系统(生产执行系统)。

2. 接受指导掌握软件使用方法。羚羊平台和软件提供商对黄山昊宇机电进行了全程指导,帮助企业快速熟悉并掌握软件的使用方法。

3. 利用平台进行生产管理。黄山昊宇机电目前已经开始在羚羊平台下达生产任务,通过平台的数据可以实时了解生产的状态、产品的完成情况等。

（二）战略合作的显著成效

黄山昊宇机电与羚羊工业互联网平台的合作,取得了显著的成效,主要体现在以下几个方面:

1. 显著降低软件选型成本。羚羊工业互联网平台提供“一站式”软件服务包,软件种类丰富,大幅节省了黄山昊宇机电寻找合适软件的时间、精力,而且软件第一年享受政府补贴,免费使用,有效降低了企业的数字化转型成本。

2. 提高生产效率和生产能力。数字化软件的应用,帮助黄山昊宇机电规范生产流程,使各部门配合更加顺畅。例如,通过数字化软件可以全程实时掌握产品的动态、完工率、合格率等,在数据收集统计方面数字化软件可以提供多维度、实时的支持,大大节约了员工的时间和精力。

3. 使生产流程更加顺畅。通过数字化软件应用,黄山昊宇机电能够利用平台的数字应用下达生产任务,生产人员通过移动端对当天的生产任务进行报工等操作。销售人员可以通过移动端查看订单完成情况,以便更好地和客户沟通,提高客户的满意度。同时,逐步完善了数据的收集和统计、分析工作,为工艺的改进、企业发展提供必要的数据支持,提升公司的整体数字化水平。

(三)共同探索数字化应用场景

黄山昊宇机电与羚羊工业互联网平台的战略合作,只是一个开始。未来,双方将继续深化合作,共同探索更多数字化应用场景,例如:

1. 智能制造。通过数字化软件,实现生产过程的自动化和智能化,提高生产效率和产品质量。

2. 数据分析。利用平台的数据分析功能,对生产数据进行分析和挖掘,发现问题,优化生产流程,提高企业效益。

3. 供应链管理。通过数字化平台,实现供应链的协同管理,提高供应链效率,降低供应链成本。

4. 营销推广。利用平台的营销推广功能,扩大企业影响力,提升产品销量。

黄山昊宇机电与羚羊工业互联网平台的合作,不仅为企业自身发展注入了新的活力,也为其他中小企业数字化转型提供了宝贵的经验和启示。相信通过持续的创新与努力,黄山昊宇机电将在数字化转型的道路上取得更大的成就,为中国制造业的数字化升级做出积极贡献。

(资料来源:安徽省工业和信息化厅《安徽省制造业数字化转型案例选编》,2024年7月)

六、总结与展望

战略合作法是提高工业企业亩均效益的有效途径。通过本方案的实施,企业将在合作共赢的基础上实现高质量发展,为企业乃至国家的产业升级贡献力量。

第 16 章　协同创新法

新质生产力是创新起主导作用，它由技术革命性突破、生产要素创新性配置、产业深度转型升级而催生。以科技创新推动产业创新，促进产学研用深度融合，构建政府、科研机构、企业三位一体的协同创新体系和平台，形成风险共担、利益共享的合作机制。“协同创新法”，通过整合产学研资源，加强产学研合作，推动协同创新，促进科技成果的转化和应用，已成为众多工业企业增效的关键策略。

一、理论依据

1. 开放式创新理论。提倡企业通过内外部知识的结合来加速创新过程。协同创新法通过跨界合作，实现知识、技术、市场和资本的有效整合，提高企业的创新能力和亩均效益。

2. 创新协同效应理论。产业链的延伸可以促进不同环节之间的知识和技术交流，激发创新活力，产生协同效应，推动企业技术进步和产业升级。

3. 资源优化配置理论。在市场经济条件下，资源的稀缺性要求必须对其进行合理配置，以实现效益最大化。协同创新通过企业间的合作，能够优化生产要素的组合方式,减少资源浪费,提高单位面积土地上的产出效益。

4. 系统论。工业企业可视为一个复杂的系统,其内部各个要素(如生产、研发、销售等)之间存在相互影响和制约的关系。协同创新法运用系统论的思想,通过协调和优化系统内部各要素的关系,实现整体效益的提升。

二、实施步骤

协同创新法是企业、高校与科研机构等多方合作,通过资源整合、优势互补,实现关键技术突破、提升产业核心竞争力的有效途径。

(一)主要步骤

1. 确立协同创新战略。

在激烈的市场竞争中,单一企业的研发能力往往难以应对快速变化的市场需求和技术进步。因此,将协同创新纳入企业战略核心,成为企业持续发展的必然选择。在制定协同创新战略时,企业应结合自身的资源、技术优势和市场定位,明确长期和短期目标,为后续的协同工作提供明确的指导方向。

2. 构建产学研合作平台。

产学研合作是实现协同创新的重要途径。企业应主动寻求与高校、科研机构的合作机会,利用后者的研发能力和技术优势,共同构建合作平台。例如,可以联合建立实验室、研发中心或技术中心,通过共享资源、人才和技术,加快研发进度,提高创新效率。

3. 制定合作协议和机制。

产学研合作涉及多方利益,因此必须制定明确的合作协议和机制。协议中应详细规定合作双方的权利、义务、资金投入、技术投入、成果归属和利益分配等内容。合理的利益分配机制是确保合作持久和稳定的关键,可以采用技术入股、收益分成、一次性买断等多种方式,平衡各方的经济利益。

4. 开展联合研发项目。

围绕企业的核心技术需求和市场发展趋势，产学研合作双方应共同确定研发项目。项目的选择应具有前瞻性、战略性和市场潜力，确保研发成果能够转化为实际的产品或服务，为企业带来经济效益。在项目实施过程中，双方应密切合作，充分发挥各自的专业优势，确保项目的顺利进行。

5. 加强知识产权保护。

知识产权是协同创新的重要成果之一，也是保障各方利益的关键。在合作过程中，必须重视知识产权的申请和保护工作。对于合作产生的发明、实用新型、外观设计等成果，应及时申请专利保护；对于涉及商业秘密的信息，应签订保密协议并采取相应的保密措施。同时，建立知识产权管理制度和纠纷处理机制，确保在出现知识产权争议时能够迅速、有效地解决问题。

6. 推动成果转化和产业化。

协同创新的最终目的是将研发成果转化为实际生产力，推动产业升级和企业发展。因此，在协同创新过程中，应注重成果的转化和产业化工作。可以通过技术转移、技术许可、作价入股等方式，将研发成果引入企业生产经营中；同时，积极争取市场资源和政府支持，推动研发成果的规模化和产业化应用。

7. 建立协同创新绩效评价体系。

为确保协同创新活动的持续、高效进行，必须建立一套科学的绩效评价体系。该体系应包括定性和定量评价指标，综合评价协同创新活动的经济效益、技术成果、人才培养等方面。定期对协同创新活动进行绩效评估，及时发现问题并采取改进措施，同时，根据评估结果对合作策略和资源投入进行调整和优化，确保协同创新战略的有效实施。

（二）关键措施

协同创新法的实施需要企业、高校和科研机构等多方的共同努力和密切配合。实施的关键措施有：

1. 优化资源配置。合理配置人力、物力、财力等资源,确保协同创新项目的顺利实施。

2. 强化人才培养和引进。通过校企合作培养专业人才,同时引进高层次的科研人员,为协同创新提供人才支持。

3. 搭建信息共享平台。建立信息共享机制,确保合作各方能够及时获取项目进展和市场信息。

4. 推动文化融合。促进企业文化与科研机构文化的融合,形成有利于创新的组织氛围。

5. 加大财政支持和激励。通过政策扶持和激励机制,鼓励企业和科研机构投入更多资源到协同创新中。

总之,通过确立创新战略、构建合作平台、制定合作协议、开展联合研发、加强知识产权保护、推动成果转化和建立绩效评价体系等步骤的实施,可以为企业实现关键技术突破、提升核心竞争力提供有力支持。

三、风险控制

1. 技术泄密风险。

风险描述:在协同创新过程中,涉及敏感技术的交流可能引发技术泄密。

控制措施:签订严格的技术保密协议和建立知识产权保护机制,确保技术信息的安全传递和合法使用。

2. 合作协同失效风险。

风险描述:由于企业文化、管理模式的差异,可能导致协同合作效率低下或合作失败。

控制措施:建立明确的合作目标和规范,促进文化融合和管理对接,设立合作监督和评估机制以确保协同效果。

3. 资源投入不足风险。

风险描述:协同创新可能面临资源(资金、人才等)投入不足的风险,影响项目进展和成果质量。

控制措施:进行充分的资源评估与预算规划,确保项目所需资源的及时投入和有效利用。

四、实施效果评估

协同创新法实施效果评估对于政策制定者和企业实践者具有重要意义。可以从经济效益、创新能力、社会与环境效益以及合作满意度等多个维度,对协同创新法的实施效果进行深入评估,并提出持续改进方向。

1. 经济效益评估。

经济效益评估是衡量协同创新法实施效果的重要指标之一。通过对比实施前后工业企业的亩均产值、利润等经济指标的变化,可以定量评估该法规对经济效益的提升作用。具体而言,可采集相关工业企业连续数年的经济数据,运用统计分析和计量经济学方法,分析协同创新法实施前后经济指标的变化趋势和程度。若结果显示实施后经济指标显著提升,则表明该法规对于推动工业经济增长具有积极作用。

2. 创新能力评估。

创新是工业企业发展的核心驱动力,协同创新法的重要目标之一就是提升企业的创新能力。因此,评估该法规实施后企业在专利申请、新产品开发等方面的表现至关重要。一方面,可以通过专利数据库等公开数据源,统计并分析企业在专利申请数量、质量以及专利布局等方面的变化;另一方面,可以收集企业新产品开发的数据,包括新产品种类、数量、销售额等,以衡量企业创新成果的市场表现。通过对比分析,可以清晰地揭示协同创新法对企业创新能力提升的贡献。

3. 社会与环境效益评估。

在当前全球倡导绿色可持续发展的背景下，协同创新法在促进工业可持续发展、推动环保技术应用等方面的作用不可忽视。评估其社会与环境效益，需要综合考察工业企业在资源消耗、废弃物排放、环保投资等方面的表现。具体可采集相关企业的环保数据，运用环境经济学方法进行分析，评价协同创新法实施后工业企业在环境保护方面的改善程度。同时，还可以通过社会公众调查等方式，了解公众对于工业企业环保表现的感知和评价，从而更全面地评估协同创新法的社会与环境效益。

4. 合作满意度评估。

合作满意度是评价协同创新法实施效果的重要主观指标。通过调查问卷、访谈等方式收集参与协同创新企业的反馈意见，可以深入了解各方在合作过程中的感受、对合作成果的评价以及对于协同创新法的认同程度。具体而言，可以设计有针对性的调查问卷，涵盖合作过程、合作成果、政策支持等方面的问题，对参与企业进行广泛调查。通过对调查数据的统计分析，可以揭示出企业在合作过程中的痛点和需求，为协同创新法的持续改进提供有力依据。

五、典型案例

典型案例 1 ▶▶

科大讯飞：智能语音技术的协同创新先锋

科大讯飞股份有限公司（以下简称“科大讯飞”），作为国内智能语音技术的领军企业，一直致力于通过协同创新模式来加强产学研合作，提升企业的核心竞争力。这种方法强调跨组织、跨领域的协同合作，以推动技术创新和产业升级。

（一）背景介绍

科大讯飞成立于1999年，是一家专业从事智能语音及语言技术研究、软件及芯片产品开发、语音信息服务及电子政务系统集成的国家级重点软件企业。公司凭借其长期的研究积累和技术创新，在中文语音合成、语音识别、口语评测等多项技术上取得了国际领先的成果。

（二）协同创新的实施过程

1. 产学研紧密合作。科大讯飞通过与国内外知名高校、科研机构建立紧密的合作关系，共同开展基础研究和应用研究。例如，与中国科学技术大学、清华大学等高校的合作，不仅促进了人才培养和技术交流，还实现了科研成果的快速转化和应用。

2. 跨界合作与资源整合。科大讯飞积极寻求与不同领域的企业和机构进行跨界合作，实现资源的优化配置和共享。例如，在智能家居领域，科大讯飞与海尔、美的等家电知名企业合作，将智能语音技术应用于家电产品，提升了家居生活的便捷性和智能化水平。

3. 创新平台与生态构建。科大讯飞通过建立创新平台和生态系统，吸引了众多的开发者和合作伙伴加入，共同推动智能语音技术的发展和应用。例如，科大讯飞开放平台为开发者提供了丰富的API接口和开发工具，降低了智能语音技术的应用门槛，促进了技术的普及和推广。

（三）协同创新法的成果与影响

1. 技术突破与市场应用。通过协同创新，科大讯飞在智能语音技术领域取得了重大突破，推出了一系列具有自主知识产权的核心技术和产品。这些技术和产品在电信、金融、电力、社保等主流行业得到广泛应用，提高了行业的服务质量和效率。

2. 产业带动与生态繁荣。科大讯飞的协同创新模式不仅推动了自身的发展，也带动了整个智能语音产业的繁荣。以科大讯飞为核心的中文智能语音产业链已初具规模，吸引了大量的上下游企业和相关机构加入，形成了良好的产业生态。

3. 社会效益与品牌影响力提升。科大讯飞的智能语音技术不仅在商业领域取得了成功，也为社会公益事业做出了贡献。例如，在教育领域，科大讯飞的智能语音技术被应用于辅助教学和语言学习，提高了教育资源的利用效率和教学效果。这些举措不仅提升了科大讯飞的品牌影响力，也赢得了社会各界的广泛赞誉。

（四）成功的关键因素分析

1. 明确的战略规划与执行力。科大讯飞在发展过程中始终保持着清晰的战略规划和坚定的执行力。公司明确将智能语音技术作为核心竞争力，通过持续投入和研发创新，确保在关键技术领域保持领先地位。

2. 强大的研发团队与创新能力。科大讯飞拥有一支高素质的研发团队和强大的创新能力。公司注重人才的引进和培养，通过与高校和科研机构的紧密合作，不断吸收新鲜血液和先进技术成果，提升自身的研发实力和创新水平。

3. 开放合作与共赢理念。科大讯飞始终坚持开放合作和共赢的理念，积极寻求与不同领域的企业和机构进行跨界合作。这种合作模式不仅实现了资源的优化配置和共享，也拓展了公司的业务范围和市场空间。

科大讯飞通过运用协同创新法，成功地将产学研资源整合在一起，推动了智能语音技术的进步和应用。这种模式的成功不仅为科大讯飞自身带来了巨大的商业价值和社会影响力，也为其他企业提供了可借鉴的经验和启示。展望未来，随着人工智能技术的不断发展和应用场景的不断拓展，科大讯飞将继续秉承开放创新的精神，携手更多的合作伙伴共同推动智能语音技术的发展和应用，为构建智能社会贡献力量。

典型案例2▶▶

明光留香泵业：产学研协同下的创新标杆

在当下这个日新月异的时代，创新已经成为企业生存和发展的核心动力。对于明光市留香泵业有限公司这样一家专业生产吸砂泵及配套产品的企业来说，如何通过创新应对市场挑战，提升自身竞争力，成为一道必须面对的难题。而他们的答案，就是积极实践协同创新法，通过与高校和科研机构的紧密合作，共同开展研发工作，不断提升企业的技术水平和市场竞争力。

明光市留香泵业有限公司（以下简称“留香泵业”）的吸砂泵产品主要应用于河道清淤和围海造田等领域，这些领域对泵的性能要求极高，需要其能够在恶劣的环境下长时间稳定运行。为了提升产品的性能，留香泵业一直在寻求技术的突破。他们深知，单靠自身的力量难以应对日益增长的挑战，于是选择了与高校和科研机构紧密合作，共同开展研发工作。

他们首先与安徽农业大学工学院建立了合作关系，成立了省内第一家流体机械研究所。这个研究所的成立，为留香泵业的产品研发提供了强大的技术支持。在这里，企业的技术人员与高校的专家教授一起，对产品进行性能分析和技术数据总结，共同探讨如何改善产品的磨损、降低能耗、改造生产工艺。通过这种紧密的合作方式，留香泵业的产品性能得到了显著的提升，市场竞争力也逐渐增强。

然而，留香泵业并没有满足于此。他们意识到，随着市场的不断变化，企业对创新的要求也越来越高。为了适应市场需求，他们必须寻求更强大的合作伙伴，进一步提升自身的研发能力。于是，他们将目光投向了江苏大学国家流体机械中心。

江苏大学国家流体机械中心是国内流体机械领域的权威研究机构，拥有雄厚的研发实力和丰富的技术成果。留香泵业与江苏大学国家流体机械中心建立了联系,双方协商开展全面合作,联合成立国内第一家以两相流为主要研究对象的泥沙泵研究所。这一举措不仅满足了企业对创新开发的要求,也填补了国内在这一领域的研究空白。

通过与江苏大学的合作,留香泵业的研发能力得到了极大的提升。他们共同开发的新型吸砂泵产品,不仅性能更加稳定可靠,而且效率更高、能耗更低。这款产品在市场上取得了巨大的成功,为留香泵业带来了丰厚的经济回报。同时,这种合作模式也为企业培养了一支高素质的研发团队,为企业的持续发展提供了有力的人才保障。

在协同创新的道路上,留香泵业积极参与各类科技攻关项目。他们与多所高校和科研机构建立了产学研合作关系,共同承担国家和省级科研项目,为科研院所的研究成果转化提供有力支持。通过这些合作,留香泵业不仅获得了先进的技术支持,还为高校提供了实习研发条件,实现了双方的互利共赢。

经过多年的努力和实践,留香泵业已经取得了显著的成果。他们独立持有的各类专利达120项,其中发明专利20项,在专业领域填补了很多空白。企业的技术创新不仅提升了自身的研发和生产能力、工艺水平,还促进了企业生产经营上台阶提质增效。这些成果得到了各级政府和相关部门的认可和表彰,也为留香泵业带来了更高的知名度和美誉度。

如今,留香泵业的产品已经在市场上赢得了广泛的认可和赞誉。他们的客户遍布全国各地,甚至还有一些产品出口到了海外市场。企业的经营效益也越来越好,员工们的收入也得到了显著的提升。他们深知,这一切都离不开协同创新的力量。

在未来的发展中,留香泵业将继续秉持协同创新的发展理念,与更多合作伙伴携手共进。他们相信,只有通过协同创新,才能不断提升自身的技术水平和市场竞争力,在日益激烈的市场竞争中保持领先地位。同时,他们也希望通过自己的实践,为其他企业提供有益的借鉴和启示,共同推动行业的进步和发展。

典型案例3▶▶

合肥九韶智能科技：协同创新驱动的工业软件新锐

合肥九韶智能科技有限公司(以下简称“九韶智能”)是中国科技大学九韶团队的重要成果转化平台,致力于自主研发设计类工业软件CAX。通过与合肥蜀山科里科气创业投资管理有限公司(以下简称“蜀山科里科气创投”)的战略合作,九韶智能成功实施了协同创新法,有效整合了产学研资源,深化了产学研合作,推动了协同创新,促进了科技成果的转化与应用。

(一)背景介绍

工业设计软件是“工业制造的神经中枢”,然而国内高端制造所需的CAD/CAE软件基本被国外企业垄断,工业软件内核面临“卡脖子”难题。为突破这一技术壁垒,九韶智能积极响应国家关于攻克关键领域“卡脖子”技术的战略要求,与蜀山科里科气创投签署投资框架协议,共同推进国产自主可控的下一代工业软件内核——科大九韶内核的研发与应用。

(二)协同创新法实施过程

1. 技术研发阶段。

在技术研发阶段,九韶智能充分利用九韶团队在数学、计算机科学和工程等领域的研究优势,构建了三维设计、分析、制造一体化的数学理论和高效算法体系,取得了前沿理论和原创算法的突破性进展。同时,九韶智能还积极与国内外知名科研机构和高校开展合作,引入先进技术和高端人才,不断提升自身的研发实力。

2. 资源整合阶段。

为了加快科大九韶内核的研发和应用,九韶智能积极整合产学研资源。一方面,九韶智能与蜀山科里科气创投等投资机构合作,获得了充足的资金支持;另一方面,与高校、科研机构以及行业内的优秀企业建立紧密的合作关系,形成了产学研协同创新的良好生态。

3. 成果转化阶段。

在成果转化阶段，九韶智能将科大九韶内核成功应用于家装、建筑、矿山、机械装备、芯片量测等多个行业，推出了5款基于科大九韶内核的国产工业软件。这些软件在实际应用中表现出色，得到了用户的广泛认可，初步构建了基于下一代内核的国产工业软件生态雏形。

(三)协同创新法实施成果

1. 技术创新成果。

通过协同创新法的实施，九韶智能在技术创新方面取得了显著成果。科大九韶内核3.0的发布标志着九韶智能在自主研发道路上迈出了重要一步。2023年6月20日，九韶内核AMCAX 3.0正式发布。作为从零到一完全自主研发的三维设计/分析/制造一体化工业软件内核，九韶内核3.0全面支持参数化建模，使用边界表示(B-REP)和拓扑结构来描述几何实体，可对实体的边界和连接关系进行高效的处理和分析。在此基础上支持对各种几何对象的处理，包括基本曲面曲线、样条曲面曲线、挤出面、旋转面、三角网格等，同时还提供了强大的几何建模算法，如布尔运算(并、交、差)、曲面修剪、倒角、扫掠、放样、偏移等。这些技术创新成果为九韶智能在工业软件领域的发展奠定了坚实基础。

2. 市场应用成果。

基于科大九韶内核的国产工业软件在家装、建筑、矿山、机械装备、芯片量测等行业的成功应用，证明了九韶智能产品的市场竞争力和应用价值。这些软件不仅提高了设计效率和质量，还降低了企业成本，为推动我国工业软件生态的发展做出了积极贡献。

3. 产学研合作成果。

通过协同创新法的实施，九韶智能与高校、科研机构以及行业内的优秀企业建立了紧密的合作关系。这种合作模式不仅促进了技术交流和资源共享，还推动了人才培养和科技成果转化。同时，九韶智能还积极参与行业标准制定和产业政策研究，为推动我国工业软件产业的健康发展发挥了重要作用。

通过实施协同创新法，合肥九韶智能科技有限公司成功整合了产学研资源，深化了产学研合作，推动了协同创新和科技成果转化。未来，随着科技的不断进步和市场需求的不断变化，九韶智能将继续加大研发投入，拓展应用领域，提升产品质量和服务水平。同时，公司还将积极探索新的合作模式和创新机制，与更多合作伙伴共同推动中国工业软件产业生态的健康发展。我们相信，在各方共同努力下，协同创新模式将成为提升企业核心竞争力的有效途径，并推动中国工业软件产业的持续繁荣和发展。

典型案例4 ▶▶

阳光能源控股：绿色能源协同创新的领航者

阳光能源控股有限公司（以下简称“阳光能源”）作为光伏行业的领军企业，始终致力于科技创新与协同合作，已经发展成为集科研、生产、销售、应用于一体的全产业链光伏制造企业。在协同创新法的指引下，阳光能源不仅整合了产学研资源，还加强了产学研合作，以此推动了科技成果的转化和应用。

（一）协同创新实践

1. 组建专业研发团队。阳光能源自成立以来，一直将科技创新作为企业的核心竞争力。公司组建了以高级工程师为核心，汇聚研究生、本科生等优秀人才的研发中心，投入大量资金引进国内外先进的组件设备和检测仪器。研发中心的研发投入占比约5%，累计获得专利300余项，其中发明专利49项，外观设计专利3项。这些专利成果为新产品研发提供了有力支撑，取得了较好的经济效益和社会效益。阳光能源获得50多项省市科学技术一等奖、二等奖、成果奖，是国家高新技术企业。

2. 与高校紧密合作。为了加强产学研合作,阳光能源与大连理工大学联合建立了省级太阳能电池工程技术研究中心。这种合作模式为双方带来了资源共享和优势互补的效应。高校为企业提供了人才和技术支持,而企业则为高校提供了实践平台和资金支持。通过这种紧密的合作,阳光能源得以持续不断地进行科技创新和新产品研发工作,研发能力达到国内一流水平。

3. 开拓海外市场,实现全球化布局。阳光能源积极响应国家“一带一路”倡议,开拓海外市场,推动全球化布局。希腊作为南欧最具前景的太阳能发电市场之一,阳光能源前瞻性地在希腊建立了精准的营销网络,充分了解当地目标客户需求并建立了长期稳定的合作关系。国际贸易形势复杂多变,全球供应链受地缘政治等因素影响严重,但中希合作不断深化,双方实现互利互惠、合作共赢的良好局面。这为阳光能源在希腊市场的开拓提供了有力支持。

(二)协同创新成果

1. 提升企业核心竞争力。通过协同创新法的实践,阳光能源成功整合了产学研资源,加强了产学研合作,从而推动了科技创新和成果转化。公司的研发能力、生产能力、市场拓展能力等核心竞争力得到了显著提升。目前,阳光能源已跻身2022年全球新能源500强企业(NO. 189)、新能源企业全球竞争力100强(NO. 92)、中国能源企业500强(NO. 297)、中国光伏组件企业20强(NO. 11)等荣誉榜单。

2. 促进科技成果转化和应用。阳光能源通过与高校紧密合作、自主研发等方式,取得了一系列重要的科技成果。这些成果不仅为企业带来了经济效益,还推动了清洁能源行业的发展。例如,公司研发的高效组件设计生产技术,涵盖双玻、IBC电池、半片、叠瓦、MBB等先进工艺,使得成品组件在环境测试中的表现优于IEC标准要求的3~10倍。这些技术在提高光伏组件性能的同时,也降低了生产成本,为光伏行业的可持续发展做出了贡献。

3. 推动全球能源转型高质量发展。阳光能源积极开拓海外市场,响应全球能源转型高质量发展的号召。公司在希腊等国家的成功案例为其他国家和地区提供了可借鉴的经验和模式。通过推广清洁能源技术和产品,阳光能源为全球环境保护和可持续发展做出了积极贡献。

阳光能源控股有限公司作为协同创新的典范企业,通过整合产学研资源、加强产学研合作等方式成功提升了企业核心竞争力并推动了科技成果转化和应用。展望未来,随着全球能源转型的深入推进和清洁能源技术的不断发展完善,阳光能源将继续秉持“诚信、创新、竞争、卓越”的发展理念,加强科技创新和协同合作,为全球能源转型高质量发展贡献更多力量。同时我们也期待更多的企业能够像阳光能源一样走上协同创新的道路,共同为推动全球清洁能源事业的发展做出贡献。

典型案例5 ▶▶

浙江吉利控股集团：汽车行业的协同创新典范

浙江吉利控股集团有限公司(以下简称“吉利控股集团”)是中国汽车行业十强中唯一一家民营轿车生产经营企业,在汽车、摩托车、发动机、变速器、汽车电子电器及零部件领域取得辉煌业绩。特别是1997年进入轿车领域以来,凭借灵活的经营机制和持续的自主创新,吉利控股集团取得了快速的发展,资产总值超过90亿元,连续三年进入全国企业500强,被评为“中国汽车工业50年发展速度最快、成长最好”的企业,跻身于国内汽车行业十强。其成功发展离不开协同创新的战略引领和实践推动。

首先,吉利控股集团通过整合产学研资源,深化产学研合作,有力推动了协同创新。集团在中国上海、杭州、宁波,瑞典哥德堡、英国考文垂、西班牙巴塞罗那、美国加州、德国法兰克福、马来西亚吉隆坡等地建立了造型设计和工程研发中心,拥有超过2万名研发、设计人员,并拥有大量发明创新专利。此外,吉利控股集团投资数亿元建立了吉利汽车研究院,拥有较强的整车、发动机、变速器和汽车电子电器的开发能力，每年可以推出2~3款全新车型和机型。这些举措充分体现了吉利控股集团在整合产学研资源、加强产学研合作方面的积极探索和实践成果。

其次，吉利控股集团不断推动科技成果的转化和应用，促进协同创新。集团在汽车造型设计开发、发动机、变速器和汽车电子电器设计开发方面拥有行业顶尖的技术专家和技术力量，累计获得各种专利120项，发明专利13项。特别是自主研发的4G18发动机和自动变速器填补了国内汽车领域的空白，自主研发的EPS系统更是开创了国产品牌的汽车电动助力转向系统先河。这些科技成果的转化和应用，为吉利控股集团的协同创新提供了有力支撑。

此外，吉利控股集团在人才培养方面也取得了显著成效。集团现有员工近8000人，其中工程技术人员近1000人。特别是近几年从国内外知名汽车公司引进的一大批高级技术人才和高级管理人才，在吉利教育产业、产品研发、技术质量、生产经营、市场营销等方面发挥了重大作用，成为吉利汽车后来居上的重要保障。这些人才的引进和培养为吉利控股集团的协同创新提供了强大的人才支持。

综上所述，浙江吉利控股集团有限公司通过整合产学研资源，深化产学研合作，推动科技成果转化应用，以及重视人才培养，成功实践了协同创新战略，为企业的可持续发展和核心竞争力提升奠定了坚实基础。

六、总结与展望

协同创新法是通过产学研合作，将不同领域的专业知识和技术资源进行整合，以推动技术创新和成果转化。这种方法可以提升企业研发效率和创新速度，加快科技成果的产业化进程，提高企业的市场竞争力和品牌影响力，加快产品的升级换代速度，从而使企业在市场竞争中占据有利地位，实现亩均营业收入和亩均税收的持续增长。实施协同创新需要企业具备开放包容的合作态度和敏锐的市场洞察力,能够及时发现并抓住技术创新的机遇。展望未来,协同创新法将是提高工业企业亩均效益的必然趋势,企业将在创新驱动下实现高质量发展,为企业乃至国家的产业升级贡献力量。

第 17 章　产业链延伸法

新质生产力具有产业协同、多方联动的基本特征，既要求生产要素的优化组合，又要求产业间协同配合和发展的有效衔接。在当前经济全球化的背景下，工业企业的竞争已经从单一的产品竞争转变为产业链之间的竞争。“产业链延伸法”，推动工业企业向上下游延伸产业链，形成完整的产业链条，降低企业生产成本，提高产品质量和附加值，从而增加企业的收益和利润，提高工业企业的亩均效益。

一、理论依据

1. 纵向一体化理论。通过控制产业链上的多个环节，企业可以内部化市场交易，减少交易费用，并通过协调各个环节的运作来提高效率。延伸产业链可以使企业实现纵向一体化，从而获得成本优势。

2. 附加值提升理论。在产业链的不同环节，附加值的分布是不均匀的。通过向高附加值环节延伸，企业可以提高单位产品的价值，从而增加利润。

3. 资源优化配置理论。企业可以通过延伸产业链，更好地配置和利用资源，实现资源的共享和互补，提高资源使用效率，降低生产成本。

4. 市场势力理论。通过控制产业链上下游，企业可以增强市场势力，提高议价能力，更好地应对市场风险和不确定性。

二、实施步骤

在全球化和经济一体化的背景下，产业链整合与优化已成为企业提升竞争力的重要手段。产业链延伸法，作为一种策略性方法，有助于企业识别并利用产业链中的高附加值环节，进而实现产业升级和经济增长。

1. 产业链现状分析。

实施产业链延伸法，首先要对当前所处的产业链进行深入剖析。这包括对产业链中各环节的分析，了解企业在产业链中的位置及其与上下游企业的关系。同时，还需掌握整个产业链的运作情况，包括物流、信息流和资金流的流动情况。通过现状分析，可以明确产业链的优势和短板，为后续的延伸工作提供基础数据支撑和决策依据。

2. 确定产业链延伸方向。

在充分了解产业链现状的基础上，结合企业的自身条件和市场需求，确定产业链延伸的方向。延伸方向可以分为向上游延伸和向下游延伸两种。向上游延伸意味着企业将进入原材料或零部件的生产和供应领域，通过掌握关键资源来降低采购成本并保障供应稳定。向下游延伸则是拓展产品销售渠道和服务领域，通过增加产品附加值来提高盈利能力。

3. 制定产业链延伸实施计划。

制定一个详细且周全的实施计划，是确保产业链延伸成功的第一步。这一计划不仅仅是一个简单的时间表或是投资预算，它需要对多个关键要素进行深入的分析和规划。

投资规模：企业需要根据自身的资金实力和市场需求，合理确定投资规模。过小的投资可能无法满足市场需求，而过大的投资则可能带来资金压力。

建设周期:对于产业链延伸项目,建设周期的长短直接影响到项目的投资回报率和市场风险。因此,合理估计建设周期是至关重要的。

技术来源:技术是产业链延伸的核心。企业需要考虑是通过自主研发、技术引进还是合作开发来获取所需技术。

市场开拓策略:新的产业链环节往往需要开拓新的市场。因此,企业需要制定有效的市场开拓策略,包括市场定位、营销策略等。

在制定实施计划的过程中,企业必须充分考虑各种风险因素,如资金短缺、技术难题、市场变化等,并提前制定相应的风险应对措施,以确保计划的可行性和稳健性。

4. 推进产业链延伸实施。

有了详细的实施计划后,接下来就是如何推进这一计划的实施。项目管理在这个过程中发挥着重要的作用。企业需要建立完善的项目管理体系,确保项目的进度和质量符合预期。

同时,与上下游企业的紧密合作也是成功实施产业链延伸的关键。通过与上下游企业建立稳定的合作关系,可以形成更加高效和稳定的产业链条,降低成本并增强市场竞争力。

此外,企业在推进产业链延伸的过程中,还需要注重人才培养和团队建设。一支高效、专业的团队能够确保项目的顺利实施,而优秀的人才则是企业持续发展的动力源泉。

产业链延伸是一个复杂而系统的工程,需要企业从战略高度进行规划和实施。通过制定详细的实施计划和实行有效的项目管理,以及与上下游企业紧密合作,企业可以成功实现产业链的延伸,从而提升自身的竞争力和市场地位。

5. 产业链优化与升级。

在产业链延伸的基础上,企业应持续优化和升级产业链。这包括通过技术创新和管理创新提高产品质量和生产效率,降低生产成本,并关注市场动态和政策变化，灵活调整产业链结构和发展策略以适应不断变化的市场环境。优化和升级的过程需要企业保持敏锐的市场洞察力和持续的创新力。

具体而言，产业链的优化可以从多个方面入手，如提升生产流程的自动化和智能化水平，引入先进的生产技术和设备，提高资源利用效率等。通过这些措施，企业可以降低生产成本，提高产品质量，增强市场竞争力。

产业链的升级则更多地涉及战略层面的调整。例如，企业可以通过研发创新产品和技术，进入更高附加值的市场领域，或者通过品牌建设和营销策略，提升产品的品牌价值和市场认可度。这些举措有助于企业在产业链中获得更高的地位和更大的话语权。

在实施产业链延伸法的过程中，企业应始终关注市场变化和政策导向，以及自身能力的提升。同时，保持与上下游企业的良好沟通和协作也是确保产业链稳定和持续发展的关键。通过不断优化和升级产业链，企业可以在激烈的市场竞争中脱颖而出，实现可持续发展和经济效益的最大化。

三、风险控制

1. 资金风险。产业链延伸通常需要大量的资金投入。为控制风险，企业应充分评估自身的资金实力和融资能力，合理规划投资规模和节奏。

2. 管理风险。随着产业链的延伸，企业管理复杂度将增加。为降低风险，企业应建立完善的管理体系，提升管理能力，确保对新增环节的有效控制。

3. 市场风险。市场需求的波动和竞争对手的行动可能影响延伸产业链的效果。企业应密切关注市场动态，建立快速响应机制，灵活调整产业链策略。

4. 技术风险。涉及新领域或新技术时，企业可能面临技术不成熟或技术更新快的风险。为此，企业应加大技术研发投入，加强技术合作与交流，保持技术领先地位。

5. 环境与社会风险。产业链延伸可能涉及环境破坏和社会问题。企业应积极履行社会责任,坚持绿色发展理念,加强环境风险评估和管理。

四、实施效果评估

通过实施产业链延伸法,预期可以达到以下效果:降低工业企业的生产成本,提高产品质量和附加值;增加工业企业的收益和利润;提高工业企业的市场竞争力;促进区域经济的发展和产业升级。

(一)效果评估

1. 成本效益分析。通过对比实施前后的成本数据,评估产业链延伸在降低企业成本方面的效果。同时分析新增环节的效益贡献情况。

2. 附加值提升评估。通过计算产品附加值的提升情况来评估产业链延伸的效果。具体可比较产业链延伸前后单位产品的附加值差异。

3. 市场竞争力评估。观察企业在市场中的地位变化、市场份额增长以及客户满意度的提升情况来评估产业链延伸对市场竞争力的影响。

4. 创新能力评估。通过分析企业在延伸产业链过程中的专利申请、新产品开发等指标来评估其对创新能力的提升作用。

5. 可持续发展评估。综合考虑产业链延伸对企业经济效益、社会效益和环境效益的影响,进行综合评价以确定其可持续性和长期发展潜力。

(二)保障措施

实施产业链延伸法,还需要以下保障措施:

1. 组织保障。成立专门的产业链延伸工作领导小组,负责方案的制定、组织和协调工作。明确各部门和人员的职责和任务,确保工作的顺利推进。

2. 资金保障。制定详细的资金预算和筹措计划,确保项目的资金来源和使用合理有效。积极争取政府部门的资金支持和优惠政策,降低企业运营成本。

3. 技术保障。加强与科研机构和高校的合作,引进先进的技术和设备支持产业链的延伸和优化。加强对员工的培训和管理,提高员工素质和技术水平。

4. 政策保障。积极争取政府部门的政策支持和优惠措施,为产业链的延伸提供有力的政策保障。同时加强与相关行业协会和组织的合作与交流,共同推动产业链的健康发展。

5. 风险评估与应对策略。对实施过程中可能出现的风险进行预测和评估,制定相应的应对策略和措施。加强与相关机构和部门的合作,共同应对可能出现的风险和挑战,确保项目的顺利实施。

五、典型案例

典型案例1

安徽三棵树:涂料产业链深度延伸的成功实践

安徽三棵树涂料有限公司(以下简称“三棵树”)作为一家在化工园区中脱颖而出的企业,凭借其独特的经营理念和坚定的执行力,在涂料行业中谱写了一曲创新发展的华彩乐章。它的成功并非偶然,而是对产业链延伸法深入理解和实践的结果。产业链延伸法,这一看似简单的理念,却为三棵树打开了一扇通向多元化、高附加值产品体系的大门,展现了产业链的巨大潜力和价值。

三棵树的发展历程始于一家专注于涂料生产的企业。然而,这家企业并不满足于仅仅停留在涂料的生产上。他们深知,涂料只是装修材料市场中的一部分,如果想要在市场上获得更大的竞争优势,就必须将业务范围扩展到涂料以外的领域。这种对市场的深入洞察和前瞻性思维,为三棵树的转型之路奠定了坚实的基础。

为了实现多元化发展,三棵树开始了它的产业链延伸之路。首先,他们决定从产品线入手,将原本只包括内外墙涂料的单一产品种类进行拓展。通过研发和创新,三棵树成功推出了包括真石漆、质感漆、多彩漆、艺术漆等在内的多元化产品体系。这些新产品不仅丰富了产品线,提高了产品的附加值和深加工程度,还满足了不同客户的需求,进一步巩固了企业在市场中的地位。

然而,三棵树的战略布局并未止步于此。他们意识到,仅仅依靠产品线的拓展还不足以实现企业的可持续发展。于是,他们开始将目光投向产业链的上下游。在上游方面,三棵树积极整合原材料资源,与供应商建立长期稳定的合作关系,确保原材料的稳定供应和质量控制。这不仅降低了生产成本,还提高了产品的品质和市场竞争力。

在下游方面,三棵树更是走在了行业的前列。他们深知,涂料行业的竞争已经不仅仅是产品的竞争,更是服务的竞争。于是,三棵树开始提供施工服务,包括“马上住”服务和美丽乡村服务等。通过将产品直接应用到客户的装修项目中,三棵树实现了从产品提供商到解决方案提供商的转变。这种转变不仅提高了企业的经济效益,还提升了客户的使用体验,进一步增强了客户对品牌的忠诚度和黏性。

三棵树的产业链延伸法实践取得了显著成效。首先,在产品线方面,通过多元化的发展策略,三棵树成功打破了单一产品的局限,实现了产品的多样化和高附加值化。这不仅提高了企业的市场竞争力,还为企业带来了更多的市场机会和增长空间。其次,在上下游整合方面,通过与供应商和客户的紧密合作,三棵树成功降低了生产成本,提高了产品质量和服务水平。这种整合不仅增强了企业的综合实力,还为企业构建了更加稳固的产业链生态系统。最后,在跨界经营方面,三棵树敢于尝试新的业务领域和经营模式,为企业带来了新的增长点和竞争优势。这种勇于创新和突破的精神,正是三棵树能够在激烈的市场竞争中脱颖而出的关键所在。

除了上述的成功实践外,三棵树还注重品牌建设和市场营销。他们深知,一个成功的品牌不仅仅需要优质的产品和服务,还需要有效的市场传播和品牌推广。因此,三棵树在品牌建设方面投入了大量的精力和资源。他们通过广告宣传、公关活动、社交媒体等多种渠道进行品牌推广,提高品牌知名度和美誉度。同时,他们还注重与客户的互动和沟通,及时了解客户的需求和反馈,不断改进产品和服务,以满足客户的需求和期望。

安徽三棵树涂料有限公司的成功实践为我们提供了宝贵的经验和启示。首先,产业链延伸是企业实现持续发展和提升竞争力的重要手段。通过对产业链的深入理解和精准把握,企业可以开发出更具附加值的产品和服务,从而赢得市场的青睐和客户的信任。其次,注重品牌建设和市场营销是企业成功的关键因素之一。一个成功的品牌不仅需要优质的产品和服务,还需要有效的市场传播和品牌推广。最后,勇于创新和突破是企业保持竞争力的关键所在。只有敢于尝试新的业务领域和经营模式,才能在激烈的市场竞争中脱颖而出。

综上所述,安徽三棵树涂料有限公司的成功实践充分证明了产业链延伸法的有效性和可行性。它的成功不仅为自身带来了显著的经济效益和市场地位提升,还为其他企业提供了可借鉴的经验和启示。在未来的发展中,我们有理由相信,将会有越来越多的企业加入产业链延伸的行列中来,共同推动行业的持续发展和进步。

典型案例2▶▶

立讯精密滁州公司：产业链延伸策略　智能制造的先锋

立讯精密工业(滁州)有限公司(以下简称“滁州立讯”)作为立讯精密集团的重要组成部分,一直致力于为全球客户提供高品质、高性能的电子元器件及互联解决方案。通过实施产业链延伸法,滁州立讯成功地提高了亩均效益,成为行业内的佼佼者。产业链延伸法是指企业通过垂直整合或横向拓展,延伸其在产业链中的业务范围,以实现成本控制、质量提升和价值增加。这一策略的核心在于通过整合上下游资源,优化产业结构,提升整个产业链的竞争力。

(一)滁州立讯的产业链延伸实践

滁州立讯自成立以来,就始终坚持以技术创新为驱动,以智能制造为方向,积极探索和实践产业链延伸策略。

1. 垂直整合:构建完整的产业生态链。

在垂直整合方面,滁州立讯通过自主研发和智能制造,不断向产业链的上下游延伸。公司设立了专业的研发团队,聚焦于连接器、连接线、马达、无线充电等核心技术的研究与开发,形成了一系列具有自主知识产权的高附加值产品线。同时,公司投入巨资建设了智能制造车间,引入先进的自动化生产设备和工业互联网技术,实现了从原材料入库到成品出厂的全流程自动化生产,大幅提高了生产效率和产品质量。

此外,滁州立讯还积极向产业链的下游延伸,与众多国际国内知名客户建立了战略联盟伙伴关系。通过与客户的紧密合作,公司不仅能够及时了解市场需求和变化,还能够为客户提供定制化的产品和解决方案,从而增强了客户黏性和市场竞争力。

2. 横向拓展:实现多元化发展。

在横向拓展方面,滁州立讯不局限于单一产品的生产,而是积极向相关领域拓展。公司依托强大的技术支撑网络和专业的执行团队,逐步涉足柔性电路板、天线、声学和电子模块等领域。这些新产品的加入,不仅丰富了公司的产品线,也为公司打开了新的市场空间。

为了实现多元化发展,滁州立讯还注重与国际国内同行的交流与合作。通过参加行业展会、论坛等活动,公司不断吸收和借鉴行业先进经验和技术,同时也向外界展示了自身的实力和成果。这种开放、合作的态度,使得滁州立讯在行业内树立了良好的口碑和形象。

3. 产业链协同:优化供应链管理。

在产业链协同方面,滁州立讯注重与上下游企业的合作与共赢。公司与供应商建立了紧密的合作关系,通过信息共享、协同计划等方式,实现了原材料采购的成本优化和稳定供应。同时,公司还积极与客户合作,提供一站式采购服务,降低了客户的采购成本和风险。

为了进一步优化供应链管理,滁州立讯还引入了先进的供应链管理系统和物流技术。通过构建智能化的供应链平台,公司实现了对供应链各环节的实时监控和动态调整,提高了供应链的响应速度和灵活性。

(二)产业链延伸的成效与展望

经过多年的努力和实践,滁州立讯的产业链延伸策略取得了显著成效。公司的产品线更加丰富多元,能够满足不同客户的需求;生产成本得到有效控制,产品质量和效率得到显著提升;市场占有率逐年攀升,客户满意度持续提高。这些成绩的取得,不仅彰显了滁州立讯在产业链延伸方面的成功实践,也为整个行业的发展树立了典范。

展望未来,滁州立讯将继续深化产业链延伸策略,致力于实现从设备与设备的智能交互到设备与人的智能交互的转变。公司将依托强大的技术支撑网络和专业的执行团队,不断拓展新的应用领域和市场空间,为全球客户提供更加优质、高效的产品和服务。同时,滁州立讯还将积极响应国家“中国制造2025”战略号召,努力成为行业领导者,并立志成为世界同行业的开拓者。

(三)启示与借鉴

滁州立讯的成功实践为其他工业企业提供了宝贵的经验和启示。首先,企业要始终坚持以技术创新为驱动,不断提升自身的研发能力和技术水平。其次,企业要注重智能制造和自动化生产的应用,以提高生产效率和产品质量。再次,企业要积极拓展多元化市场和产品领域,以增强市场竞争力和抵御风险能力。最后,企业要注重与上下游企业的合作与协同,以优化供应链管理和降低运营成本。

综上所述,立讯精密工业(滁州)有限公司通过实施产业链延伸策略,成功提高了亩均效益,成为行业内的佼佼者。这一典型案例不仅展示了产业链延伸法在提升工业企业竞争力方面的有效性,也为其他企业提供了宝贵的经验和启示。

典型案例3▶▶

铜陵有色：绿色产业链延伸　可持续发展的典范

铜陵有色金属集团控股有限公司(以下简称"铜陵有色")作为中国铜工业板块的龙头企业(股票代码000630),在有色金属行业占据重要地位。公司业务涵盖铜、金、银等有色金属的采选、冶炼、加工及贸易。近年来,面对国内外复杂多变的市场环境和行业竞争压力,铜陵有色积极实施产业链延伸法,通过对上游资源控制和向下游深加工延伸,提高企业盈利能力和抗风险能力,实现了可持续发展。

(一)产业链延伸法实施过程

1. 上游资源控制。

为了保障原料供应和降低成本,铜陵有色积极拓展海外矿产资源,加强对上游资源的控制。公司在澳大利亚、加拿大、美国等地建立多个矿产资源基地,拥有丰富的铜、金、银等有色金属矿产资源。同时,铜陵有色还通过股权投资、合作开发等方式,与国内外多家知名企业建立长期稳定的合作关系,确保原料的稳定供应。

2. 下游深加工延伸。

为了提高产品附加值和市场竞争力,铜陵有色大力发展下游深加工产业。公司建设了高精铜板带、铜箔、铜合金等生产线,形成了从铜冶炼到高端铜材加工的完整产业链。此外,铜陵有色还积极拓展新能源、新材料等领域,开发了锂离子电池铜箔、高性能铜合金等新产品,为企业的可持续发展注入了新的动力。

3. 横向产业拓展。

公司瞄准与主营业务紧密相关的化工产业和装备制造产业,通过投资建设、技术引进和战略合作等多种方式,成功地将这两个产业纳入自身的产业链体系中。在化工产业方面,铜陵有色利用自身的资源和技术优势,发展以硫酸、化肥等为主导的化工产品,不仅实现了资源的有效利用,还为企业创造了新的经济增长点。同时,在装备制造产业上,公司重点发展矿山机械、冶炼设备等高端装备制造,这不仅提升了企业的装备水平,还降低了对外部设备的依赖,进一步增强了企业的自主创新能力。通过横向拓展相关产业,铜陵有色成功地构建了完整的产业链条,形成了产业间的协同效应,有效地降低了企业的生产成本,提高了整体经济效益。这种多元化的产业布局不仅增强了企业的抗风险能力,也为企业未来的可持续发展奠定了坚实基础。

(二)产业链延伸法实施效果

1. 经济效益显著提升。通过实施产业链延伸法,铜陵有色的经济效益得到显著提升。公司实现了从单一的铜冶炼企业向综合性有色金属企业的转型,产品附加值和市场竞争力得到了提高。近年来,铜陵有色的营业收入和利润水平持续保持稳定增长,为股东和社会创造了良好的经济效益。

2. 资源利用效率不断提高。通过对上游资源控制和向下游深加工延伸,铜陵有色实现了资源的高效利用。公司对原料进行精细化管理和利用,提高了资源利用效率。同时,铜陵有色在深加工环节不断推动技术创新和工艺改进,降低了能源消耗和废弃物排放,实现了绿色生产。

3. 市场竞争力不断增强。产业链延伸法使铜陵有色在市场中更具竞争力。公司凭借丰富的上游资源和强大的下游深加工能力,可以灵活应对市场变化,满足客户需求。此外,铜陵有色还通过品牌建设、市场营销等手段,提高了企业和产品的知名度和美誉度,进一步增强了市场竞争力。

(三)产业链延伸法实施经验及启示

1. 制定科学合理的战略规划。企业在实施产业链延伸法时,需要制定科学合理的战略规划,明确发展目标、实施路径和保障措施。铜陵有色在实施过程中,充分结合自身实际和市场环境,制定了切实可行的战略规划,确保了产业链延伸法的顺利实施。

2. 加强技术创新和人才培养。技术创新和人才培养是企业实施产业链延伸法的关键。铜陵有色注重技术创新和人才培养，通过引进先进技术和管理经验，培养了一支高素质的技术和管理团队，为企业的发展提供了有力支撑。

3. 加强风险管理和防范措施。企业在实施产业链延伸法时，需要加强风险管理和防范措施。铜陵有色在实施过程中，建立健全了风险管理体系和内部控制机制，加强了对原料供应、市场价格波动等风险的监测和预警能力，确保了企业的稳健发展。

通过实施产业链延伸法，铜陵有色金属集团控股有限公司成功实现了从单一的铜冶炼企业向综合性有色金属企业的转型，提高了经济效益和资源利用效率，增强了市场竞争力。展望未来，随着全球经济的复苏和有色金属市场的回暖，铜陵有色将继续坚持创新驱动、绿色发展的核心理念，不断优化产业链延伸法的实施路径，完善相关保障机制，推动企业实现高质量、可持续发展。同时，公司还将积极响应国家关于绿色发展和循环经济的政策导向，加强环保投入和技术创新，推动有色金属产业向更加环保、高效的方向发展。在这个过程中，产业链延伸法将继续发挥重要作用，为铜陵有色的未来发展提供有力支撑。

典型案例4 ▶▶

光明食品：全产业链布局 引领食品行业新篇章

光明食品（集团）有限公司（以下简称“光明食品集团”）是一家集现代农业、食品加工制造和食品分销为一体的综合性食品产业集团，致力于构建完整的食品产业链，为消费者提供安全、优质、健康的食品，同时肩负着保障上海这一特大型城市主副食品供应的重要使命。为了实现产业链延伸，降低生产成本，提高产品质量和附加值，光明食品集团积极推动产业链的上下游延伸，以此增加企业的收益和利润，提高工业企业的亩均效益。

（一）产业布局和核心业务

光明食品集团致力于成为具有全球影响力的跨国食品产业集团，聚焦“食品产业与供应链”和“城市食品保障服务与资产经营管理”两大核心主业。在产业布局方面，光明食品集团构建了“4+6+2”产业和管理体系，其中包括4个引擎产业——康养、乳业、肉业、城市服务，6个支柱产业——糖酒业、城市保供、品牌食品及供应链、农业及种业、海洋食品、资源利用及开发，以及2个管理平台——农场区域管理和总部实体化管理。

（二）光明食品集团的产业链延伸实践

1. 农业产业链延伸。光明食品集团拥有多个市郊农场，耕地面积达到18.14万亩，奶牛存栏1.8349万头，生猪存栏20.5971万头。通过实施绿色种养循环农业试点项目，光明食品集团延伸了农场与乳业、肉业产业链，实现了农产品的自给自足和资源的充分利用。同时，光明食品集团还与种植区域匹配度高，确保了农产品的质量和供应的稳定性。

2. 食品产业链延伸。光明乳业股份有限公司是光明食品集团的重要成员，公司拥有乳品研究院、乳品加工设备以及先进的乳品加工工艺。通过乳制品的开发、生产和销售，光明乳业实现了对乳业产业链的延伸，提高了产品的附加值和市场竞争力。同时，光明乳业结合光明食品集团的城市服务产业，为城市居民提供安全、优质的乳制品供应。

3. 供应链延伸与城市食品保障服务。光明食品集团致力于打造安全、优质、健康食品的标杆，为此构建了完整的供应链体系。通过与城市食品保障服务的结合，光明食品集团实现了从生产到销售的全程监控和保障，确保产品的质量和安全。同时，光明食品集团还通过资源利用及开发产业，实现了供应链延伸，提高了资源的利用效率，降低了生产成本。

（三）管理体系的支撑

光明食品集团构建了“产业+服务”融合共生的产业生态圈。通过4个引擎产业和6个支柱产业的协同效应,集团实现了产业链延伸和优化。同时,光明食品集团的总部实体化管理平台为产业链延伸提供了有力支持,确保了各个环节的协同运作和资源的有效配置。

光明食品集团拥有五家A股上市公司和一家新西兰主板上市企业,光明乳业股份有限公司作为其中之一,通过产业链延伸和优化,实现了乳制品的生产、销售和供应链的全面升级。截至目前,光明食品集团的市郊农场已实施绿色种养循环农业试点项目,取得了显著的成效,耕地面积、畜禽存栏等数据均呈现稳步增长的态势。

通过产业链延伸法的实践,光明食品集团在农业、食品加工制造和食品分销领域取得了显著成效。产业链的延伸不仅降低了生产成本,提高了产品质量和附加值,还为企业带来了更多的收益和利润。光明食品集团的成功实践为其他工业企业提供了有益的借鉴,展现了产业链延伸法的巨大潜力和价值。

综上所述,光明食品集团的产业链延伸战略,为工业企业提供了有益的借鉴和启示。通过不断优化产业链,降低生产成本,提高产品质量和附加值,光明食品集团为行业发展树立了良好的示范,展现了其在食品产业领域的领先地位和巨大潜力。

典型案例5▶▶

浙江荣盛:产业链全方位延伸 效益提升的新动力

浙江荣盛控股集团(以下简称"荣盛"),自1989年创立以来,始终秉持着坚韧不拔的创业精神,逐步发展成为跻身世界500强的综合性企业集团。其成功的背后,除了企业家的胆识和团队的努力,更重要的是富有远见的产业链整合策略。通过巧妙地运用产业链延伸法,荣盛在石化、聚酯、房地产、创投等多个产业领域构建了完整的价值链,实现了资源的优化配置,提高了生产效率,降低了运营成本,从而为企业带来了显著的亩均效益提升。

(一)石化板块:全链条整合,纵向一体化的典范

在石化领域,荣盛始终坚持“纵横双向”的发展战略,致力于构建从原油炼化、芳烃、烯烃到下游的精对苯二甲酸(PTA)、聚酯等产品的完整产业链。这种纵向一体化的模式使得荣盛能够在石化行业的各个环节实现资源的有效利用和成本的优化控制,从而提升整体竞争力。

以荣盛在浙江舟山投资建设的4000万吨/年绿色炼化一体化项目为例,该项目总投资超过2000亿元人民币,堪称目前世界投资较大的单体产业项目之一。该项目采用国际先进的炼化一体化工艺和技术,将原油直接炼化成为乙烯、丙烯等化学品,再进一步生产下游的PTA、聚酯等产品。这种一体化的生产方式不仅减少了中间环节的损耗和浪费,还通过规模效应降低了单位产品的生产成本。

此外,荣盛在石化板块的另一个亮点是其高度一体化的产业链布局。从原油的采购、运输、储存到炼化、加工、销售等各个环节,荣盛都实现了自给自足和内部优化。这种布局不仅保障了原料的稳定供应和产品的顺畅销售,还通过内部交易降低了交易成本和市场风险。

(二)多元化布局:横向拓展,增强产业配套能力

在深耕石化板块的同时,荣盛并没有止步于此,而是积极向房地产、创投等领域延伸,形成了适度多元的产业发展架构。这种多元化的布局不仅增强了荣盛的产业配套能力,降低了单一产业的风险,同时也通过资源共享和协同效应,进一步提升了企业的整体竞争力。

在房地产领域,荣盛成功地将房产开发与文化休闲产业相结合,打造了“湘湖壹号”“梁祝文化园”等标志性项目。这些项目不仅提升了荣盛的品牌形象和市场影响力,还通过文化元素的融入和特色景观的打造,为消费者提供了更加舒适和富有内涵的居住环境。

在金融投资领域,荣盛涉足金融机构、私募股权、资本市场投资业务,并积

极开展化工新材料、新能源、信息技术、高端制造等领域的投资。通过专业化的投资团队和严谨的投资决策流程,荣盛成功捕捉到了多个具有发展潜力的优质项目,并实现了良好的投资回报。

(三)创新驱动:科技引领未来,持续推动产业升级

荣盛始终将科技创新视为推动企业持续发展的核心动力。通过建立企业研究院、技术创新中心、院士专家工作站、博士后科研工作站等科技创新平台,荣盛不断吸引和培养高端人才,推动新产品、新技术的研发和应用。

在石化领域,荣盛通过自主研发和引进消化吸收再创新相结合的方式,成功开发出了多项具有国际先进水平的新技术和新产品。例如,荣盛研发的环保型聚酯纤维产品,不仅具有优异的物理性能和环保性能,还广泛应用于服装、家纺、汽车内饰等领域,为消费者提供了更加健康和舒适的生活体验。

在房地产领域,荣盛也积极探索绿色建筑和智能家居等前沿技术。通过采用环保材料和节能设备,荣盛的房地产项目不仅降低了能耗和排放,还提高了居住舒适度和生活品质。同时,荣盛还与多家科技企业合作,将智能家居技术融入房产项目中,为消费者提供了更加便捷和智能化的居住体验。

(四)绿色发展:守护绿水青山,实现可持续发展

在追求经济效益的同时,荣盛始终坚守绿色发展理念。通过采用先进的环保治理措施、推广低耗能设备、实施严格的安全环保一体化管理等方式,荣盛努力降低生产过程中的环境影响,实现从源头保障绿色安全的品质生活。

在石化领域,荣盛的炼化一体化项目采用了多项环保技术和设备,确保废气、废水、废渣等污染物的达标排放。同时,荣盛还积极探索循环经济的发展模式,将废弃物进行资源化利用,实现了经济效益和环境效益的双赢。

在房地产领域,荣盛注重绿色建筑和生态园林的建设。通过合理规划绿地、水体等生态元素,以及采用环保材料和节能设备等措施,荣盛的房地产项目不仅美化了城市环境,还为居民提供了健康、舒适的生活空间。

(五)社会责任:回馈社会,共享发展成果

作为一家有社会责任感的企业,荣盛在谋求自身发展的同时不忘回馈社会。通过积极参与促进共富、助医助学、城镇建设等公益事业,荣盛以实际行动践行了企业的社会责任。

在促进共富方面,荣盛通过产业扶贫、就业扶贫等方式,帮助贫困地区和贫困人口实现脱贫致富。他们深入了解贫困地区的资源和条件,结合企业自身的优势,引入适合当地发展的产业项目,为当地居民提供了稳定的收入来源。同时,荣盛还积极提供就业岗位,吸纳贫困人口就业,帮助他们获得更好的生活。

在助医助学方面,荣盛积极捐资捐物,支持医疗和教育事业的发展。他们向医疗机构捐赠先进的医疗设备,提高当地的医疗水平,为更多患者提供优质的医疗服务。同时,荣盛还关注教育事业,向学校捐赠图书、教学设备等资源,改善学校的教学条件,为孩子们创造更好的学习环境。荣盛还积极参与各种社会公益活动,如赈灾救援、关爱弱势群体等。他们用实际行动传递着企业的温暖和力量,为社会和谐稳定做出了积极贡献。

在城镇建设方面,荣盛积极参与城市基础设施建设和改造项目。他们投资兴建道路、桥梁、公园等公共设施,提升城市的整体形象和居民的生活质量。同时,荣盛还注重环保和绿化工作,致力于打造宜居宜业的现代化城市。

总之,荣盛始终将社会责任放在首位,通过回馈社会、共享发展成果的方式,实现了企业与社会的共同发展。未来,荣盛将继续秉承这一理念,为构建更加美好的社会贡献更多力量。

六、总结与展望

产业链延伸法是通过将企业的业务范围从单一的生产环节扩展到包括原材料供应、产品设计、生产制造、销售服务等在内的多个环节,从而提高产品的附加值和深加工程度。这不仅可以增加企业的经济效益,还有助于提升企业在

市场中的竞争地位。

成功的产业链延伸需要企业具备强大的资源整合能力和市场洞察力。产业链延伸法推动工业企业形成完整的产业链条,降低企业生产成本,提高产品质量和附加值,从而增加企业的收益和利润,提高工业企业的亩均效益。

第 18 章　整合培训资源法

发展新质生产力须不断提高劳动者素质。就劳动者而言,与新质生产力相匹配的是知识型、技能型、创新型劳动者,其拥有更为先进的认知能力和实践能力,具备更高的创新素养和劳动能力。“整合培训资源法”,是指企业负责人及核心团队参加国内外高端培训,既积极利用和整合企业家同学的人脉资源,提升企业管理水平、技术能力和市场竞争力,又注重强化内部员工培训,提升员工综合素质及企业核心团队的能力。

一、理论依据

1. 人力资源发展理论。企业的发展依赖于人才的成长,通过培训和教育可以有效提升员工的技能和知识水平,从而推动企业的整体发展。

2. 知识管理理论。整合和共享知识资源,促进知识的创新和应用,提高企业的核心竞争力。

3. 社会资本理论。企业家和核心团队的人脉网络是宝贵的社会资本,可以通过这些网络获取信息、资源和支持,提升企业的市场竞争力。

4. 经济学原理。通过培训可以提高企业员工的素质和能力,从而提高企业的综合竞争力。

二、实施步骤

整合培训资源法的实施,不仅仅是一个简单的培训流程,而是一个系统化、持续性的企业战略发展手段。

第一阶段:需求分析与规划

在这一阶段,关键在于深入了解企业的真实需求,为后续的培训资源整合提供方向。

1. 需求调研。除了常规的问卷和访谈,还可以考虑引入工作坊、小组讨论等方式,更具体地了解各部门、各层级的培训需求。

2. 资源评估。应对现有的培训资源进行详细分类和评估,如内部讲师的专长、外部培训机构的合作经验、在线课程的质量等。

3. 人脉资源调查。明确企业家和核心团队的人脉网络中,哪些人具有专业背景或经验,能够为企业带来有价值的培训和指导。

4. 培训规划。结合企业的长期发展战略,制定 3~5 年的培训规划,确保培训与企业的长期发展目标相契合。

第二阶段:培训资源整合

资源整合的核心在于“优化”和“对接”。

1. 内部资源整合。除了提升内训师的能力,还可以考虑建立内部知识库,将企业内部的知识和经验进行系统化整理。

2. 外部资源对接。在选择外部培训机构时,要注意与其建立长期、稳定的合作关系,确保培训内容的持续性和深度。

3. 在线资源利用。可结合企业实际,为员工定制在线学习路径,提供个性化的学习资源推荐。

4. 人脉资源利用。在企业培训班中,积极利用和整合企业家同学的高端人脉资源,对于个人和企业的成长都具有不可估量的价值。

建立信任关系:首先,与同学们建立真诚的信任关系是关键。通过积极参与课堂讨论、小组合作等活动,展示自己的专业能力和人品,为建立长期关系打下基础。

一对一深度交流:利用课间或课后时间,主动与感兴趣的企业家同学进行一对一交流,深入了解彼此的业务和需求,探寻可能的合作点。

组织专题研讨会:可以联合培训班组织者,定期举办专题研讨会,邀请不同领域的专家和企业家同学共同探讨行业趋势,从而创造更多的交流与合作机会。

建立线上社交平台:利用现代技术手段,如建立微信群、互助小组等,为同学们提供一个线上交流平台,便于信息的快速传播和资源的共享。

定期举办线下活动:组织定期的线下聚会或活动,如校友会、行业考察等,以增进同学们之间的感情,同时拓展业务合作的可能性。

互惠互利,共同发展:在与人脉资源互动的过程中,始终保持互惠互利的原则,积极寻求双方都能从中受益的合作方式,从而实现资源的最优配置和双方的共同发展。

第三阶段:培训实施与评估

实施与评估阶段要确保培训的有效性和针对性。

1. 培训实施。在培训过程中,要注意采用多种教学方法,如案例分析、小组讨论等,提高培训的互动性和参与度。

2. 效果评估。除了传统的考试和评估,还可以引入 360 度反馈、行为事件访谈等先进评估工具,更全面地了解培训效果。

3. 跟踪提升。建立持续跟踪机制,如定期的能力评估、个人发展计划调整等,确保员工在培训后的持续进步。

第四阶段:持续优化与创新

这是确保培训体系与时俱进的关键阶段。

1. 反馈机制建立。要鼓励员工提供真实的培训反馈，可以通过匿名调查、设建议箱等方式，收集员工的意见和建议。

2. 创新培训方法。可以关注最新的培训技术和方法，如虚拟现实(VR)、增强现实(AR)等技术在培训中的应用，提高培训的吸引力和效果。

3. 建立学习型组织。通过建立学习文化、激励机制等措施，鼓励员工自主学习和分享，形成企业内部的知识共享和学习氛围。

此外，为了确保整合培训资源法的成功实施，企业还需要注意以下几点：

高层支持：确保企业高层对培训工作的重视和支持，从战略层面推动培训工作的深入开展。

跨部门合作：打破部门壁垒，促进不同部门之间的合作与沟通，确保培训资源的最大化利用。

预算保障：为培训工作提供充足的预算支持，确保各项培训活动的顺利进行。

持续宣传与推广：通过企业内部宣传、员工分享等方式，持续推广培训的价值和成果，提高员工对培训的认同感和参与度。

总之，整合培训资源法的实施需要企业进行系统化、持续性的投入和管理。只有这样，才能确保培训资源的有效利用，为企业的发展提供源源不断的人才动力。

三、风险控制

1. 资源不匹配风险。若培训资源与企业实际需求不匹配，可能导致培训效果不佳，浪费企业资源。

控制措施：建立培训需求分析机制，定期调研企业需求，确保培训内容与实际生产、管理紧密结合。

2. 培训质量风险。培训资源的质量直接影响培训效果，低质量的培训可能对企业产生负面影响。

控制措施：对外部培训机构进行严格筛选和评估，确保其专业性和教学质量；对内部培训师进行定期培训和考核，提高教学水平。

3. 成本控制风险。整合培训资源可能涉及额外投入，成本控制不当可能导致培训成本超出预算。

控制措施：建立详细的预算和成本控制机制，对培训项目进行成本效益分析，确保投入与产出平衡。

4. 技术更新风险。随着工业技术的快速发展，培训内容可能迅速过时。

控制措施：建立动态更新机制，及时跟踪行业最新技术和趋势，调整培训内容和方式。

5. 员工流失风险。若培训后员工流失率高，将影响培训投资回报率。

控制措施：制定与培训相结合的激励机制和职业发展路径，增强员工对企业的归属感和忠诚度。

四、实施效果评估

1. 培训参与度评估。通过统计员工参与培训的次数、时长等数据，评估员工对培训的认可度和参与度。

2. 知识技能考核。通过考试、实操等方式检验员工在培训后知识技能的提升情况。

3. 工作绩效改善。对比员工培训前后的工作绩效，分析培训对工作效率、质量等方面的影响。

4. 投资回报率（ROI）分析。计算培训投入与产出比，评估培训的经济效益。

5. 员工满意度调查。通过问卷调查等方式收集员工对培训的意见和建议，了解员工满意度和改进方向。

6. 组织文化影响评估。观察和分析整合培训资源对企业组织文化、学习氛围等方面的影响。

五、典型案例

典型案例 1 ▶▶

深圳华企纵横：运用顾问技术 助力企业倍速增长

在当今这个快速变化的商业环境中，中小企业面临着前所未有的挑战和机遇。如何在激烈的市场竞争中脱颖而出，已成为企业家们思考的核心问题。深圳市华企纵横文化传播有限公司(以下简称“华企纵横”)自成立以来，以其卓越的培训和咨询服务，成为企业成长的强大助力。华企纵横通过其独特的“落地式辅导，陪伴式咨询”，帮助企业实现倍速成长。

(一)理论基础：整合培训资源法

整合培训资源法是华企纵横采用的倍增服务理念，该方法强调企业负责人及核心团队参加国内外高端培训的同时，积极利用和整合企业家同学的人脉资源，提升企业管理水平、技术能力和市场竞争力。此外，该方法还注重强化内部员工培训，提升员工综合素质及企业核心团队的能力。

火车跑得快，全靠车头带。深圳市华企纵横文化传播有限公司董事长温礼杰，作为一名资深经营管理专家，20 多年来专注于企业管理顾问、战略规划、系统运营、流程再造及现场管理等领域，历任多家企业总顾问、政府机构经济顾问，带领团队为上百家企业提供战略咨询和经营管理系统搭建，实现企业业绩持续快速增长。

温礼杰所带领的华企纵横，服务范围广泛，从战略规划到业务流程再造，从管理体系优化到企业一体化系统运营，无不体现了其全方位的服务能力。华企纵横定位为一所商学院，构建了一套独特的企业顾问培养体系，涵盖战略规划、组织规划、业务流程再造、管理体系优化等多个领域，致力于推广华企顾问技术，推动企业倍速成长。

（二）培训体系：华企纵横的五大系统

华企纵横通过其五大系统——成长之道、经营之道、管理之道、领导之道和整合之道，为企业提供全方位的培训和咨询服务。这些系统不仅涵盖了企业发展的各个方面，还通过系统化、简单化的内容，使学员们易学、易懂、易用。

1. 成长之道。帮助企业家明晰现状，找到出路，看到未来，传授企业家如何打造、完善和巩固企业的“成功因子”，揭秘企业成长的规律性、系统性、匹配性、简单性。

2. 经营之道。帮助企业家学会如何建立一套有效的、完全匹配自己企业的赚钱流程。

3. 管理之道。解决企业内在组织管理问题，包括战略目标制定、人员招聘、评估、培训、薪资计划等。例如企业如何制定合理的战略目标，将大目标一步步地拆分成小目标，并制定达成计划？如何将目标落实到每一个人的身上，实现“事事有人做，人人有事做”？如何按照企业的“四层”和“五行”将各个业务流程化拆解，真正意义上解放老板？如何招聘才能真正招到“牛人”？对于企业的人员，如何做评估、做培训、做成长计划？如何设置合理的薪资计划，激发公司上下全员的劳动积极性？如何使企业和个人实现永续经营、持续运作？

4. 领导之道。提升企业家的人格魅力和人际沟通能力，使其掌握人性深处的秘密，进而让更多的人喜欢你、信赖你、服从你和追随你。例如，企业在与人沟通时，如何进行听、说、问、答，才能深入对方的内心，满足对方核心需要？怎样将领导力运用到工作与生活当中，让它成为你的习惯？

5. 整合之道。进一步地站高一线，将四大系统整合成为一门课，串接前面所学的点、线和面，最终形成立体的、一个可自动运转的企业经营系统，使企业家成为“顾问式总裁”,从而可以从纷繁复杂的企业杂务中解放出来,实现事业梦想。

(三)大道至简:系统、简单、落地原则

华企纵横秉持“系统、简单、落地”的原则,用最有效的模式,推动企业发展。

1.“系统”方面。华企纵横综合多年来的企业咨询服务经验,结合企业发展规律及不同阶段的重点工作,提供顾问项目包括企业一体化系统运营、企业发展战略规划、竞争战略规划、业务流程改善、企业现场管理、企业瓶颈诊断、辅导、内训等。华企纵横通过系统化的增值服务,帮助企业建立起一套科学的管理体系,从而实现高效运营和持续成长。

2.“简单”方面。华企纵横解决企业的所有问题,都是依靠五大系统里的内容,力求用最简单的内容涵盖最全面的企业服务内容,使学员们易学、易懂、易用。

3.“落地”方面。华企纵横独创了“培训+辅导”的方式,在企业学员进行培训之后,会有服务顾问在课后进行课程辅导,结合课程内容,针对学员遇到的实际问题进行答疑解惑,达到实际落地效果。以一家深圳的科技企业为例,该企业在华企顾问的帮助下,进行了全面的战略规划和业务流程再造。在项目实施的第一年,企业的营业收入就实现了40%的增长,利润增长率达到了50%。这一显著的成效,得益于华企顾问对企业发展瓶颈的精准诊断和有效的解决方案。

(四)客户见证:上万家中小民营企业的充分好评

深圳市卓誉自动化科技有限公司,在创立之初,公司创始人何立意识到,必须未雨绸缪,高端定位,切实提升企业的管理水平和市场竞争力。于是,他决定寻求华企纵横的帮助。在企业顾问的指导下,公司核心团队首先参加了“成长之道”和“经营之道”的培训。通过培训,团队成员不仅厘清了企业的现状和未

来发展方向，还掌握了构建企业“成功因子”的方法。接下来，通过“管理之道”和“领袖之道”的学习，企业负责人和管理层的领导力得到了显著提升，内部管理问题得到了有效解决。最终，通过“整合之道”的学习，该企业成功构建了一个立体的、可自动运转的企业经营系统。在实施了整合培训资源法后，该企业连续三年业绩翻番，年收入增长率远高于行业平均水平，并迅速突破亿元大关，成功并购上市。

何立表示：“华企是一家注重实效的公司，华企系统是一个从实践走向理论，理论升华后又能指导实践的创业及成长的操作系统。华企人真诚、务实、进取、开放，是企业家的良师和益友。”这个案例充分展示了华企纵横在帮助企业增值升级方面的强大能力。

客户的见证是华企纵横服务质量的最佳证明。上海梵恩诗健康管理有限责任公司、西安梵恩诗母婴服务有限公司苏正驰评价道：“华企是一家真诚的、专业的、令人敬佩的企业管理咨询机构！”这不仅体现了华企纵横在专业领域的权威性，也展示了其在客户心中的崇高地位。

赤峰拓佳光电有限公司郭卫华带领公司的整个核心团队全部学习了华企系统，并分享了他的感悟：“华企，给我最大的感悟就是实干、可落地，我们做实业的永远要踏踏实实，把事情做精，把企业做强，打造自己的核心竞争力，这样才能做得久、做得大，切不可一味追求虚荣、假大空，将自己多年的心血毁于一旦！”这说明华企纵横顾问的服务不仅专业而且落地，真正做到了为企业解忧。

总之，十多年来，华企纵横服务了上万家的中小民营企业，并获得了百分百好评。他们以其专业的顾问团队、系统的培训课程和丰富的实战经验，为中小微企业的成长提供了清晰的路径和强大的动力。通过整合培训资源法和专长顾问项目的实施，华企顾问不仅帮助企业实现了营业收入和利润的倍速增长，更为企业家提供了成长的智慧和力量。客户的见证更是印证了华企顾问在业界的影响力和实力。展望未来，华企将继续秉承其使命和愿景，为更多的中小微企业成长提供助力，争取成为中国最具影响力的顾问商学院之一。对于渴望成长、寻求突破的企业而言，华企纵横无疑是值得推荐的合作伙伴。

典型案例2▶▶

明光利拓智能：整合培训资源　提升企业核心竞争力

明光利拓智能科技有限公司（以下简称“明光利拓”），自创立伊始，就以其独特的战略视野和前瞻性思维，在智能制造和智慧城市两大领域崭露头角。在当今科技浪潮汹涌澎湃的背景下，如何在激烈的市场竞争中保持领先地位，成为每一家科技企业必须直面的挑战。明光利拓给出的答案，是坚定不移地实施整合培训资源战略。

（一）高端培训：塑造卓越团队的核心驱动力

明光利拓深知，一个企业的成功，离不开一个卓越的团队。而卓越团队的塑造，则依赖于持续不断的高端培训。因此，公司董事长俞瑞富以身作则，亲自参加了中欧国际工商学院培训班，与世界各地的企业精英共同学习、交流。

在中欧国际工商学院的培训班中，俞瑞富不仅学到了先进的管理理念，更通过与来自世界500强企业、上市公司以及各行业领军企业的同学们的深入交流，拓宽了视野，激发了创新思维。他深刻认识到，将这些宝贵的经验和知识带回公司，对提升团队能力的重要性。

于是，俞瑞富积极邀请培训班的同学到明光利拓进行实地交流。这些行业精英们带来了各自领域的前沿动态和实战经验，通过授课、沙龙、研讨会等多种形式，与明光利拓的团队成员分享了他们的智慧和见解。在这种高层次的互动中，明光利拓的团队成员得以迅速吸收新知识，提升个人能力，进而形成了一支具备国际化视野和专业化能力的卓越团队。

（二）人脉资源整合：打开市场新局面的金钥匙

在高端培训的过程中，俞瑞富不仅学到了知识，更积累了丰富的人脉资源。

他深知,这些来自各行各业的优秀同学,正是明光利拓拓展市场、寻求合作的重要伙伴。

因此,他积极与同学们建立紧密的合作关系,通过互访、交流、项目合作等方式,将这些人脉资源转化为明光利拓的市场优势。在同学们的支持和推荐下,明光利拓得以进入更多的行业领域和市场渠道,与更多的客户和合作伙伴建立了合作关系。

例如,在一次培训班同学的互访活动中,明光利拓与一家全球领先的智能制造企业建立了合作关系。双方共同研发了一款新型智能制造设备,该设备在市场上取得了巨大的成功。这不仅为明光利拓带来了可观的经济收益,更提升了其在智能制造领域的品牌影响力和市场竞争力。

(三)精准提升:实现企业跨越式发展的必由之路

通过高端培训和人脉资源整合,明光利拓在技术创新、产品研发和客户服务等方面取得了显著进步。公司不仅推出了一系列具有自主知识产权的智能制造产品,还在智慧城市领域取得了多项突破性成果。

同时,明光利拓还积极改进自身的管理体系和运营模式,以适应市场的快速变化和客户需求的不断升级。通过与优秀企业的合作交流,明光利拓引入了先进的管理理念和方法论,建立了更加科学、高效的管理体系。这不仅提高了企业的整体运营效率,还为公司可持续发展奠定了坚实的基础。

值得一提的是,明光利拓在整合培训资源法的过程中,始终坚持以人为本、注重实效的原则。公司不仅关注团队成员的个人成长和职业发展,还注重将培训成果转化为实际的生产力和市场竞争力。这种注重实效的培训理念,使得明光利拓能够在短时间内取得显著的成效,实现了企业的跨越式发展。

如今,明光利拓智能科技有限公司已经成长为一家在智能制造和智慧城市领域具有广泛影响力的科技企业。公司的产品和服务遍布全球多个国家和地区,赢得了众多客户的认可和赞誉。同时,明光利拓还积极参与社会公益事业,以实际行动履行企业的社会责任。

回望过去,明光利拓的成功与整合培训资源战略的深度实践密不可分。展望未来,明光利拓将继续坚定不移地践行这一战略,以更加开放、包容的姿态拥抱变革与创新,致力于打造一家引领科技潮流、造福人类社会的卓越企业。这一切,都将成为明光利拓迈向更加辉煌未来的坚实基石。明光利拓智能科技有限公司获批为工业和信息化部专精特新“小巨人”企业,荣获了“安徽省服务型制造示范企业”“安徽省工业设计中心”“安徽省企业技术中心”“安徽省专精特新冠军企业”“滁州市博士工作站”等多项荣誉和资质。这些荣誉和资质的获得,不仅是对明光利拓过去努力的肯定,更是对其未来发展的期许与鞭策。明光利拓将继续秉承“创新、卓越、专业”的经营理念,为客户提供更加优质的产品和服务,为社会创造更多价值。

典型案例 3 ▶▶

深圳阳光视觉:整合资源　照亮企业发展之路

在经济全球化浪潮下,市场竞争日趋白热化,企业的生存与发展越发依赖于核心竞争力的持续提升。其中,人力资源的培训与开发无疑扮演着举足轻重的角色。深圳市阳光视觉科技有限公司(以下简称“阳光视觉”),作为一家专注于机器视觉领域的国家高新技术企业,深知这一点的重要性,并在此基础上积极寻求与外部机构的合作,以整合内外部培训资源,提升企业的综合实力。

自 2007 年成立以来,阳光视觉便以“真诚、负责、远见”的企业理念,赢得了众多客户和合作伙伴的认可。公司业务领域包括提供高质量、高性能、高性价比的工业相机、光源,稳定高效的标准视觉软件及视觉项目解决方案。在机器视觉领域,公司凭借先进的技术和卓越的产品质量,取得了德国映美精全球销售冠军的骄人成绩,并在 2013 年正式成为 SVS 产品华南区域总代理,2023 年又成为恒坤视讯的代理,不断为客户提供更全面、专业的产品和服务。公司获得多项视觉软件知识产权,在视觉软件和方案上取得重大突破,获得市场上客户的认同。

然而,阳光视觉并未止步于此。他们深知,企业的长远发展离不开人才的支撑。特别是在当前机器视觉行业技术日新月异、市场需求不断变化的背景下,如何提升员工的技能水平、培养一支高素质的团队,成为了公司亟待解决的问题。为此,阳光视觉决定整合内外部培训资源,为员工提供更系统、更专业的培训。

在这一过程中,深圳市华企纵横文化传播有限公司成为阳光视觉的重要合作伙伴。华企纵横作为一家知名的培训机构,拥有丰富的培训经验和资源,能够为企业提供量身定制的培训方案。他们聘请了资深经营管理专家、广东经管研究院院长、深圳市华企纵横文化传播有限公司董事长温礼杰作为企业顾问师、导师,帮助阳光视觉引入了高端的培训课程,并提供了企业管理顾问、企业战略规划、系统运营、流程再造等精品课程的培训。

这些课程不仅涵盖先进的管理理念、营销策略,还注重企业文化的塑造和团队凝聚力的培育。通过培训,阳光视觉的员工们不仅提升了自身的专业技能,还学会了如何更好地与团队合作、如何更有效地与客户沟通。这种综合能力的提升,无疑为阳光视觉的长远发展奠定了坚实的基础。

当然,仅仅依靠外部培训是远远不够的。阳光视觉还结合自身的生产实践和经验,安排了企业内部的技术专家和资深员工参与课程的开发和修订。他们根据企业的实际情况和需求,对课程内容进行了有针对性的调整和优化,确保培训能够真正落到实处、发挥实效。

这种内外结合的培训方式,让阳光视觉的员工们既能够接触到最前沿的理论知识,又能够在实际操作中不断磨炼和提升自己。在短短几个月内,生产线效率提升20%,产品不良率也大幅下降。员工们的工作积极性和创造力得到了极大的激发,企业的整体竞争力也随之提升。

值得一提的是,阳光视觉与华企纵横的合作并不仅仅停留在培训层面。双方还就企业管理、市场拓展等方面进行了深入的交流与合作。华企纵横凭借丰富的行业经验和专业知识,为阳光视觉提供了宝贵的建议和支持,帮助其在机器视觉领域取得了更大的突破和发展。

回顾过去,阳光视觉与华企纵横的合作取得了较大的成功,他们通过整合内外部培训资源,不仅提升了员工的技能水平,还为企业的发展注入了新的活力。展望未来,我们坚信,阳光视觉将继续秉承"真诚、负责、远见"的企业精神,与华企纵横等合作伙伴携手共进,共同开创更加美好的未来。

典型案例4▶▶

科迪公司：汇聚培训精华　内外联动提升竞争力

在快速发展的21世纪,企业的竞争力往往取决于其人力资源的开发与培训。科迪新材料科技有限公司董事长陆明深知这一点,通过实施整合培训资源法,成功地将内部和外部的培训资源有机结合,不仅提升了员工的专业技能,还增强了企业的整体竞争力。

(一)科迪公司简介

科迪新材料科技有限公司(以下简称"科迪公司")是一家现代化、智能化的色浆生产商,专注于色浆生产、色浆应用研究及颜色应用配套服务。公司第一生产基地——英德科迪颜料技术有限公司,于2016年投产,是国内首家同时具有油性和水性生产资质的色浆生产商。为满足日益增长的客户需求,公司于2021年投产明光科迪新材料有限公司,年产能达30000吨纳米水性色浆、10000吨水性功能涂料油墨、5000吨纳米色母粒。科迪公司目前已形成华东、华南双基地的战略布局。这表明科迪公司正处于快速扩张阶段,对人才的需求和培训显得尤为重要。

（二）整合培训资源法的实施

1. 自主开发培训教材。科迪公司根据行业发展趋势和自身业务需求，定期编辑和更新培训教材，如2012年底由科迪公司出版发行的《涂料调色300问》，系统介绍了涂料色彩基础知识、调色方法、色彩应用等，不仅作为公司教学培训材料，还与全国同行业企业分享了色浆在应用中遇到的问题和解决方案。科迪公司的培训教材，结合理论和实践，旨在帮助员工更好地理解和应用所学知识。同时，科迪公司注重培训教材内容的系统性和针对性，确保了培训课程能够满足员工的不同岗位和职业发展需求。

2. 定期开展技能培训。科迪公司注重员工教育培训，完善职业晋升通道，为员工提供广阔的发展空间。公司从2012年6月开始和陶氏联合举办每年两期的调色师培训班，同业界分享调色经验。例如：科迪色彩第24期调色技术实操培训班于2023年8月10日至12日在明光顺利举办，旨在提升涂料行业从业者的专业水平和实操技能，通过系统化的调色教学培训，赋能涂料色彩的多样化实现。科迪公司董事长陆明高度重视培训工作，亲临开班现场致开场辞，热烈欢迎广大客户朋友前来交流学习，共同进步。在培训过程中，科迪公司技术总工刘敏结合扎实的理论基础和丰富的一线经验，为大家系统讲解了关于色彩及颜料理论、基础学科发展、调色实操技巧等精彩内容。为适应涂料产业数字化转型的发展趋势，公司特别邀请智能配色领域的国内领军企业人物，进行“智能调色”板块的主题授课。杨工精细讲解智能测色仪和配色软件的基础知识及使用方法。公司邀请到了在仿石多彩领域具备丰富经验的福州埃迪特新材料科技有限公司李总，为学员有针对性地讲解多彩常见问题解决方案、多彩配方结构原理等理论课程，并进行关于保护胶制备、基础漆制备、多彩造粒、麻石漆制作等实操工艺讲解及练习。

3. 注重实践操作能力。科迪公司在完成培训后，积极采取措施促进培训成果的转化和应用，如制定跟进计划、设立奖励机制等，确保了培训效果能够真正落地并产生实际效益。为了加强员工的实际操作能力,科迪公司专门配备了先进的模拟调色系统和实验室设备,供员工进行实践练习。实践出真知,躬行长才干。科迪公司让学员走进实验室,进行沉浸式教学体验,通过系统规范的调色配色实操,建立全面分析配色的思维能力,将所学理论与实践有效结合。由于公司员工的技能不断提升,并将技能运用到实践之中,公司取得近30项发明专利证书,参加了《建筑涂料用水性色浆》行业标准的制定并推出了零VOC系列的环保色浆。公司荣获“十佳颜料品牌”“十佳颜填料供应商”“最佳色浆民族品牌”和“最佳创新技术奖”“荣格技术创新奖”等殊荣。

4. 高端培训拓展人脉资源。科迪公司不仅注重内部培训,还积极参与国内外高端培训项目。公司负责人及核心团队参加了中国涂料工业协会在北京大学举办的涂料高端人才培训班,学习先进的管理理念和市场营销策略,提升领导力和市场洞察力,通过与知名企业和行业专家的交流,拓宽了视野,获取了前沿的行业信息和技术动态。科迪公司负责人充分利用在高端培训课程中结识的企业家同学资源,积极开展互访、交流、合作等活动,不仅增进了彼此的了解和信任,还实现了资源共享和优势互补,为公司的市场拓展和业务发展提供了有力支持。

(三)整合培训资源法的效果评估

通过实施整合培训资源法,科迪公司在多个方面取得了显著成效。首先,员工的整体技能水平得到了提升,工作效率和产品质量也随之提高。其次,公司内部形成了良好的学习氛围和知识共享机制,加强了员工之间的沟通和协作,提高了员工的服务意识和专业水平,进一步增强了公司的市场竞争力。最后,通过外部高端培训,企业负责人和核心团队拓展了人脉资源,通过整合企业家同学的人脉资源和积极开展市场营销活动,科迪公司的品牌知名度和市场份额得到了显著提升。

科迪公司的整合培训资源法为企业提供了一种高效的员工培训模式。通过整合内部和外部的培训资源，既保证了培训的针对性和实效性，又降低了培训成本。展望未来，随着行业的不断发展和技术的不断进步，科迪公司将继续优化和完善培训体系，探索更多的培训模式和方法，为企业的可持续发展提供源源不断的人才支持。同时，科迪公司的成功经验也为其他企业提供了宝贵的借鉴和启示。

典型案例5▶▶

天能集团：组建天能营销商学院　培养行业精英

天能集团作为中国新能源电池龙头企业，一直致力于提升企业管理水平、技术能力和市场竞争力。在这个过程中，天能集团董事长张天任亲自谋划推动公司的培训及员工素质提升工作，组建了天能营销商学院，采用了整合培训资源法，以提升企业整体素质和核心竞争力。集团现拥有25家国内全资子公司、3家境外公司，拥有浙、苏、皖、豫四省八大生产基地，总资产近100亿元，并在香港设立管理总部。集团综合实力位居中国民营企业500强第32位、中国电池工业十强第一位、全球新能源企业500强第36位、世界环保与新能源产业中国影响力企业100强。

首先，天能集团在组织建设方面不断强化保障机制，持续提高营销组织综合能力和管理水平。通过完善管理体系和优化组织架构，天能集团不断提升营销团队的整体实力。同时，天能营销商学院的成立标志着天能营销高质量发展正式迈入新阶段，构建了一条全链式营销精英人才培养路径，以系统化、科学化、专业化的培训模式为天能营销人才发展提供支撑。这些举措有力地提升了员工综合素质及企业核心团队的能力。

其次，天能集团开发了系列内训课程，不断强化人才培育保障。结合集团实际需求，成功开发出营销六条、营销干部五个具备等系列内训课程，并进一步强化营销组织管理约束，深化天能“一诺千金，诚信经营”的企业文化；建立完善的人才培育选拔机制，打破传统限制，充分激发人才活力。

第三，在产销协同方面，天能集团通过数字化营销的深度发展，全域推进，有效助力产销协同。通过“泰博管家”营销管理系统的全线应用，天能集团打通和升级S2B2B全链路经营管理，深度优化供应链，助力市场运营降本增效、加速动销，实现了产销协同的深度优化，为企业的创新升级提供了有力支持。

此外，天能集团在数字营销方面也取得了显著成绩。通过多元化资源的精准投放赋能试点供应商，天能集团实现了数字化运营的深度推广和升级，为企业的全面数字化转型奠定了坚实基础。同时，天能集团高频次开展高价值、多类型的线上营销IP活动，向市场进行更精准、更高效、更广泛、更公平的资源投放，取得了显著的市场效果。

最后，在品牌升级方面，天能集团通过全渠道品牌宣传带来超强品牌曝光，打造了城市旗舰店，搭建了品牌形象展示平台，有效提升了用户对天能品牌的价值认同。同时，天能集团通过终端门店线上线下联动，综合运用新媒体官方渠道、KOL(关键意见领袖)合作等方式，建设抖音矩阵，品牌曝光量飙升，为企业品牌的全面升维提供了有力支持。

综上所述，天能集团通过整合培训资源，不断强化组织建设，深化产销协同，推进数字营销，促进品牌升级，取得了显著的成绩。这一典型案例充分展示了企业积极利用和整合培训资源，提升企业管理水平、技术创新能力和市场竞争力的重要意义，为其他企业提供了宝贵的经验和借鉴。

六、总结与展望

整合培训资源是企业提升综合竞争力的重要途径。通过参加国内外高端培训，企业负责人和核心团队可以不断更新知识结构、提升技能水平，从而增强企业的创新能力和市场竞争力。同时，积极利用和整合企业家同学的高端人脉资源，有助于企业拓展合作渠道、获取优质资源，进一步提升企业综合实力。

展望未来，整合培训资源法在提高工业企业亩均效益方面具有很大的潜力和实践价值。通过系统的培训和人脉资源整合，可以显著提升企业管理层、技术团队和市场团队的能力，从而提高企业的综合竞争力。工业企业可根据自身实际情况灵活运用该方法，合理配置和优化培训资源，最终实现企业与员工的共同发展。

第 19 章　国际市场开拓法

在全球化的经济背景下，工业企业要想提高亩均效益，必须拓展国际市场。“国际市场开拓法”通过增加出口创汇，提升国际竞争力和市场份额，以实现企业的可持续发展。

一、理论依据

1. 国际贸易理论。从比较优势理论、竞争优势理论到新贸易理论，为企业国际化提供理论支撑。

2. 国际营销理论。结合产品生命周期理论、国际市场细分理论等，指导企业进行国际市场营销活动。

3. 跨文化管理理论。帮助企业理解不同文化背景下的商业行为和消费习惯，制定有效的市场策略。

4. 经济学原理。开拓国际市场可以增加企业的市场份额和销售渠道，提高企业的国际竞争力和盈利能力。

二、实施步骤

随着全球一体化的深入推进，工业企业如何有效地拓展国际市场，提高自身的亩均效益，已经成为行业的重要议题。为此，可以从市场研究、产品与品牌策略、营销策略等角度出发，系统地实施国际市场开拓法。

1. 市场研究。市场研究是企业开拓国际市场的基础。宏观市场分析方面，企业需要深入研究全球经济形势、行业发展趋势、贸易政策和法律法规等，以明确潜在的市场机会和风险。微观市场分析则要求企业通过市场调研，了解目标市场的消费者需求、购买行为、竞争对手情况等，为后续的市场选择和营销策略制定提供依据。

2. 市场选择。在完成市场研究后，企业需要对各个潜在市场进行评估和选择。采用多因素评分法，综合考虑市场规模、增长潜力、竞争程度、进入壁垒等因素，选择最具潜力的目标市场。这一步骤需要企业运用科学的方法和工具，确保决策的客观性和准确性。

3. 产品与品牌策略。进入目标市场后，企业需要制定相应的产品与品牌策略。产品适应性调整是关键环节之一，要求企业根据目标市场的特点和消费者需求，对产品进行适应性设计和调整，以满足当地市场的实际需求。同时，品牌定位也是不可忽视的一环，企业应明确品牌核心价值，根据目标市场的文化特征和消费习惯，进行品牌定位和差异化营销，提升品牌在当地市场的知名度和美誉度。

4. 营销策略。营销策略是企业实现市场开拓的重要手段。企业应根据产品特性和市场特点，选择合适的销售渠道，如直销、代理、电子商务等。同时，制定有针对性的促销计划，包括广告宣传、展会参展、价格优惠等，以吸引目标市场的消费者。此外，建立和维护良好的客户关系也是提升营销效果的关键环节之一。企业应提供优质的售后服务，增强客户忠诚度，并通过客户关系管理

(CRM)系统对客户信息进行整合和分析,实现精准营销和服务。

国际市场开拓法要求企业在开拓国际市场时遵循一定的方法和步骤。

首先是国际市场调研,分析目标市场的政治、经济、文化环境及消费者需求特点,为后续的出口策略制定提供数据支持。

其次是制定出口策略,选择合适的出口模式,如直接出口、间接出口等,明确产品定位和市场定位,确保产品能够顺利进入目标市场。

再次是建立海外销售网络,寻找合适的代理商或经销商,建立海外销售渠道,为产品的销售和推广搭建平台。在营销推广方面企业应运用广告、公关、促销等手段,提高产品在目标市场的知名度和美誉度,吸引更多潜在客户。

最后是售后服务体系建设,建立完善的售后服务体系,提高客户满意度和忠诚度,为企业在目标市场树立良好口碑奠定基础。

国际市场开拓法为工业企业提升亩均效益提供了系统的解决方案。企业需要在市场研究、产品与品牌策略、营销策略等方面进行全面而深入的探索和实践,不断提高自身的国际化水平和竞争力。只有这样工业企业才能在全球市场中占据一席之地,实现可持续发展。

三、风险控制

在工业企业积极开拓国际市场的过程中,风险管理是确保企业稳健运营和持续增长的关键环节。

1. 政治与法律风险管理。

政治与法律风险是指由于目标市场国家的政治不稳定、政策变动或法律环境的不确定性而给企业带来的潜在损失。

政治稳定性分析:通过国际政治风险咨询机构获取目标国家的政治稳定性报告,分析近年来的政治动荡、政权更迭频率、社会冲突等因素。

法律环境研究:聘请当地法律顾问,深入了解目标国家的商业法律、税收政策、进出口法规、知识产权保护等相关法律法规。

政策变动监测:建立政策监测机制,实时跟踪目标国家的政策动态,尤其是对外贸易政策和行业监管政策的变化。

风险规避策略:在合同中加入政治风险条款,如不可抗力条款,以减轻突发政治事件对企业的影响。同时,考虑购买政治风险保险,以转移潜在损失。

2. 汇率风险管理。

汇率风险是指由于外汇汇率波动导致企业实际收益与预期收益出现差异的风险。

汇率波动分析:定期分析目标市场货币与本币之间的汇率波动趋势,评估汇率变动对企业财务的潜在影响。

风险对冲工具:利用金融衍生品,如期货合约、期权合约、掉期合约等,进行汇率风险对冲。

多币种账户管理:在国际银行开设多币种账户,实现货币多元化管理,减少单一货币波动带来的风险。

定期汇率调整:根据市场汇率变动情况,适时调整产品价格,以保障企业利润不受汇率波动的负面影响。

3. 信用风险管理。

信用风险是指由于国际买家违约或拖延支付导致的损失风险。

信用评估:在与买家签订合同前,通过第三方信用评估机构对买家的财务状况、信用历史、商业声誉等进行全面评估。

信用保险:购买信用保险,以转移因买家违约或支付延迟造成的财务损失。

付款条款设计:在合同中设计合理的付款条款,如预付款、信用证支付、分期付款等,以降低信用风险。

应收账款管理:建立严格的应收账款管理制度,对逾期账款进行及时跟踪和催收,必要时采取法律手段维护企业权益。

通过上述风险管理措施的实施，企业可以有效地识别、评估和控制在国际市场开拓过程中可能遇到的政治与法律风险、汇率风险和信用风险，从而保障企业的稳定发展和利润增长。

四、实施效果评估

随着全球化的加速推进，国际市场对于各国企业的重要性日益凸显。为更好地适应这一趋势，并在国际竞争中获得优势，要通过拓展海外市场，提升品牌影响力，进而促进企业及国家经济的持续稳定增长。

在实施过程中，通过举办培训班、研讨会等活动，加强对企业的培训和指导，提高其国际市场营销能力。

政府注重与企业的沟通与合作，鼓励企业根据自身实际情况制定开拓计划。同时，政府还积极协调各方资源，为企业提供金融支持、市场信息和法律咨询等服务，降低企业开拓国际市场的风险和成本。

以下是具体效果的评估：

1. 企业国际竞争力提升。通过国际市场开拓，越来越多的企业开始走出国门，参与国际竞争。以智慧科技公司为例，该公司在政府的帮助下成功打入欧美市场，其自主研发的智能手机在国际市场上获得了良好口碑，市场份额逐年提升。

2. 品牌影响力扩大。随着企业在国际市场的不断拓展，中国品牌的知名度和影响力也在逐渐提升。如华夏服饰通过在国际时装周上的精彩展示，赢得了国际消费者的青睐，推动了中国传统服饰文化的全球传播。

3. 经济增长点多样化。国际市场开拓不仅带动了企业的出口增长，也为国家经济贡献了新的增长点。例如，蓝海食品公司凭借其独特的调味品在国际市场上大受欢迎，实现了销售额和利润的双增长，为国家的食品出口行业树立了典范。

4. 促进国际合作与交流。国际市场的开拓促进了中国企业与其他国家在经济、文化等领域的交流与合作。如绿色能源公司与多个国家签订了新能源项目合作协议,共同推动全球清洁能源的发展。

五、典型案例

典型案例1 ▶▶

上汽集团：国际市场开拓的车企引领者

上海汽车集团股份有限公司(以下简称“上汽集团”)作为中国汽车行业的领军企业,在全球化经济背景下,积极拓展国际市场,取得了令人瞩目的成绩。在国际市场开拓方面,上汽集团采取了一系列有效的策略和举措,取得了显著的成果。公司率先成为中国首个新能源汽车和海外市场年销量“双百万辆”汽车集团。2023年8月,上汽集团凭借2022年度1106亿美元的合并营业收入,位列《财富》杂志世界500强第84位。这是上汽集团自2014年首次入围前100强以来,连续10年稳居百强名单。

首先,上汽集团通过增加出口创汇,提升国际竞争力和市场份额,实现了企业的可持续发展。上汽集团占中国车企海外总销量的33%,连续4年居全国首位,“海外每卖出三辆中国车,就有一辆是上汽造”。上汽整车产品已经进入60余个国家,形成泰国、英国、印尼、智利、澳新、中东、印度7个“万辆级”区域市场。名爵和上汽大通分别获得“欧洲五星安全”和“澳洲五星安全”认证,以最高标准定义安全,树立了中国汽车在国际安全认证方面的新标杆。2022年,上汽集团整车销量达到530.3万辆,连续17年保持全国第一的位置。其中,自主品牌整车销量占比达到52.5%,新能源汽车销量同比增长46.5%,海外市场销量同比增长45.9%,连续7年保持国内行业第一。这些数据充分展现了上汽集团在国际市场上的强劲竞争力和持续增长的态势。

其次，上汽集团不断加大对海外市场的投入和布局，积极拓展国际市场份额。上汽集团在伦敦、硅谷、特拉维夫设立创新研发中心，建立了泰国、印尼、印度整车基地和95个海外零部件基地，建成12个区域营销服务中心、4家海外物流分公司和3条远洋航线，在印尼成立多元金融公司，构建了包括创新研发中心、生产基地、营销中心、供应链中心及金融公司在内的汽车产业全价值链。在东盟市场，泰国、印尼两大生产基地将继续加大投入。2020年，上汽已陆续进入马来西亚、越南、缅甸等东盟各国。在印度市场，由于目前产能跟不上名爵在印度的销量，已新建生产线扩大产能。2020年，名爵EZS等新能源车也登陆了印度。在中东市场，这两年名爵销量几乎是翻番式增长，已成为中东市场销量中国品牌第一。上汽还参加迪拜世博会，成为中国馆唯一一家汽车制造公司。这些举措为公司在国际市场上的持续发展奠定了坚实的基础。

此外，上汽集团在欧洲市场的开拓也取得了显著成绩。公司在欧洲市场推出纯电动SUV名爵EZS，并取得了令人瞩目的销售成绩和口碑。名爵EZS在欧洲市场的销量超过10000辆，创下了中国新能源车出口发达国家的纪录。这一成绩不仅展现了上汽集团在电动化领域的优势，也为公司在欧洲市场的进一步发展奠定了良好的基础。除了销量过硬，上汽集团还获得了欧洲媒体和消费者的赞誉。E-NCAP是全球最权威的汽车安全测试机构，在碰撞测试中，名爵EZS和HS两款车获得了双五星的好成绩。

综上所述，上汽集团作为中国汽车行业的佼佼者，通过拓展国际市场，成功实现了企业的可持续发展。公司在海外市场的销量持续增长，产品销售网络不断扩大，国际竞争力不断提升，为中国汽车品牌在国际市场上树立了良好的形象。在高质量“走出去”的车企中，上汽正成为引领者。在举行的中国电动汽车百人会上，工业和信息化部领导点名表扬在英国热销的名爵。上汽集团的成功经验为其他工业企业提供了宝贵的借鉴，也为中国汽车行业的国际化发展树立了典范。展望未来，上汽集团将继续深化国际市场开拓战略，加大海外投资和布局,推动可持续发展,为中国汽车行业的国际化进程做出更大贡献。

典型案例 2▶▶

敬烨防护：多功能安全鞋走向国际市场

安徽省敬烨防护科技有限公司(以下简称“敬烨防护”)成功运用国际市场开拓策略,积极增加出口创汇,不断提升国际竞争力和市场份额,在实现企业可持续发展的道路上迈出了坚实的步伐。

(一)公司概况与实力展示

敬烨防护位于安徽明光经济开发区,区位优势明显,交通便利。作为一家集研发、生产、销售、检测及服务于一体的特种安全鞋外贸出口高新技术企业,敬烨防护拥有雄厚的技术实力和先进的生产设备。目前,公司配备 300 余套制鞋生产设备及研发检测设备,月产能达 25 万双,为公司的快速发展提供了有力的保障。

公司的产品在短短几年内已经遍布北美、欧洲、中东、东南亚、日韩及非洲等市场,深受客户的青睐。这得益于公司始终坚持“质量第一,客户至上”的经营理念,以及不断提升产品品质和服务水平的不懈努力。

在荣誉方面,公司荣获了国家高新技术企业、安徽省工人先锋号、滁州市企业技术中心等一系列荣誉称号。这些荣誉不仅是对公司技术实力和管理水平的肯定,也是对公司未来发展潜力的认可。同时,公司还通过了 ISO9001:2015 质量管理体系认证、ISO14001:2015 环境管理体系认证、ISO45001:2018 职业健康安全管理体系认证以及 CE、BSCI 等体系认证,为公司的国际化发展奠定了坚实的基础。

(二)国际市场开拓策略与实践

1. 精准定位与差异化竞争。

在国际市场开拓过程中,敬烨防护始终坚持精准定位和差异化竞争的策略。通过对目标市场的深入调研和分析，公司精准定位市场需求，针对不同行业和工种开发出防砸、防刺穿、绝缘、防静电等功能的安全鞋。这些产品不仅符合国际市场的行业标准，还能满足客户的个性化需求，形成了公司的差异化竞争优势。

例如，针对欧洲市场对环保、舒适性的高要求，公司研发出了一款采用环保材料、具有优异透气性和舒适性的安全鞋，成功打开了欧洲市场。又如，针对中东地区高温、多沙尘的环境特点，公司开发出了一款具有耐高温、防沙尘功能的安全鞋，受到了当地客户的热烈欢迎。

2. 多元化市场布局。

为了分散市场风险，敬烨防护坚持多元化市场布局战略。公司积极开拓北美、欧洲、中东、东南亚等多个市场，通过与当地经销商和合作伙伴建立紧密的合作关系，构建了完善的海外销售网络。这不仅提高了公司的品牌知名度和市场占有率，还为公司带来了稳定的订单和收入来源。

在多元化市场布局的过程中，公司注重与当地文化的融合和互动。例如，在参加国际展览时，公司会结合当地的文化特色设计展台和产品宣传资料，以更好地吸引当地客户的关注。同时，公司还积极参加当地的公益活动和行业交流会议，与当地客户和合作伙伴建立深厚的友谊和信任关系。

3. 品质至上与持续创新。

品质是企业的生命线，也是开拓国际市场的关键。敬烨防护始终坚持品质至上的原则，从原材料采购到生产流程再到最终检测，都严格把控产品质量。公司建立了全面的质量管理体系和先进的检测手段，确保每一双出厂的安全鞋都符合国际标准和客户要求。

同时，公司注重技术研发和创新，不断引进新技术、新工艺和新材料。通过与国内外知名企业和科研机构的合作与交流，公司不断提升产品的科技含量和附加值。例如，公司近年来成功研发出了一款具有智能防护功能的安全鞋，该产品采用了先进的传感器技术和智能芯片,能够实时监测工人的工作状态和环境条件,有效预防安全事故的发生。这款产品的推出不仅提升了公司的品牌形象和市场竞争力,还为公司带来了可观的利润增长。

(三)国际市场开拓成果与未来展望

经过持续努力,敬烨防护在国际市场上取得了显著成果。公司的出口创汇额逐年攀升,市场份额不断扩大。同时,公司的品牌影响力逐步提升,成为国际知名的特种安全鞋供应商之一。

展望未来,敬烨防护将继续深耕国际市场,加强与全球知名企业和机构的战略合作与技术交流。通过参加国际展览、举办产品推介会、开展技术研讨等活动,进一步提升品牌的国际地位和影响力。同时,公司将继续加大研发投入和创新力度,推出更多具有自主知识产权的高科技产品,满足国际市场的不断变化和升级需求。

典型案例3 ▶▶

安庆雅德帝伯活塞：成功拓展全球市场

安庆雅德帝伯活塞有限公司(以下简称“AAT”)凭借精湛的技术、卓越的品质和前瞻性的战略布局,成功开拓了国际市场,赢得了全球客户的广泛认可。

(一)背景介绍

AAT成立于2002年,位于安徽省安庆市经济技术开发区,是一家专注于汽车零部件制造的中日合资企业。公司总投资2000万美元,主要生产中高端汽车和摩托车发动机活塞,其产品质量已达到国际先进水平,其中45%的产品出口日本,彰显了公司的国际竞争力。

(二)国际市场开拓实践

1. 明确的战略定位。

AAT在创立之初就明确了国际化发展的战略定位。公司深知,要想在全球化的经济背景下取得长足发展,就必须拥有国际化的视野和布局。因此,AAT在制定企业发展战略时,将拓展国际市场作为核心战略目标之一,为公司的长远发展奠定了基础。

2. 卓越的产品品质。

产品是开拓国际市场的“硬通货”。AAT深知,只有高品质的产品才能敲开国际市场的大门。因此,公司在产品质量上精益求精,建立了严格的质量管理体系,确保每一个出厂的活塞都达到甚至超过国际标准。正是这种对品质的极致追求,让AAT的产品在国际市场上赢得了良好的口碑。

3. 强大的研发能力。

创新是企业发展的不竭动力。AAT非常注重技术研发和创新能力建设,每年将销售收入的3%以上用于研发投入。公司拥有一支500多人的专业研发团队,致力于新产品开发和设计。正是这种强大的研发能力,使得AAT能够紧跟国际市场需求变化,不断推出适应市场需求的新产品。

4. 精准的市场营销。

“酒香也怕巷子深”,好的产品也需要精准的市场营销来推广。AAT在开拓国际市场时,非常注重市场营销策略的制定和执行。公司通过参加国际汽车零部件展览会、建立国际销售网络、开展国际市场调研等多种方式,积极推广自己的产品和服务,逐渐在国际市场上树立了品牌形象。

5. 灵活的市场策略。

面对复杂多变的国际市场环境,AAT能够灵活调整市场策略,以适应不同国家和地区的市场需求。例如,针对不同国家和地区的市场特点和文化差异,公司制定了差异化的产品策略、价格策略和销售策略,从而在国际市场上取得了良好的销售业绩。

(三)国际市场开拓成果

经过多年的努力,AAT在国际市场上取得了显著的成果。公司产品远销欧美、日韩、东南亚、南非、印度等地，实现了从国内到国际市场的成功跨越。同时，公司主导产品在国内市场占有率平均达到50%，进一步巩固了在国内市场的领先地位。

（四）经验与启示

1. 国际市场开拓需要明确的战略定位和坚定的执行力。企业在制定发展战略时，应将拓展国际市场作为重要的战略目标之一，并制定详细的实施计划和保障措施。

2. 优质的产品品质是开拓国际市场的关键。企业应注重产品质量管理和技术创新，不断提升产品品质和技术含量，以满足国际市场的高标准要求。

3. 强大的研发能力是企业在国际市场上保持竞争力的核心。企业应加大研发投入力度，加大研发团队建设和技术创新能力培养，以不断推出适应市场需求的新产品。

4. 精准的市场营销是企业开拓国际市场的重要手段。企业应积极开展市场调研和分析，制定有针对性的市场营销策略和推广措施，提高品牌知名度和影响力。

5. 灵活的市场策略是企业应对国际市场变化的关键。企业应密切关注国际市场动态和趋势变化，及时调整市场策略和销售模式，以适应不同国家和地区的市场需求变化。

典型案例4 ▶▶

江苏阳光纺织：织就国际市场新篇章

在全球化的经济浪潮中，江苏阳光纺织集团有限公司（以下简称“阳光集团”）凭借其敏锐的市场洞察力和卓越的产品品质，成功实施了国际市场开拓法，实现了在国内外市场的双重突破。作为国内生产规模最大、技术装备最先进、花色品种最丰富、工艺品质最优、产品档次最高的精毛纺面料和服装生产基地，阳光集团生产规模已跻身世界前三。

（一）市场战略：精准定位，拓展国际空间

阳光集团始终坚持市场导向，凭借精准的市场定位和国际化视野，积极拓展全球市场。通过对全球毛纺市场的深入研究，阳光集团发现了国际高档面料市场的巨大潜力，并以此为突破口，集中优势资源进行战略布局。

在产品策略上，阳光集团重点开发高支薄型精纺面料等高端产品，提升产品附加值。例如，其开发的“阳光”牌精纺呢绒，采用澳大利亚美利奴细支羊毛，运用现代化进口生产设备和检测手段，达到了国际先进水平，赢得了国际市场的广泛认可。

在销售策略上，阳光集团积极构建国际销售网络，分别在澳大利亚、美国、日本、意大利、俄罗斯等国家和地区设立了销售设计公司，与数十个国际著名品牌建立了稳定的供应链关系。这一举措不仅有效拓展了销售渠道，也提升了品牌的国际影响力。

（二）技术创新：引领行业，构筑竞争壁垒

阳光集团深知技术创新是企业持续发展的核心动力，因此在技术创新方面持续投入，取得了显著成果。

首先，阳光集团建立了完善的技术创新体系，包括国家级技术中心和博士后科研工作站等高水平研发平台。通过引进国际先进的研发设备和高端人才，阳光集团形成了以市场为导向、产学研深度融合的技术创新机制。近年来，阳光集团已成功开发出多个新产品，如高支轻薄精纺面料、功能性面料等，填补了国内空白，达到了国际先进水平。

其次，阳光集团注重知识产权保护，积极申请国内外专利。通过知识产权保护，不仅有效保护了企业的技术成果，也增强了企业在国际市场竞争中的话语权。

（三）品牌建设：提升国际形象，增强国际认同

品牌是企业形象的代表，也是企业国际化的重要标志。阳光集团通过一系列品牌建设举措，成功提升了品牌的国际形象和市场认同度。

在品牌定位方面，阳光集团坚持高端路线，以高品质、高档次的产品形象深入人心。同时，通过与国际知名设计师合作，不断推出时尚前沿的设计款式，持续提升品牌的时尚魅力和国际影响力。

在品牌传播上，阳光集团充分利用国际展会、广告宣传等多种渠道进行品牌推广。例如：定期参加国际纺织展会，展示最新产品和技术成果；在知名时尚杂志和国际媒体上投放广告，提升品牌知名度。作为中国最著名的精纺呢绒生产企业，"阳光"呢绒市场覆盖率为98%以上。同时阳光集团以中国毛纺第一品牌的身份打入国际高档市场，成为众多国际著名服装品牌的面料供应商。

（四）国际化布局：整合资源，实现全球联动

阳光集团的国际化布局不仅体现在产品销售上，更体现在全球资源的整合和配置上。通过在全球范围内建立信息机构、研发中心和销售网络，阳光集团实现了全球范围内的资源优化和市场联动。

在资源整合方面，阳光集团充分利用国内外优质原料、先进技术和创新设计资源，全面提升产品的综合竞争力。例如：与澳大利亚顶级羊毛供应商建立长期合作关系，确保优质原料供应；引进国际先进的纺织、染整设备及配套的精密测试仪器，不断提升产品品质和生产效率。

在市场联动方面，阳光集团通过建立全球销售网络和信息机构，实时掌握市场动态和客户需求，实现快速响应和精准营销。同时，积极开展跨国合作和交流活动，与国际同行分享经验和技术成果，推动行业共同进步。

江苏阳光集团的国际市场开拓法为其在国内外市场赢得了显著竞争优势和良好口碑。随着全球经济的深度融合和消费者需求的日益多样化，阳光集团将继续坚持创新驱动、品质为本的发展理念，不断深化国际市场开拓，推动企业

在全球化道路上实现更加辉煌的成就。同时其成功经验也将为中国其他企业提供有益参考,共同推动中国纺织业的转型升级和国际竞争力的提升。

典型案例5 ▶▶

深圳嘉力电气:以领先的电源产品积极拓展国际市场

全球化进程的加速和经济一体化的深化给企业带来了前所未有的机遇和挑战。作为中国领先的紫外线灯驱动电源制造商,深圳市嘉力电气技术有限公司(简称“嘉力电气”)凭借其卓越的研发能力和创新精神,通过研发高技术含量的产品,发挥其在UV驱动电源领域的比较优势,增强了产品的国际竞争力,成功开拓国际市场,成为全球紫外线驱动电源行业的重要参与者。

(一)技术实力与创新精神:嘉力电气的发展根基

成立于2013年的嘉力电气,是一家国家高新技术企业,专注于智能UV变频电源、UV LED驱动电源产品的研发、生产、销售和服务。公司拥有一流的研发团队和自主知识产权,截至目前,已经拥有近80项专利,包括5项发明专利。公司全系列产品通过了欧盟CE认证,并通过了ISO9001质量管理体系认证。

1.技术与产品。嘉力电气不断引进高科技人才,以确保在产品稳定性和技术创新上保持领先。公司的产品主要包括低压系列、高压系列和UV LED系列,广泛应用于印刷、涂装、水处理等领域。特别是UV变频电源和UV LED固化一体机电源方面,嘉力电气打破了国外技术垄断,满足了国内外市场对高性能大功率智能UV变频电源的需求。

2.研发创新成果。嘉力电气在国内外率先开发了多项创新技术解决方案,其中包括分体式UV LED固化一体机电源的研制,以及高防护等级船舶压载水处理用大功率智能一体化紫外线消毒电源的开发等。此外,公司拥有自主开发的软硬件技术,以及先进的功率矢量控制算法,使其产品具备更高的效率和稳定性。

（二）国际化营销策略：嘉力电气的全球市场拓展之道

1. 产品与技术的本地化。嘉力电气在进入国际市场时，充分考虑当地市场的需求和特征，进行产品和技术的本地化，注重文化差异，尊重当地商业习惯，建立了良好的品牌形象和客户关系。例如，在与越南、韩国、巴西和土耳其的代理商合作中，嘉力电气根据当地市场需求和文化背景，调整产品和服务策略，取得了良好的市场反响。嘉力电气推出的 UV LED 电源产品 GL2000 系列，专门针对国际市场的需求，具有广泛的适用性和高可靠性，迅速在市场上占据一席之地。

2. 品牌与品质。嘉力电气始终秉持"以人为本、心德为先"的经营理念，注重产品质量和客户体验。所有产品均通过欧盟 CE 认证，并严格按照 ISO9001 质量管理体系生产，确保产品质量的稳定性和可靠性。此外，公司建立健全的售后服务体系，从客户需求出发，不断创新，用专业和热情为客户提供高效优质服务。通过开拓国际市场，嘉力电气成功减少了对单一市场的依赖，增加了市场份额和销售渠道，提高了国际竞争力和盈利能力。企业国际化不仅带来了更多订单和利润，还提升了企业在全球市场的品牌知名度和话语权。

3. 全球合作与市场网络。嘉力电气在不同市场阶段实施不同的营销策略，并通过细分市场，针对目标市场进行精准营销，提高了产品的市场覆盖率和客户满意度。在东南亚、欧洲和南美等地区，嘉力电气与当地代理商合作，迅速打开市场，建立了广泛的市场网络，公司产品远销 30 多个国家和地区，形成了强大的国际市场布局。

（三）国际市场实践：嘉力电气的业绩表现

2016 年，嘉力电气的年销售额为 480 万元，到 2022 年增长至 6310 万元，年均增长率超过 44%。这一亮眼的业绩，离不开嘉力电气在国际市场上的成功开拓。公司产品远销全球 50 多个国家和地区，特别是在越南、韩国、巴西、土耳其等国家成为主要的紫外线驱动电源供应商。此外，嘉力电气在全国各地设有办事处,以满足客户的不同需求,提升市场反应速度。

嘉力电气的持续增长还得益于其在产品质量和技术创新方面的不断投入。公司每年将销售额的8%以上用于研发,确保其产品在技术上始终保持领先地位。正是这种持续的创新和高质量的产品,使得嘉力电气在国际市场上赢得了越来越多客户的青睐。

1. 船舶压载水处理领域。随着船舶压载水公约D2标准的生效,全球船舶必须配备合格的压载水系统。嘉力电气的W5600和WS570系列产品在这个领域显示出了卓越的性能。2022年,WS570获得挪威DNV认可证书,产品批量使用于国际航运中的压载水系统。嘉力电气通过这一领域的成功开拓,不仅增强了品牌的国际影响力,还大大提升了企业的收入。

2. UV LED电源产品国际化。嘉力电气的UV LED产品GL2000系列,凭借其高效节能和稳定性,在国际市场上取得了显著的业绩。特别是在印刷、胶水固化等行业中,该系列产品被广泛应用并获得客户的一致好评。公司的市场占有率持续上升,成为未来市场主要增长点。

3. 印刷行业的市场开拓。嘉力电气G3000、G5800和G6000系列产品在印刷、喷涂、化工等行业中广泛应用。特别是在高端设备的配套使用上,嘉力电气的产品凭借其高效节能、性能稳定的特点赢得了众多国际客户。通过市场细分和精准营销,嘉力电气在这些领域的市场占有率稳步提升。

嘉力电气通过实施国际市场开拓战略,依托持续的技术创新和卓越的产品质量,成功拓展了全球市场,显著提升了企业的国际竞争力。展望未来,嘉力电气将继续秉持创新精神和高质量标准,深化全球市场布局,不断提升国际市场竞争力,为实现企业的可持续发展奠定坚实基础。

六、总结与展望

积极开拓国际市场是企业实现持续发展的重要途径之一。通过增加出口,企业可以获取更多的外汇收入，提高企业的经济效益；同时，开拓国际市场有助于企业拓展业务范围，提高市场份额和品牌影响力。在国际市场竞争中，企业需要不断提升产品质量、技术创新能力和服务水平，以适应不断变化的国际市场需求和竞争态势。

工业企业要提高亩均效益，必须积极开拓国际市场，增加出口创汇。通过市场研究与选择、产品与品牌策略、营销策略、风险管理等一系列措施，可以有效提升企业的国际竞争力和市场份额。同时，组织实施与监控也是确保方案成功的关键。

参考文献

1. 习近平. 习近平谈治国理政:第四卷[M]. 北京:外文出版社,2022.

2. 中共中央党史和文献研究院. 习近平关于金融工作论述摘编[M]. 北京:中央文献出版社,2024.

3. 习近平在中共中央政治局第十一次集体学习时强调 加快发展新质生产力 扎实推进高质量发展[R]. 人民日报,2024-02-02.

4. 盖凯程,韩文龙. 新质生产力[M]. 北京:中国社会科学出版社,2024.

5. 李兵. 孙子兵法与市场营销[M]. 北京:北京大学出版社,2015.

6. 温礼杰. 人力资源管理:资深HR教你从入门到精通[M]. 北京:中华工商联合出版社,2023.

7. 李国平. 金融思维[M]. 北京:中信出版集团,2020.

8. 陈志武. 金融的逻辑:通往自由之路[M]. 北京:中信出版集团,2020.

9. 王效昭,赵良庆. 北京:现代企业管理学[M]. 合肥:安徽人民出版社,2011.

10. 彦涛. 小公司做大做强24招[M]. 上海:立信会计出版社,2015.

11. 杨烺. 从创业到上市　企业上市操作实务与全流程解析[M]. 北京:人

民邮电出版社,2018.

12. 吴文. 深刻认识新质生产力的科学内涵[J]. 时事报告,2024(4).

13. 李春梅. 中国制造业发展理论与实证研究——基于“工业 4.0”视角[M]. 北京:首都经济贸易大学出版社,2021.

14. 余来文,封智勇,林晓伟. 互联网思维(云计算物联网大数据)[M]. 北京:经济管理出版社,2014.

15. 丛林. 可持续发展的理论与实践[M]. 福州:海风出版社,2008.

16. 赵振华. 新质生产力的形成逻辑与影响[R]. 经济日报,2024-12-22.

17. 蔺宇,齐二石等. 精益管理理论与应用品牌[M]. 北京:机械工业出版社,2023.

18. 胡新桥. 丰田精益管理:企业文化建设(图解版)[M]. 北京:人民邮电出版社,2014.

19. 张运,刘佳. 从马克思主义发展观视角理解把握新质生产力[R]. 解放军报,2024-04-19.

20. 陶长琪. 创新驱动发展与产业结构升级[M]. 北京:经济管理出版社,2018.

21. 刘平均. 品牌价值发展理论[M]. 朱秋玲,等,译. 北京:中国质检出版社,中国标准出版社,2016.

22. 张占斌. 新质生产力塑造中国式现代化新动能[R]. 中国社会科学报,2024-04-19.

23. 郑永年. 如何科学地理解“新质生产力”[J]. 中国科学院院刊,2024(4).

24. 刘德春. 大力发展新质生产力　促进经济社会发展全面绿色转型[J]. 习近平经济思想研究,2024(4).

25. 杨颖. 新质生产力推动高质量发展[R]. 中国社会科学报,2024-04-22.

我们期待在不久的将来,能够看到更多企业焕发新的活力,创造出更加优异的业绩。

限于个人经验和能力,书中难免存在疏漏和不足之处,恳请广大读者不吝赐教,提出宝贵意见。

吴文良

2024年10月